U0620305

山西省高等学校人文社科重点研究基地课题（2015321）

『万里茶路与晋商文化产业研究』系列成果

山西财经大学

【晋商研究当代文库】

万里茶道

山西段晋商文化产业开发研究

薛秀艳◎著

经济管理出版社

ECONOMY & MANAGEMENT PUBLISHING HOUSE

图书在版编目（CIP）数据

万里茶道山西段晋商文化产业开发研究／薛秀艳著. —北京：经济管理出版社，
2018. 12
ISBN 978-7-5096-6179-6

Ⅰ. ①万… Ⅱ. ①薛… Ⅲ. ①文化产业—研究—山西 Ⅳ. ①G127. 25

中国版本图书馆 CIP 数据核字（2018）第 264286 号

组稿编辑：宋　娜
责任编辑：宋　娜　张馨予
责任印制：黄章平
责任校对：陈晓霞

出版发行：经济管理出版社
　　　　　（北京市海淀区北蜂窝 8 号中雅大厦 A 座 11 层　100038）
网　　　址：www. E-mp. com. cn
电　　　话：(010) 51915602
印　　　刷：三河市延风印装有限公司
经　　　销：新华书店
开　　　本：720mm×1000mm /16
印　　　张：16.5
字　　　数：249 千字
版　　　次：2020 年 7 月第 1 版　　2020 年 7 月第 1 次印刷
书　　　号：ISBN 978-7-5096-6179-6
定　　　价：98. 00 元

·版权所有　翻印必究·
凡购本社图书，如有印装错误，由本社读者服务部负责调换。
联系地址：北京阜外月坛北小街 2 号
电话：(010) 68022974　　邮编：100836

序言

　　从上古传说到百家争鸣，从诗词元曲到明清小说，文化以其特有的方式和独特的魅力与内涵影响着中国人的精神世界与价值体系。当文化与经济相交织，精神需求与物质需求相融合，文化已不再是阳春白雪的代名词，而是更多的以下里巴人的方式牢牢地扎根于民众生活之中。从享誉中外的丝绸之路到艰辛曲折的茶马古道，从山东汉子英勇无畏的"闯关东"到山西姑娘倾诉离情别意的"走西口"，从洪洞大槐树移民到江浙闽广人下南洋，这些镌刻着特定历史印记的特殊符号生动形象地反映了经济与文化碰撞出的奇异光芒。

　　改革开放以来，在中国共产党的领导下，我国各项事业飞速发展，取得了前所未有的巨大成就。经济建设的突飞猛进，法治中国的有序推进，美丽乡村的大力建设……中国正以崭新的姿态傲然屹立于世界的东方，比以往任何时候更加接近世界政治舞台的中央。中国的话语权也比以往更加有力量，在政治、经济、社会、生态协调推进的同时，文化作为软实力在一个国家发展中的地位和作用越来越重要，也应顺应时势需求，充分挖掘自身内涵，更好地为社会主义经济建设服务。新世纪以来，在经济全球化浪潮的推动下，各国间的相互合作日趋频繁，中国与各国合作的领域也更加广泛。在"一带一路"倡议下，中俄务实合作也在稳步推进，一个能够联系中俄双方的文化符号无疑对双方各领域日益加强的合作具有非凡的意义。纵观近几百年历史，我们蓦然发现一条纵贯中国南北，横亘俄罗斯东

西绵延数万公里的百年商贸之路——万里茶道，正被历史的尘埃所湮没。因此，对万里茶道的积极挖掘不仅对于中俄两国的互惠互信，而且对于世界文化史来说都有特殊的意义。对于山西省而言，山西商人是万里茶道的开拓者，他们在万里茶道中的文化引领之功非常受人瞩目，而且，山西段茶道也是万里茶道文化线路上重要的地理枢纽。这些都可以让山西省乘着"一带一路"的强劲东风，挖掘万里茶道中所蕴含的晋商文化，助力山西文化强省建设和山西省综改区的成功转型，同时也可以为传承弘扬中华优秀商业文明和打造内陆地区对外开放的新高地提供有益的历史镜鉴。

薛秀艳同志多年来孜孜不倦地钻研晋商文化，尤其在晋商开拓万里茶道的研究领域日积月累，笔耕不辍，潜心探索，终于写成此书。全书观点鲜活，内容丰满，论证表述富有自己的真知灼见，尤其是结合山西文化旅游产业的发展提出不少好的意见和建议，一定程度上反映了当代中青年学者十分难得的求知报国、热爱家乡、助力转型、服务社会的良好素养和价值追求。

高春平

山西省社科院历史所所长

前言

晋商文化作为近代山西文化的典型代表，对于研究和发掘山西文化产业来说具有重要意义。2013 年习主席出访俄罗斯时提出"万里茶道是中俄世纪动脉"的观点，为晋商文化的发掘指出了新的研究方向。因此，将晋商文化中蕴含的茶道文化进行发掘，对于山西财经大学晋商研究院而言也是顺应时势之举。

本书共有六章。绪论主要介绍了万里茶道文化线路的研究状况，第一章为万里茶道产业开发依据及意义，第二章为万里茶道山西段晋商文化产业开发的基础，第三章为万里茶道山西段晋商文化产业开发的可行性研究，第四章为万里茶道山西段晋商文化资源产业化开发的路径选择，第五章为万里茶道山西段晋商文化产业开发的重点，第六章为万里茶道山西段晋商文化产业开发的个案设计。本书不仅是山西省高等学校哲学社会科学研究基地项目（2015321）《万里茶路与晋商文化产业研究》系列成果之一，也是山西财经大学晋商研究院研究晋商与茶文化的建设成果之一。本书在写作之初，课题主持人樊云慧教授多次组织课题组成员乔南、徐俊嵩等对本书写作框架进行讨论，最终确定了本书的写作提纲和写作风格。初稿完成后，课题主持人和课题组成员又进行了多次梳理和校对。从本书的选题、写作提纲的确定、写作及书稿定稿到最后的刊行，都倾注了课题组的心血。本书的写作还得到山西财经大学晋商研究院张亚兰教授及晋商研究院其他同仁的大力支持。在此谨致谢意！

万里茶道山西段晋商文化产业开发研究

　　本书是在前人的理论成果和现有知识存量基础之上写成的，在编写中大量借鉴了当前的研究成果和相关文献。对所引用文献的原创者在此谨致谢意！经济管理出版社宋娜为本书出版付出大量艰辛的劳动，在此一并致谢。

薛秀艳

2019 年 11 月 5 日

绪 论 /1

第一节 研究背景与研究意义 /2

一、研究背景 /2

二、研究意义 /2

三、研究方法与内容 /3

第二节 文献综述 /4

一、万里茶道的研究综述 /4

二、文化线路 /17

三、文化产业 /20

四、山西文化资源产业开发 /30

第一章 万里茶道产业开发依据及意义 /38

第一节 文化线路的概念 /39

一、概念发展历程 /39

二、文化线路的理论概述 /39

三、文化线路概念的分析 /40

第二节 万里茶道与文化线路 /45

一、空间特征 /45

二、时间特征 /51

　　　三、动态及功能特征 /53

　　第三节　万里茶道作为文化线路的价值评估 /55

　　　一、具备突出普遍的遗产价值 /55

　　　二、作为文化线路遗产的价值特征 /56

　　第四节　万里茶道的申遗行动 /58

　　　一、万里茶道的申遗缘起 /58

　　　二、万里茶道的申遗实践 /59

　　　三、万里茶道的申遗进展 /61

　　第五节　万里茶道开发的当代意义 /64

　　　一、晋商文化的产业开发 /64

　　　二、推进"一带一路"倡议 /71

第二章　万里茶道山西段晋商文化产业开发的基础 /74

　　第一节　万里茶道线路考证 /75

　　　一、对两部手抄本的考证 /75

　　　二、对明清时期的山西驿道的考证 /80

　　第二节　万里茶道山西段沿线的文化景观汇总 /90

　　第三节　万里茶道山西境内八处世界遗产文化提名点

　　　　　　概述 /93

　　　一、得胜口古堡群 /94

　　　二、杀虎口 /95

　　　三、雁门关 /95

　　　四、碗子城、羊肠坂道题刻 /95

　　　五、大关帝庙 /96

　　　六、常家大院、曹家大院及聚兴顺茶庄 /96

　　　七、祁县古城 /98

　　　八、茶商宅第 /107

　　第四节　万里茶道山西境内其余待选遗址点概述 /109

一、晋城　/109

二、长治　/112

三、晋中　/116

四、太原　/119

五、忻州　/121

六、朔州　/122

七、大同　/122

八、大西路上与西路重合前的节点城市　/123

第三章　万里茶道山西段晋商文化产业开发的可行性研究　/130

第一节　万里茶道山西段晋商文化产业开发的历史资源条件　/131

一、以明清晋商为代表的重商主义商业文化资源　/131

二、以"古道""庙宇""大院""古城"为代表的人文景观文化资源　/133

三、非物质文化遗产　/134

四、历史文化名人　/135

第二节　万里茶道山西段晋商文化产业开发的现实基础　/137

一、晋商文化的产业现状　/137

二、万里茶道晋商文化产业开发的相关政策保障　/141

第三节　万里茶道山西段晋商文化产业开发的影响因素　/145

一、人力资源是文化产业发展的关键　/145

二、可进入性是文化资源开发中的重要支持体系　/146

三、经济水平与社会发展状况是文化产业发展主要的制约力量　/147

四、共同的情感认同是文化传播的基础　/148

第四章 万里茶道山西段晋商文化资源产业化开发的路径选择 /149

第一节 万里茶道山西段晋商文化资源形态 /150
第二节 文化资源产业化的一般路径 /154
一、同心圆式扩散路径 /155

二、交融重组呈现式扩散路径 /156

三、节点链接式扩散路径 /158
第三节 万里茶道山西段晋商文化产业开发的路径选择 /161
一、国内相关案例 /161

二、万里茶道山西段晋商文化资源产业化的路径选择 /164

第五章 万里茶道山西段晋商文化产业开发的重点 /171

第一节 万里茶道山西段晋商文化产业集群形成的基础 /172
一、我国的文化产业基本层次 /172

二、万里茶道晋商文化产业集群形成的动力机理分析 /173

三、万里茶道晋商文化产业集群发展相关对策 /175

四、万里茶道晋商文化产业集群形成的理论基础 /178
第二节 万里茶道山西段晋商文化旅游产业深度开发 /184
一、旅游线路设计的基本原则 /185

二、旅游发展定位——文化带动旅游 /187

三、旅游开发空间结构布局——城市带动旅游业发展举措 /188

四、打造万里茶道精品旅游带 /189

五、万里茶道山西段旅游线路设计 /191
第三节 万里茶道山西段晋商文化演艺与艺术业深度开发 /193
一、历史文化演艺设计 /193

二、推动传统文化与现代文化的交融 /194

三、深入推进文化资源影视化，打造地域文化特色视觉传媒 /195

第四节 万里茶道山西段晋商文化出版业深度开发 /196

第五节 万里茶道山西段晋商文化创意型产业开发模式全面
发力 /198

一、文化创意产业概念 /198

二、文化创意产业类型 /198

三、万里茶道山西段晋商文化创意产业设计构想 /201

第六章 万里茶道山西段晋商文化产业开发的个案
设计 /204

第一节 祁县文化产业品牌营造的基础 /205

一、厚重的历史文化积淀 /205

二、长期的民间艺术积累 /205

三、强劲的旅游产业支撑 /208

四、政府相关政策的强力支持 /208

第二节 "昭馀古城·茶商之都"文化旅游产业品牌的营造
方案 /211

一、打造文化品牌，讲好文化故事 /211

二、祁县历史文化资源五大叙事板块 /212

三、祁县文化资源产业化创意 /221

第三节 祁县文化旅游演出产业品牌的策划与创意
——舞台音乐剧《问"道"（百年茶商的转型发展史）》 /226

一、历史背景 /227

二、创意构想 /229

三、操作实施 /236

参考文献 /237

后 记 /249

绪　论

第一节 研究背景与研究意义

一、研究背景

方兴未艾的文化产业，被认为是 21 世纪全球最有前途的产业之一。文化产业不是停留在感官层面的文化艺术，而是通过产业化进程实现的国民经济的重要组成部分。联合国教科文组织规定文化产业包括文化遗产、出版印刷业和著作文献、音乐、表演艺术、视觉艺术、音频媒体、视听媒体、社会文化活动、体育和游戏、环境和自然等十几类。

万里茶道属通道型文化遗产。很多人都知道中国古代有条丝绸之路，曾经是中西经济文化交流的通道，却不一定知道在中国的北部草原，还有一条纵深通向蒙古高原和西伯利亚腹地的中俄万里茶道。这条被历史风尘湮没的驼道，繁荣了近 200 年。在这条商道上，输入俄国的砖茶和红茶均来自中国的南方，经营者都是非产茶之省的山西商人。可以说，万里茶道是晋商产业和文化的延伸。近年来，随着申报世界遗产热的不断升温，国内外要求把万里茶道列入世界遗产的呼声也越来越高。研究万里茶道就是要厘清它的发展脉络，剖析它的文化遗存，在此基础上开发万里茶道的历史价值和现实价值，围绕万里茶道延伸的文化内涵和外延发展现代文化产业。这就是研究的目的所在。

二、研究意义

（一）学术意义

通过对万里茶道形成和发展的文化背景、时代背景、地域背景、经济背景的分析，进一步认识晋商在万里茶道中的主导地位，提炼出万里茶道鲜明的晋商文化特色，提出历史遗产、晋商文化与山西文化产业有机结合的理念、思路、途径和方法。

（二）现实意义

万里茶道的研究对于进一步发掘晋商文化、扩大晋商历史文化的影响有着重要意义，同时对于结合万里茶道，做大做强山西的文化产业，推出山西新的文化品牌，也有重大的现实意义。

山西财经大学是以传承晋商优秀精神文化为办学特色的大学，财会类专业是其主要专业和特色专业，学生人数最多。加强商业文化教育，对于彰显其办学特色，提高人才培养质量，具有十分重要的意义。但遗憾的是，尽管山西财经大学是以培养合格的商科人才为目标的本科院校，但在人才培养方案中更多强调战略、经营、管理等，商业文化流于形式。因此，尽快通过深入研究，撰写一本晋商万里茶道方面的论著，对于提高山西财经大学商科人才培养的质量，具有十分重要而紧迫的意义。

三、研究方法与内容

（一）研究方法

1. 文化调研

对山西段万里茶道线路沿线的遗迹进行调研，在此基础上进行整合，为万里茶道文化线路山西段的文化产业开发积累资料。

2. 线路设计

在文化调研的基础上对山西段内的万里茶道遗迹的开发进行线路设计。

3. 开发模式设计

在线路设计的基础上，以"茶商之都"——祁县为中心，做针对性的开发模式设计。

（二）研究内容

本项目的研究内容分为五个部分：

第一部分对万里茶道文化线路山西段的文化产业开发研究进行综述，以晋商及其商业文化为宏观背景，从万里茶道、文化线路、文化产业等方面展开文献综述。

第二部分为万里茶道文化线路山西段文化产业的特征及研究的意义。通过对万里茶道作为文化线路依据的三个角度的分析及价值评估，结合万里茶道开发现状，综合论述万里茶道文化线路的开发意义。

第三部分为万里茶道文化线路山西段文化遗迹调研。通过对山西晋商文化遗迹的现状进行调研，在总结山西晋商文化遗迹的基础上分析山西段在万里茶道上的地位和历史贡献。

第四部分在分析了万里茶道文化线路山西段文化产业开发宗旨、开发定位的基础上进行文化产业创意设计以及线路设计。

第五部分为万里茶道文化线路山西段文化产业开发，以祁县——"茶商之都"为主题进行个案设计。

第二节　文献综述

一、万里茶道的研究综述

万里茶道作为中国茶文化向世界传播过程中的一条重要途径，无论是在经济贸易流通方面，还是在各地区文化形态交流中都起着不可替代的作用。今天从文化与历史的角度对其进行挖掘，不仅为万里茶道沿线地区间交流搭建更加便捷的交流渠道，而且对于 21 世纪的茶文化在世界范围内的融合、创新发展都具有重大意义。

万里茶道是继丝绸之路衰落之后，在亚欧大陆上兴起的以山西商人为主要构成力量的又一条重要的国际商道。万里茶道从福建武夷下梅起，沿西北方向穿江西至湖北，然后自汉口一路北上，经过河南、山西、河北、内蒙古，进入蒙古国，经乌兰巴托到达恰克图，全程约 4760 公里。茶道在俄罗斯境内继续延伸，经伊尔库茨克、贝加尔湖、新西伯利亚、秋明、莫斯科到达圣彼得堡，又进入中亚和欧洲其他国家，共 1.3 万公里之多。[①]

万里茶道经过俄罗斯，将中国的茶文化传播到世界各地，铸就了晋商的辉煌，同时也将晋商文化传播到世界各地。但是随着时间的推移，万里茶道逐渐被湮灭在岁月的长河中，直到 2013 年，习近平主席访问俄罗斯时盛赞万里茶道，称它与中俄油气管道并称为联通两国的"世纪动脉"，万里茶道才重新回到公众的视野中。事实上，万里茶道在学术界的讨论从未停止过。影响力最大的数美国学者艾梅霞（Martha Avery）的历史学著作《茶叶之路》以及作家邓九刚的长篇报告文学《茶叶之路》。近十年来，随着万里茶道申遗的呼声不断高涨，对万里茶道的研究出现了一个新的高潮。专著有韩小雄的《晋商万里茶路探寻》与米镇波的《清代中俄恰克图边境贸易》影响比较大，关于万里茶道的文章也层出不穷，大致包括以下几方面的内容：万里茶道的兴起与变迁、路线考证及沿线的人文历史挖掘等。本书以万里茶道的茶叶贸易史为开端，着重以万里茶道贸易线路上的各个重要的节点为切入点进行分析。

（一）万里茶道的茶叶贸易史研究

对于万里茶道的兴起，有学者认为是与丝绸之路的衰落息息相关的，比如杨永生等的论文就是这种观点，其文对万里茶道的起源作了详细论述。丝绸之路在联通中国与中亚各国的同时，将丝绸和茶叶传播到了中亚。丝绸之路对于丝绸和茶叶的传播后来间接地影响了蒙古人饮茶习俗的形成。中华大地上战乱与和平交织，丝绸之路也时断时通。唐朝以后中国经济中心逐渐南移，到了宋朝时期，政府早已无法控制西北地区，因此丝绸之路基本中断。随着蒙古帝国的崛起，丝绸之路被纳入其版图疆域内，促进了贸易的流通便捷度。张骞开辟丝绸之路之后的 1500 多年的东西方文明交流史上，虽然由于东西方在不同时期、不同地域的经济政治状况可能会有所不同，但是两者的交流一直是半通半停，直至 13 世纪奥斯曼土耳其

---

① 张亚兰. 站在历史的高度认识"万里茶道"［N］. 太原日报，2013-10-25（10）.

帝国的兴起及其出于政治立场方面的考虑做出的决策，导致了丝绸之路的逐渐衰落，于公元 15 世纪后彻底中断。丝绸之路中断后迫于香料的需求，欧洲人开始从南、西、北三个方向进行探索，所以说万里茶道的兴起与丝绸之路的衰落密不可分，蒙古人的统治以及中亚各国的丝绸之路贸易为万里茶道的兴起奠定了基础。伴随着地理大发现，世界逐渐连成一个整体，葡萄牙、西班牙、意大利和丹麦等国的探险者与商人分别从不同方向开辟了通往东方的道路。与此同时，明朝开中制开始实施，在政策的鼓舞下，山西商人于洪武年间开始北上输送粮食，开启了长途贩运之路，成为一大商帮的雏形。后来穿越长城，到达中俄边境恰克图，在丝绸之路向西中断后，从北方成功开辟通往西方的万里茶道。由此杨永生等的论文得出结论：万里茶道的兴起与丝绸之路的衰落密不可分。[1] 在万里茶道的演变史中，学者们更倾向于茶叶贸易的积极影响。其中苏全有写道："1616 年，俄国人出使中国，使他们得到了认识茶叶的机会。恰克图的发展新高潮始于 1753 年，至 1755 年茶叶对俄国人的影响已渗入生活各个方面，这些都是中俄之间的茶叶贸易繁荣的见证。"[2]

在遥远的俄罗斯有这样一句谚语："宁可三日无食，不可一日无茶。"[3] 肖坤冰认为武夷山茶叶在俄罗斯经历了一个从神坛到大众的认知与传播过程。[4] 陶德臣从中俄茶叶贸易概况，中转地恰克图运作模式及贸易结构等方面做出了详细的论述。[5] 巩志从史学的角度出发，通过列举明清各个时期关于茶叶贸易量的方式，陈述了几百年来的茶叶商贸发展史。[6]

庄国土从茶叶输俄的贸易线路与贸易商的角度进行了分析，尤其对晋

① 杨永生，李永宠，刘伟. 中蒙俄文化廊道——"丝绸之路经济带"视域下的万里茶道 [J]. 经济问题，2015 (4)：15-18.

② 苏全有. 论清代中俄茶叶贸易 [J]. 北京商学院学报，1997 (1)：52-56.

③ 高春平. 晋商与中俄恰克图茶叶贸易——纪念伟大的茶叶之路 [J]. 全球史评论，2010 (12)：286.

④ 肖坤冰. 帝国晋商与茶叶——十九纪中叶前武夷茶在俄罗斯的传播过程 [J]. 福建师范大学学报，2009 (2)：113-121.

⑤ 陶德臣. 马克思论中俄茶叶贸易 [J]. 中国茶叶，2008 (3)：32-34.

⑥ 巩志. 武夷山至恰克图茶叶之路 [J]. 农业考古，1993 (7)：202-203.

商到达张家口以后的三条输俄茶叶路线的分析比较中肯。① 徐毅以量化的方式给出了各时期中俄茶叶贸易量的波动情况。② 郭伟齐、董玉梅对于中英、英俄、中俄间的茶叶斗争过程的叙述，流露出英国商人在汉口茶叶贸易中始终处于劣势地位的观点。③ 这一点在陈钧的《十九世纪沙俄对两湖茶叶的掠夺》中也有所表现。④ 俄商胜利碾压晋商的现实使晋商被历史无情地遗弃，也从侧面促成了以晋商为主导的万里茶道的衰落。

万里茶道作为一条运茶古商道，在发挥其经济价值的同时也给沿线地区带来了文明的碰撞。孙海龙等以经济地理学作为视角，指出晋商与万里茶道的完美结合是受历史多种因素共同作用的结果，其形成与演变具有历史必然性。⑤

(二) 万里茶道的变迁

1. 万里茶道的起点

关于万里茶道的起点，学者们普遍认为是武夷山脚下的下梅村，但也有人认为是长江流域的两湖地区。通过对论文的梳理可以发现下梅村与两湖地区其实是不同历史时期茶道的起点。

王海津对武夷山的气候及武夷山茶——"大红袍"主产地的独特的历史与地理因素进行了讨论。⑥

邹全荣在《晋商与下梅村》一文中介绍了经营武夷山茶的邹氏曾因为福建下梅村创造了辉煌的历史，并肯定了邹氏与晋商常氏的茶叶贸易在推动福建武夷山茶市及万里茶道发展过程中的积极作用。也有作者从不同的视角对下梅村成为万里茶道的起点做出了解析，比如禾青，他从大贾兴起

---

① 庄国土. 从闽北到莫斯科的陆上茶叶之路——19 世纪中叶前中俄茶叶贸易研究 [J]. 厦门大学学报（哲学社会科学版），2001 (2)：119-126.

② 徐毅. 近 200 年我国茶叶出口竞争力演变之探析 [J]. 安徽大学学报，2003 (4)：104-107+144.

③ 郭伟齐，董玉梅. 汉口茶叶贸易的兴衰 [J]. 武汉文史资料，2000 (11)：26-30.

④ 陈钧. 十九世纪沙俄对两湖茶叶的掠夺 [J]. 江汉论坛，1981 (3)：110-11.

⑤ 孙海龙，孙云，苏峰，潘一斌. 明清晋商万里茶道扩展动力分析——基于经济地理学的视角 [J]. 湖南农业大学学报（社会科学版），2013 (2)：68-72.

⑥ 王海津. 点击晋商万里茶道起点——走进武夷山（上）[J]. 旅游纵览，2007 (1)：12-31.

的一般模式出发通过对邹家祠堂的探寻来寻找茶叶之路的起点。①

下梅茶市后期的衰落，学者多认为与当时的时局是密不可分的，比较突出的影响因素就是太平天国运动的爆发，也有学者持有不同意见，比如林仁川通过对近代福建茶叶外销的研究后发现茶叶耕种与制作技术落后是导致下梅茶叶竞争力减退的诱因之一，沉重的赋税与不利的地形导致下梅茶叶运输成本的偏高也是其外输受挫一个重要原因。② 颜丽金也对武夷茶衰落的原因进行了相关分析。③

2. 万里茶道上的重要枢纽——两湖地区

1853 年，太平天国占领南京，致使通往福建、江西等省的茶道被迫中断，晋商不得不另行取道至两湖地区，因此，湖南羊楼洞和湖北安化成为主要茶源地，也就成为茶道的新起点。两湖地区湖泊星罗棋布，加之纵横交错的水网，为茶叶的运输提供了便利的条件。此外，湖北安化的黑茶以其独有的口感，迅速取代了武夷红茶。

在两湖地区先后出现了羊楼洞等茶叶主产地，而汉口凭借便利的运输条件使汉口与安化茶在后来的贸易中独占鳌头。张笃勤对此作了详细探讨，列述了中俄的茶叶贸易的增长趋势，并介绍了俄商逐步控制汉口茶叶的状况。④ 郭蕴深对茶叶贸易量及俄国商人盘剥市场的手段进行分析，从制度角度揭示了其原因。⑤ 陈钧对于两湖茶叶输俄的问题进行了全面论述。⑥ 艾杰也提到了汉口茶叶贸易对于当地各行业的系列影响。⑦ 杜七红讲到长江地区的地理与气候优势造就了长江中下游地区的产茶优势，这其中以两湖地区最为著名。⑧ 胡太昌指出，便利的内外水运条件与第二次鸦片

① 禾青. 晋商万里茶道起点——下梅村 [J]. 丝绸之路, 2010 (23)：59-62.

② 林仁川. 近代福建茶叶外销消长的原因 [J]. 福建论坛（文史哲版），1985 (5)：75.

③ 颜丽金. 清代福建茶叶外销与地区经济发展的互动关系研究 [D]. 广州：暨南大学，2004.

④ 张笃勤. 汉口茶输俄的几个问题 [J]. 江汉论坛, 1994 (2)：61-64.

⑤ 郭蕴深. 汉口地区的中俄茶叶贸易 [J]. 江汉论坛, 1987 (1)：61-65.

⑥ 陈钧. 十九世纪沙俄对两湖茶叶的掠夺 [J]. 江汉论坛, 1981 (3)：110-116.

⑦ 艾杰. 城市文化价值提升——武汉与茶叶之路探析 [J]. 新闻前哨, 2014 (4)：97-98.

⑧ 杜七红. 清代两湖茶业研究的回顾与展望 [J]. 江汉论坛, 2006 (4)：107-110.

战争后九江被开放为通商口岸是九江茶市形成的直接动因。① 周付华对长达 80 年的贸易历史进行梳理，从九江茶市的开端出发讨论了茶叶贸易中的各方关系及衰落的原因。② 刘晓航讲述了汉口在茶叶贸易中的重要地位以及俄国人与汉口的情缘。③ 此外，王海津对湖南省石门的茶业进行了细致的分析。④ 在两湖地区茶叶的种类中，作为国内三大红茶之一的湖南安红最负盛名。廖奇伟也对安化红茶予以详细讨论并积极肯定了安化红茶的历史贡献。⑤

3. 万里茶道的水陆转运枢纽

作为万里茶道上重要的转运枢纽——河南赊店，在万里茶道中的地位相当重要。在万里茶道的推动下，赊店成为茶叶水陆转运的重要节点，在这里，茶叶从船上被卸载转上马背。⑥ 赊店在发挥经济重镇的功能的同时，其自身的发展格局也潜移默化地受经商者的民俗风格的影响。位于其中心位置的山陕会馆见证了万里茶道贸易始末。⑦ 周忠生也对山陕会馆的布局及建造格局等作了细致阐述。⑧ 谭经龙对赊店镇兴起时间、原因等做了分析，并对赊店镇从战乱与匪患、商品市场的变化、水源问题的变化以及交通运输方式的改变等方面做出了分析。⑨

起源于汉代的赊店在明朝一直是河南省西南的一个普通的小村落。明代以后，由于经济中心南移现象日益凸显，促使南北方贸易日益繁盛，作为赊店附近的天然的水旱码头——潘河和赵河，是过长江，沿汉江北进的货船经唐河的最后一处码头，正因如此，赊店成为明清时期商品流通的集散地和水陆转运的重要枢纽。明清时期赊店的人口曾达到 13 万，在赊店有

① 胡太昌. 近代九江开埠与近代九江茶市 [J]. 九江师专学报, 1987 (4)：47-50.
② 周付华. 近代九江茶市研究 [D]. 南昌：南昌大学, 2007.
③ 刘晓航. 汉口与中俄茶叶之路 [J]. 寻根, 2003 (4)：54-56.
④ 王海津. 重走晋商万里茶道——洞庭湖畔茶香 (上) [J]. 旅游纵览, 2007 (7)：12-32.
⑤ 廖奇伟. 安化茶行史略 [J]. 茶叶通讯, 2006 (12)：27-35.
⑥ 张春岭. 赊店——一座商业重镇兴衰传奇 [J]. 商业文化, 2007 (21)：64-67.
⑦ 河南赊店："茶叶之路"上的一颗明珠 [A] //民族建筑 [C]. 2013 (11).
⑧ 周忠生. 赊店山陕会馆 [J]. 协商论坛, 2000 (5)：30-31.
⑨ 谭经龙. 通江连海：明清时期中原商镇与水运网络的兴衰研究 [D]. 青岛：中国海洋大学, 2008.

72 条街道和巷子，码头依河而建，往来船只繁密，岸上的货物堆积如山，货栈和客店以百家计数。至乾隆二十一年（1756 年），赊店已经有经商商铺 424 家，其中有 100 多家钱庄、当铺。在这其中以山西、陕西贩卖盐茶的大贾为代表。其中茶叶、盐、布匹等为大宗货物。从而造就了赊店这一个庞大的物资贸易和商品转运中心。因此，在明清时期，在民间就有"天下店，数赊店"和"拉不完的赊店，填不满的北舞渡"的说法。明清时期的赊店也因此成为中原地区重要的商品集散地，与周口、道口、朱仙镇并称为中原四大商业重镇。①

4. 茶商故里，万里茶道的中转站

万里茶道离开赊店后便进入了山西省内。作为晋商的发源地，山西在万里茶道中的作用也是举重若轻的，在茶叶运输过程中起着重要的分流作用。在这里茶叶分别运往东西两口，以满足不同地区的供应。陈赛赛提到，由于太行山的地理阻隔的影响，茶叶在太行山羊肠小道中只能以驼队的方式进行运输，在茶叶抵达鲁村后由于地形放缓允许车辆通行，因此，祁县鲁村便成为了驼运与车运的中转站。茶叶从河南赊店出发，经洛阳到达太行山，然后取道至祁县，经行太原、雁门关、大同最后发往张家口，或者归化城。② 张江详细地叙述了鲁村的茶叶运输过程，"傍河挟官道"生动地说明了鲁村在运输途中的地理区位的优越性。③ 万建辉对于太行山的险峻进行了切实的描述，作者提到 440 公里的陆路耗时约一个月，其中万里茶道的必经地段的羊肠坂便是"太行八陉"中的一段，而见证这一切的当属"碗子城"，众多的商队日夜穿行在建筑于山顶上的百余米见方的碗子城。④ 周鑫鑫在《晋商茶帮的困厄与出路》一文中对运输过程及线路的分析一节中，作者除了对运输线路作出阐述外，还得出了晋商茶叶贸易经历三个阶段的结论。⑤

---

① 韩小雄. 茗香万里——晋商万里茶道探寻 [M]. 太原：山西人民出版社，2012.

② 陈赛赛. 线性文化遗产背景下的万里茶道空间结点分析 [D]. 南昌：江西师范大学，2016.

③ 张江. 山西祁县古茶路及茶叶物流考证 [J]. 晋中学院学报，2010，27（5）：34-39.

④ 万建辉. 茶过晋商家门——山西 [J]. 武汉文史资料，2016（9）：51-58.

⑤ 周鑫鑫. 晋商茶帮的困厄与出路 [D]. 太原：太原理工大学，2014.

5. 草原地区的万里茶道

张家口作为东西两口中的东口在万里茶道中广为人知，对于张家口商业贸易卢云亭将 1235～1936 年发生于张库大道上的商贸大事件作了列举。①这条道也被称为"张库恰国际商道"。作为晋商翘楚，大盛魁在归化城书写了雄浑的历史，大盛魁的重要贸易集散地——呼和浩特作为茶叶重镇的局面一直延续到 19 世纪。

有的学者关注到中俄的茶叶贸易对于蒙古的影响。在社会方面，万里茶道的开辟将茶叶输至蒙古地区，给蒙古人民提供了茶叶。在政治方面，《中俄陆路通商章程》的签订等于清政府将蒙古作为免税区拱手相让于俄国。虽然在后期清政府觉察到这一弊端，但是为时已晚。俄国已经将蒙古地区的经济贸易活动牢牢地掌握在自己的手里，这也为后期俄国商人挤压晋商市场埋下了祸根。②

6. 万里茶道的终点——恰克图

万里茶道的又一重要节点——恰克图，对于中俄茶叶贸易来说至关重要，黄鉴晖在"外茶商的大本营与运输"的论述中提到了恰克图的由来，并指出恰克图贸易对晋商的影响。③ 郭蕴深对俄国商人染指中国内地茶叶市场，导致恰克图市场交易份额下降的史实予以披露。④

恰克图对俄罗斯的影响是巨大的，就像俄国著名经济学家瓦西里·帕尔森在《外贝加尔边区纪行》中所言："一个恰克图抵得上三个省，他通过自己的贸易活动将人民的财富变成宝贵和富有生机的汁液，输送到西伯利亚。"⑤

张喜琴从制度经济学的角度对中俄双方的贸易进行了评述。关于市场规约文中指出，中俄恰克图边贸市场的管理制度虽在条约的框架下，但也

---

① 卢云亭. 张库草原古道驿道、商道大事记 [C]. 中国地质学会旅游地学与地质公园研究分会第 23 届年会暨二连恐龙地质公园建设与旅游发展战略研讨会论文集，2008：406-416.

② 刘秉贤. 论清代蒙古市场的对俄开放过程 [J]. 黑龙江史志，2007（12）：20-21+28.

③ 黄鉴晖. 山西茶商与中俄恰克图贸易 [J]. 中国经济史研究，1993（7）：125-140.

④ 郭蕴深. 论中俄恰克图茶叶贸易 [J]. 历史档案，1989（7）：89-95.

⑤ （俄）瓦西里·帕尔森. 外贝加尔边区纪行 [M]. 北京：商务印书馆，1976.

有许多非正式制度的特点。①

(三)万里茶道的价值

万里茶道虽然已经湮没于历史的长河中，但是其本身蕴含的价值正逐步被挖掘。万里茶道给世界遗留的价值是多元的。

首先，无论是其自身的运输线路还是沿线遗留的各式建筑遗迹，其凝结在交通和建筑中的文化价值是不容忽视的。在万里茶道起点的下梅村，其人文地理建筑遗产的典型代表就是邹家祠堂和梅溪。可以说万里茶道发端于下梅村，而作为下梅村昔日辉煌的见证，邹家祠堂不仅记录了一个家族的历史，而且见证了下梅茶叶贸易的兴衰。位于汉口的巴公老房子在中俄汉口茶叶贸易繁盛的十九世纪里默默地见证着中俄茶叶贸易史汉口地区的始末。作为水陆转运的重要节点河南赊店，至今仍然保留着明清时期建筑风格的著名建筑——山陕会馆，山陕会馆不仅是明清时期建筑水平的典型代表，更是清代以来行走于万里茶道的商旅的见证。作为万里茶道的晋商故里——山西，至今保留的关于万里茶道的遗迹便是分布于晋中地区的山西大院。自古晋商便具有浓厚的乡土情结，富商大贾在发家致富后，便回到老家大兴土木、建房造舍，在中俄茶叶贸易中发家的晋商自然也不例外。以上提到的是万里茶道沿线建筑遗产中的典型代表。

其次，中俄茶叶贸易史除了留存下诸多建筑遗迹外，在几百年的发展过程中所凝结在万里茶道上的人文要素也不容忽视。第一，在茶叶出产区，与茶叶运输相伴而生的制茶与包装技术受茶叶贸易的推动，得到了极大的发展，而这一技术也同时作为非物质文化遗产被保留下来。第二，作为遗产价值的一个重要组成部分，文化遗产的重要性也不可忽视。在几百年的茶叶贸易中，伴随着茶叶贸易南北方的文化交流日益兴盛，文化的融合现象也日益显著。至今生活在内蒙古牧区的牧民，选购茶叶时对"川"字牌茶砖情有独钟，这种行为习惯便是文化渗透力的显著写照。就过程而言，文化交流本身就具有动态性，这一点在几百年的输俄茶业品种的变迁

---

① 张喜琴. 清代恰克图贸易的制度框架、交易方式及启示 [J]. 上海财经大学学报，2015 (6)：102-112.

中便可窥得一二。

再次，从经济的角度审视，作为万里茶道上的主导者——晋商，在几百年的发展历程中推动了茶叶贸易的繁荣，也在这一过程中受益，成就了晋商传奇。另外，在万里茶道沿线，因万里茶道所兴起的各类集镇以及伴随茶叶贸易日益繁盛而得到发展的制茶技艺，其自身也成为万里茶道价值中的重要一环。

最后，万里茶道对当下具备典型的文化挖掘价值。无论是建筑遗产、商业遗产还是众多非物质文化遗产，对于我们来说都是巨大的宝藏，值得进行文化遗产再发掘、再利用。

（四）万里茶道的开发现状

万里茶道的湮没与世界局势的关系密不可分。首先，动荡的世界局势为万里茶道的中断埋下了伏笔。其次，中国与苏联政权的更迭加速了万里茶道的衰亡。最后，科学技术的进步对于落后生产力与生产关系的巨大冲击也是加速其走向衰亡的强大内在推动力。在各种因素的综合作用下，万里茶道最终于20世纪初湮没于历史的长河中。至此，这条贯通南北跨越30多个纬度，经度跨越近乎整个俄罗斯的茶业商贸通道彻底中断。进入20世纪后半叶，在学术界，以厦门大学庄国土教授为首，率先开启了万里茶道的研究，至此，关于万里茶道的相关史实性研究开始见诸于各种期刊，但大多都发表于茶叶或农业等类型的刊物，对于文化这一属性的研究尚未进入研究者的视线。进入21世纪，对于万里茶道的研究迎来了一个新的阶段，学者们开始关注局域性的万里茶道史实与文化的挖掘，以山西省为代表的院落文化旅游品牌的打造为例，起初的品牌定位仅仅是晋商文化，尚未对晋商文化背后所隐藏万里茶道这一宏大背景予以挖掘，因此形成了一种"晋商文化看大院"的认知偏差。

随着时间的推移，相关的研究开始着眼于万里茶道这一背景，因此万里茶道沿线各地开始进行局部性的万里茶道的文化价值的发掘工作，其中，典型代表就是福建省下梅村，2011年李克强来到下梅村，提出了"下梅村可以凭借万里茶道起点"的这一优势，朝着茶旅产业的方向发展，随后福建省建筑设计研究院、同济大学建筑设计研究院以及福建日报报业集团、海峡出版发行集团等联合开发了下梅文化旅游综合体项目。该项目旨在将下梅村打造成集文化寻根、休闲旅游、观光购物、养生度假、人文体验于一体的山水田园文化旅游区。2012 年 6 月，湖北省召集部分沿线省份文物部门，在赤壁首次举行万里茶道文化遗产保护研讨会，形成并通过《万里茶道文化遗产保护赤壁倡议》，我国万里茶道文化遗产保护省际合作正式启动。2012 年央视的纪录片《茶叶之路》，以专题的形式全方位讲述了万里茶道兴衰的始末。

2013 年 3 月 23 日，习近平主席访问俄罗斯期间，在莫斯科国际关系学院发表演讲，特别提到，"继 17 世纪的万里茶道之后，中俄油气管道成为联通两国新的'世纪动脉'"。这进一步地激发了中、俄等国文物考古界对万里茶道遗产研究保护的热情。此外受到丝绸之路与大运河文化线路申遗成功的鼓舞，国内学者及地方政府从不同角度开展万里茶道的挖掘工作。首先，学者们开始将万里茶道的研究视角从局部转向整体，关注点从重视当地文化的发掘向区域间文化的整体性联动开发过渡。其次，各地政府也着手万里茶道的申遗工作，2013 年河南省举办了赊店会议，山西、内蒙古、河南、河北、湖南、湖北、江西、福建八省（区）参加，共同商讨万里茶道申遗计划。最后，各省区结合当地实际情况开始针对性的准备工作。作为万里茶道第一镇的铅山河口古镇也开展了一系列挖掘、整理工作。湖北省同时开展了万里茶道申遗及中北部大通道建设工作，内蒙古也开始呼和浩特的万里茶道文化挖掘工作，并在二连浩特开出首趟旅游专列。

作为一条国际性的文化及经济贸易线路，万里茶道在联通中、蒙、俄三国的政治、经济、文化、社会多元交流的同时也促进了民族及地区间风俗民情的交流。俄罗斯对于万里茶道的相关研究也在进行。俄罗斯对于万里茶道的研究大概要比中国早 20~30 年，21 世纪初，当我国学者还在致力于丝绸之路的研究时，俄罗斯已经有专门的关于万里茶道的旅游线路开辟的研究。在俄罗斯西伯利亚地区有关于万里茶道的博物馆，里面陈列着关于万里茶道贸易中的各式文物。此外，在文化及宗教交流方面，万里茶道也推动了俄罗斯东正教的发展。基于文章研究主题的考虑，关于俄罗斯对万里茶道的研究，我们仅在此做粗略的概述。

现阶段就万里茶道的开发状况来看，区域地方性的挖掘开发工作初见成效，但是就整体性的开发进程来说尚属于起步阶段，这与研究的时间以及史料挖掘的难易程度有一定的关系。与此同时，相关的学术研究也在有条不紊地进行，为万里茶道的开发工作提供坚实的史料支撑。

（五）万里茶道的发展展望

万里茶道虽说只有几百年的历史，但是其具备的价值却是无法估量的。首先，就其本身而言，如同丝绸之路与大运河一样具备作为线路型文化遗产的特点，具备典型的文化价值。其次，在几百年间，万里茶道带动了中蒙俄三国经济和文化的交流，具有典型的政治、经济、文化、社会等方面的意义。最后，作为万里茶道的主要商品——茶叶，通过万里茶道在全世界范围内得到了极广泛的传播。因此，万里茶道的开发具有重大的历史意义。

我国对于线路性遗产的开发尚处于萌芽阶段，因此，通过对万里茶道发展前景的探讨，可以更加充分地认识万里茶道的历史地位与开发价值，从而更好地服务于万里茶道开发的实践。对于文化产业的开发目前世界上的主流模式大致可以划分为以下几方面：民俗艺术、寻根文化、景观度假、风情小镇、创意探索等。此外，不少学者提出利用互联网技术实现智慧旅游的做法。对于万里茶道的开发而言，以上模式均有可借鉴之处。

由于万里茶道的跨越地域之广，从线路走向来看整体上贯穿我国南北，因此在万里茶道开发的过程中不得不对南北文化差异这一显著特点予以关注，所以万里茶道的开发思路应秉持从总体上围绕主旨统一协调，具体实施时切合实际、相互关联的思想。具体而言，作为万里茶道的起点——下梅村，其开发重点应该是茶道起点的寻根型文化开发模式。对于两湖地区，应根据当地水运交通密集以及茶业类型多样的特点大力推行景观度假与茶叶文化等方面的整体设计。对于水陆转运的节点——赊店，应牢牢抓住水陆特点进行开发。此外，作为晋商故里的山西晋中，应将大院文化泛化，结合万里茶道的这一背景，将山西省内有关万里茶道的相关景点实行有机联动，让大院文化这个点实现向万里茶道旅游线的跨越。另外，对于内蒙古与河北，应着力挖掘东、西两口的历史与文化价值。以上是整体的开发思路，具体开发可以通过文化产业园、文化产业链以及文化产业集群等多样化的形式进行。例如，现阶段下梅村开发的下梅文化旅游综合体项目便是典型的案例。

通过对万里茶道沿线各具特色的产业开发模式的探索与发掘，可以将万里茶道所蕴含的不同文化与历史特点予以全方位的展示，同时也可以有效避免同质化开发引发的低效化竞争，又可以充分发挥当地地方特色，有利于区域间的文化开发模式的联动，全景式地展现万里茶道的历史与辉煌。

除此以外，应充分利用"互联网+"技术，将万里茶道各段的特色予以整合，以互联网化的展现模式来吸引更多的游客关注万里茶道。差异化的开发战略，会激发游客的探索感，从而引导游客在逐步探索中，一步步地完善对万里茶道的认知，更加有效地激发探索欲，以此形成良性的反馈。此外，应该大力发展文化边缘产业，结合世界推出一些附加值较高的文化创意产品，在这方面，故宫文创的成功实践对于万里茶道的文化产业开发无疑是有益的借鉴。

(六) 结语

起源于福建下梅村的万里茶道，以茶叶为敲门砖叩开了万里茶道的大门，在带动福建当地经济繁荣的同时也将茶叶远输至蒙俄，解决了蒙俄地区人民对于茶叶的需求，虽然因太平天国运动的兴起致使茶道受到阻隔，但是随着两湖地区被开辟为新的茶叶主产地，以及汉口作为通商口岸的开辟在茶叶贸易中发挥了重要的作用，万里茶道又焕发出新的生机，也因此造就了两百多年的茶运史。万里茶道推动了茶叶种植、采摘、包装、运输方面的技术进步，也促成了沿线城市的繁荣。山西商人作为万里茶道的开拓者、参与者，其贡献是毋庸置疑的。当然，万里茶道也催生了晋商传奇。

二、文化线路

（一）文化线路的理论概述

由国际古迹遗址理事会文化线路科学委员会（CIIC）制定的《国际古迹遗址理事会（ICOMOS）文化线路宪章》对于文化线路的定义是：无论是陆地上，海上或其他形式的交流线路，只要是有明确界限，有自己独特的动态和历史功能，服务的目标特殊、确定，并且满足以下条件的线路可称为文化线路：

（1）必须来自并反映人类的互动，和跨越较长历史时期的民族、国家、地区或大陆间的多维、持续、互惠的货物、思想、知识和价值观的交流；

（2）必须在时空上促进涉及的所有文化间的交流互惠，并反映在其物质和非物质遗产中；

（3）必须将相关联的历史关系与文化遗产有机融入一个动态系统中。

该宪章不仅对文化线路这一概念做出了严格的界定，而且对文化线路中元素的定义，文化线路的类型、特征、研究、保护、评估、使用、管理等方面都做出了全面的规定与解释。①

（二）文化线路的研究概述

文化线路的研究总体呈现出逐年上升态势，CNKI 统计显示，关于文化线路的研究文章在 2014 年突破了 50 篇，在 2018 年达到 75 篇。可以说现阶段关于文化线路研究正逐步成为一个热点话题。此外从研究主题的角度来看：关于文化线路概念主题的研究接近 1/3，除此以外，对于文化线路遗产、遗产保护、文化遗产及文化遗产保护等方面的研究约占 1/4，相关学者也关注与实体文化线路的研究，例如，关于大运河与茶马古道的研究达到了 3%，由此可见，实体文化线路的研究也是文化线路研

---

① 丁援. 国际古迹遗址理事会（ICOMOS）文化线路宪章 [J]. 中国名城，2009（5）：51-56.

究的重要组成部分。约有 30% 的研究散见于关于文化线路研究的各个议题。

1. 文献线路概念的分析

陶犁在《"文化廊道"及旅游开发：一种新的线性遗产区域旅游开发思路》一文中，通过以线性文化遗产这一研究前提出发对比文化线路与遗产廊道两者的区别，引出了文化廊道的概念，并指出了其内涵与特征及其研究意义。① 李伟等的《世界文化遗产保护的新动向——文化线路》一文中以文化线路的发展历程为出发点，对概念和特征及文化线路保护中出现的问题予以探讨，并对文化线路与遗产廊道两个概念进行对比，从而引发对中国文化遗产保护的思考。② 姚雅欣从多个维度入手，对文化线路的内涵予以论述，王建波等的分析更加深入，他以《文化线路宪章》为蓝图，从内涵、定义、内容和特征等方面进行了细致的解读③。对于文化线路的保护方面，王志芳等以遗产廊道为研究对象，运用系统化的观点从法律、管理、规划重点等方面予以论述，最后得出对中国的启示。④ 此外戴湘毅等在《国际文化线路理念演进及中国的实践》一文中，按照文化线路发展阶段式的叙述方式，详细介绍了"文化线路"的发展历程，并对中国典型的文化线路予以梳理与分析，并指出文化线路申报世界遗产的迫切要求。⑤ 王晶在对我国文化线路资源及我国在这一方面存在的不足等方面进行分析后，运用表格的方式直观地将国内外的文化线路从多个指标进行对比，旨在对我国关于文化线路的研究予以一个清晰的定位。⑥ 杨珂珂等依据列入世界遗产中文化线路评价特征的认定要素，对世界上 6 条文化线路的评价

① 陶犁. "文化廊道"及旅游开发：一种新的线性遗产区域旅游开发思路 [J]. 思想战线，2012（2）：99-103.

② 李伟，俞孔坚. 世界文化遗产保护的新动向——文化线路 [J]. 城市问题，2005（4）：7-12.

③ 王建波，阮仪三. 作为遗产类型的文化线路——文化线路宪章 [J]. 城市规划学刊，2009（4）：86-92.

④ 王志芳，孙鹏. 遗产廊道——一种较新的遗产保护方法 [J]. 中国园林，2001（5）：85-88.

⑤ 戴湘毅，姚辉. 国际文化线路理念演进及中国的实践 [J]. 首都师范大学学报（社会科学版），2017（1）：78-87.

⑥ 王晶. 文化线路申报世界遗产的探讨 [J]. 中国文物科学研究，2011（1）：9-13.

特征进行了针对性地分析。① 王景钏通过模型化的方法对梅里雪山转经路线的空间特征进行了相关探讨。王先胜以苗族蚩尤文化线路为例，探讨了文化线路与古代历史整合的问题②。

在《欧洲文化线路发展概述》中，张春彦、张一、林志宏从欧洲文化线路发展背景、概念定义、欧洲文化线路的三多特征（多元化体系、多元化主题、多元化形态）、欧洲文化线路的认定方式（主题认定、线路网络认定、活动计划认定）及组织管理中的组织结构和财政制度等方面对欧洲文化线路做出了全面的论述③。杨浩祥从欧洲文化线路的展示与利用的角度入手，从差异化的主题路线、体验式的旅游服务和数字化的展示平台三个方面予以介绍④。而德国把文化遗产中的38处世界遗产整合为八大旅游文化线路，并积极推动实施可持续发展的做法对于中国的文化资源及其文化线路的发掘而言无疑是提供了良好的模板⑤。

2. 文化线路保护研究的状况

作为文化线路来说，保护是开发的基础，因此，一些学者也致力于文化线路的保护方面的研究。童明康关于文化线路的调查、认定、保护与管理方面提出应从提高资源调查水平、丰富调查内容以及加强国际间交流、提高理论研究水平的方面努力⑥。王景慧从文化线路的规划方法的视角出发对保护对象和价值加以认定，并从保护规划内容框架和保护规划的控制措施等方面予以探讨⑦。李林从文化线路给我国带来的机遇与挑战的角度出发，主要阐释了文化线路的提出对我国在文化遗产方面的保护方法的借

① 杨珂珂，陈同滨. 文化线路遗产价值特性分析——以世界遗产名录的6处文化线路遗产为例 [D]. 北京：中国建筑设计研究院，2009.

② 王先胜. 文化线路与古代历史文化研究 [J]. 文化研究，2010（2）：35-41.

③ 张春彦，张一，林志宏. 欧洲文化线路发展概述 [J]. 中国文化遗产，2016（5）：88-94.

④ 杨浩祥. 欧洲文化线路展示与利用初探 [J]. 建筑与文化，2015（4）：186-187.

⑤ 赵涵. 德国文化遗产的可持续生机——38处世界遗产化身八大主题线路 [J]. 文化月刊，2014（18）：42-51.

⑥ 童明康. 文化线路的研究与保护（中国古迹遗址保护协会）[J]. 四川文物，2016（3）：30-32.

⑦ 王景慧. 文化线路的保护规划方法 [J]. 中国名城，2009（4）：10-13.

鉴。① 吕舟通过对日本"纪仪山圣地朝圣线路"和以色列"内盖夫沙漠的香料之路和沙漠城市"的研讨，从六个方面论述了文化线路的保护对国际文化遗产保护的影响。② 刘小方等以茶马古道滇藏线为例对中国文化线路的保护与旅游开发从线路申遗的角度进行了探讨。③ 作者还提出了文化线路的三种开发理念（唤醒意识、联合申报、共生理念）。④ 冯晓娜等从物质文化遗产的视角以旅游线路的文化品位的提升为主题，通过对现有文化线路的调查分析，和对旅游线路中的非遗成分不明显的原因分析，以珠三角地区为样本从四个方面进行了旅游线路设计。⑤ 章剑华在江苏文化遗产线路保护的探讨中提出文化线路应从历史与现实、人文与自然、时间与空间、遗产价值的多元化等方面对文化遗产进行再认识，最后提出文化遗产保护的四个维度的思路，即完善法律体系、动态审视价值、加强沟通合作和审慎对待个案。⑥ 单霁翔主要从我国文化线路遗产的特点、保护文化线路遗产的时代意义、文化线路保护的措施和实践三个方面予以探讨。⑦

三、文化产业

（一）文化产业概述

文化产业的概念源于德国法兰克福学派和英国伯明翰学派对"大众文化消费"与"文化工业的批判与阐释"，其起源及基础是工业革命、20世纪的经济发展以及欧洲国家中产阶级的形成，其迅速发展则和信息传媒技

① 李林."文化线路"对我国文化遗产保护的启示 [J]. 江西社会科学, 2008 (4)：201-205.

② 吕舟. 文化线路构建文化遗产保护网络 [J]. 中国文物研究, 2006 (1)：59-63.

③ 刘小方. 中国文化线路遗产的保护与旅游开发——以茶马古道滇藏线为例 [D]. 成都：四川师范大学, 2007.

④ 刘小方, 李海军. 世界文化线路遗产的保护与旅游开发——以四川省为例 [J]. 桂林旅游高等专科学校学报, 2007 (2)：300-303.

⑤ 冯晓娜, 章牧. 论旅游线路的文化品位提升：基于非物质文化遗产的视角——以珠三角为例 [J]. 旅游经济, 2011：160-162.

⑥ 章剑华. 江苏文化线路遗产及其保护 [J]. 东南论坛, 2009 (4)：7-11.

⑦ 单霁翔. 关注新型文化遗产——文化线路遗产的保护 [J]. 中国名城, 2009：4-12.

术的快速提升、世界性文化交流与文化市场消费的形成密不可分。改革开放 40 多年来，我国人民的生活水平与生活品质有了质的飞跃，对于文化产品的消费观也在逐步形成。新时代背景下，我国经济实力的显著提升和人民生活水平的日益改善，带来了国民消费方式的改变。党的十九大报告中对我国现阶段主要矛盾的表述为："人民日益增长的美好生活需要和不平衡不充分的发展之间的矛盾。"当前我国大力推进经济新常态下的供给侧改革，其目的就是逐步满足人民大众多样化的消费需求。因此，大力发展文化产业已经成为客观迫切的需求。

1. 定义

早在 20 世纪 40 年代，德国法兰克福学派的阿多诺和霍克海默合著的《启蒙辩证法》中提到 "Culturalindustry"（文化工业），从艺术和哲学价值的双重角度，对文化工业进行了否定性批判，这是文化工业首次以单数形式使用且批评性和否定性较为明显。20 世纪 80 年代以后，文化工业成为广泛意义上的 "文化—经济" 类型，并逐渐成为中性化、正面化的词汇，"Culturalindustry" 也被译为 "文化产业"。此后国际社会逐渐认识到文化产业属性并大力发展文化产业。但由于各个国家历史、文化背景相异，对文化产业的称呼、定义也就存在差异。联合国教科文组织在《保护和促进文化形式多样性公约》中，对文化产业做出了详细的阐述①："'文化产业'指生产和销售文化产品或文化服务的产业。"我国关于文化产业的概念认识较晚，对其定义也经历了漫长的争论过程，直至 2012 年，国家统计局对其修订为："文化及相关产业是指为社会公众提供文化产品和文化相关产品的生产活动的集合。"

2. 文化产业发展与类型的划分

文化产业经历了孕育、萌芽、形成、发展、兴盛五个阶段。20 世纪 20 年代之前，与造纸术、印刷术相关的文化产品的批量化生产和第一次科技革命促进了文化产品和文化行业的规模化发展。20 世纪 20 年代至 40 年代

---

① 《保护和促进文化表现形式多样性公约》于 2005 年 10 月 20 日第 33 届联合国教科文组织大会通过。2006 年 12 月 29 日第十届全国人民代表大会常务委员会第 25 次会议决定，批准于 2005 年 10 月 20 日在第 33 届联合国教科文组织大会上通过的《保护和促进文化表现形式多样性公约》。

末，电子媒介的出现、文化消费需求发展、电影业的出现等，所有这一切促成了文化产业的萌芽。20 世纪 50 年代至 80 年代末，产业结构的调整、第三次科技革命的发生、人们精神消费需求的增长、传媒业的发展以及各国政府的扶持共同催生了文化产业的形成。20 世纪 90 年代以来，由于高新技术的出现、各国政府的重视以及巨大经济效益推动了文化产业的快速发展。21 世纪以来，伴随着全球文化的多元化以及新兴技术的发展，文化产业走向繁荣兴盛阶段。在几十年的发展过程中，各国也形成了各自独特的文化产业类型。如以电影业为代表的美国大片，韩国的影视业、游戏业，以动漫产业为发展动力的日本动漫业，英国正在大力推动的创意产业，德国大力发展的会展业、出版业等都是文化产业发展中的典型代表。分化方向的不同也间接地影响了各国对于文化产业类型的定义与划分方式。如美国的四类划分方式的版权产业；英国以三个原则为宗旨确定的十三类创意产业；加拿大、新加坡、澳大利亚与德国也将其定义为文化创意产业；印度则从娱乐与媒体的方向对文化产业做出界定。此外，文化产业的发展与经济模式的变革也密切相关，1996 年《新经济的胜利》发表在《商业周刊》上，文中论述的关于新经济现象的推动特征中提到了"文化逐渐成为推动新经济增长的有力要素"。B. 约瑟夫·派恩也在《体验经济》一书中，从消费模式的转变结合经济形态的区分的角度对这一现象进行了表述。

3. 文化产业相关的著作概述

周正兵在《文化产业导论》[①] 一书中运用经济学的相关理论，对文化产业从微观经济学和产业经济学两个层次进行讨论。在微观层次，从文化产品的形式、特征、生产以及供求机制和文化产品的属性、财政补贴政策等方面对文化产业进行论述。在产业经济学这一层次的分析中通过对其组织形式、市场结构、市场行为、产业集群以及政府规制等方面对文化产业进行分析。在文化集群这一模块中，通过对产业集群的七个构成要素的分析和产业集群评价体系中五项评价指标的简介，对产业集群的相关理论进

---

① 周正兵. 文化产业导论 [M]. 北京：经济科学出版社，2009.

行了介绍，并以我国文化产业集群中三个典型的集群模式（七九八模式、大芬村模式、中关村模式）为例予以探讨。接着对我国文化产业集群政策的历史演变、基本框架、与文化产业两者间的关系，以及政策建议等方面进行讨论。集群政策对于万里茶道文化线路文化产业的开发有一定的借鉴意义。蔡尚伟、车南林的《文化产业精要读本》① 对文化产业的概述、发展历程、基本规律等基础理论进行介绍，接着从文化产业的创意、聚变以及文化与旅游、科技、教育、金融和创业攻略等方面的嫁接进行探讨。在文化创意产业模块中，对于创新思维和品牌的打造以及"文化+旅游"的二次创意产业进行了探讨，并提出企业和个人进入文化产业创业攻略的新颖观点。李炎、胡洪斌等的《中国区域文化产业研究》② 一书中，首先从理论角度对中国的区域文化产业的研究内容、理论基础、区域划分及研究的基础与方法进行介绍，其次分别通过对中国的七大地理区划的区域文化产业的发展基础与要素、发展现状以及区域文化产业政策环境与发展对策方面予以介绍。在关于中部地区的区域文化产业的相关分析中，对山西、河南、湖南、湖北、江西五省的情况进行分析，在对山西省的分析中着重探讨了山西省在历史文化方面的独特优势，如华夏之根、黄河之魂、晋商文化、关圣故里、佛教文化和山西古建筑等。在对中部地区区域文化产业要素的分析中，通过对科技实力薄弱、人口集聚但人才相对匮乏的现状以及资源驱动型、地区差异化、区域不均衡等主要发展特征进行分析后，从关注文化资源、提升开发利用率，加强人才"外引内培"、构建文化人才体系，拓宽投融资渠道建立文化产业投融资体系，以及鼓励本土文化消费、拓宽文化消费空间四个方面对于中部地区文化产业发展提出对策与建议。

4. 山西省文化产业的发展概述

山西省统计局与中共山西省委宣传部联合编制的《山西文化产业发展概览（2016）》一书中，通过数据、图表、统计分析报告等形式，从十三个方面对山西省 2015 年文化产业发展概况进行了介绍。在文化旅游模块

---

① 蔡尚伟，车南林．文化产业精要读本［M］．南京：江苏人民出版社，2015.
② 李炎，胡洪斌，范建华．中国区域文化产业研究［M］．昆明：云南人民出版社，2014.

中，对 2013~2015 年的统计数据从四个方面进行了对比，通过对比发现山西省旅游活动情况逐年活跃，但在 2010 年之前增长幅度不高，2010 年之后有所提升。通过文化消费模块的数据分析表明，2011 年以来城镇和农村居民家庭人均消费支出每年的增幅基本维持在 10% 左右。与此同时，城镇居民家庭人均消费支出总额是农村居民家庭人均消费的两倍，从消费支出构成的角度看，教育文化、娱乐服务等与文化相关的消费支出比例稳定在 13% 左右，这说明山西省人均消费支出中，关于文化性的消费比例偏低。与此同时，无论是城镇还是农村，人均消费支出在基础性消费方面均稳定在 35% 左右，这一现状说明山西省经济基础薄弱，短期内文化性消费无法得到显著提升。在对山西省 2014~2015 年文化产业的分析中，从文化产业增加值占 GDP 比重的相关数据分析中可以看出，全省文化产业增加值占 GDP 比重在 2% 左右，只有晋中市的 GDP 占比在 3% 左右，此外长治、晋城、晋中、运城四市的文化产业增加值占比较大。在全省 339 家与文化产业相关的企业中，文化服务业和文化批零业占比较大，分别为 44.5%、37.7%。其中，从文化服务业相关财务指标的分析中可以看出，长治、晋城、晋中、运城、太原五市对文化服务业贡献较大。除太原市外，晋中市与其他三市相比各项财务指标均表现出色。其中在资产方面，晋中市的资产总额也远高于太原市，但是在营业成本方面晋中市的营业成本均是长治、晋城、运城三市营业成本的两倍左右。由于晋中市的营业收入较其他三市而言总额较大，从而导致各项税金支出较大，营业成本畸高和税赋较高，两者共同作用导致晋中市营业利润出现较大亏损，因此，晋中市在积极扩大营业收入的同时也应注意适当控制营业成本。在 2013~2015 年全国居民人均文化娱乐消费支出分省统计数据中可看出，山西省连续三年在全国各省市排行中均位于第 26，增长率与全国人均文化娱乐消费增长率基本持平，基本维持在 15% 左右。这说明山西省文化产业的开发水平不高，具体表现为文化产业规模不大、实力不强、结构性问题突出，文化企业数量少、规模小、盈利能力不强，文化资源开发力度不足、水平不高，文化投资基数低、总量小，文化消费水平低、动力不足的现状。[①]

（二）文化产业的研究概述

文化产业的研究始于 2004 年，截至 2018 年 3 月，知网上关于文化产业研究的文献累计近 13 万篇（见图 0-1），本节首先对文化产业从概念与理论应用两个方向进行探讨。其次从宏观方向对文化产业理论进行研究，以及对山西省的文化产业开发予以讨论。

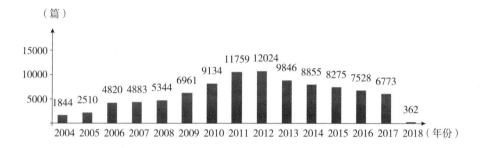

图 0-1　2004~2018 年文化产业相关研究文献的数量统计

注：数据选取起止时间：2004 年至 2018 年 2 月 26 日。

1. 文化产业研究总述

目前学术界关于文化产业的研究主要从理论和应用两个层次着手，无论哪种层次均探讨了文化与旅游产业发展这一议题。在理论探讨层次的分析中，常海鹏对文化旅游发展路径从短、中、长三个时间尺度分别以三项工作、三大工程、三大效应为关键点进行发展路线的探讨，[②] 顾海燕等以区域整合发展路径的视角，从文化产业区域整合发展的理论依据和路径选择两个方面对集群发展模式进行了讨论。[③] 鲍展斌在《合理开发文化遗产

---

①　中共山西省委宣传部，山西省统计局. 2016 山西文化产业发展概览 ［M］. 北京：中国统计出版社，2017.

②　常海鹏. 谈文化旅游产业发展的路径规划 ［J］. 辽宁省社会主义学院学报，2016（2）：55-58.

③　顾海燕，朱君梅. 浅析文化产业的区域整合发展路径 ［J］. 改革与战略，2011（9）：132-134.

创建中国特色文化产业》一文中，通过对保护遗产的真实性与完整性，实现文化遗产的数字化战略，促使文化遗产在当代的可持续发展、申报与保护世界遗产角度，对文化产业的发展进行了论述。[①] 王均寅关于推动区域文化产业发展的论述中，在充分认识文化产业，挖掘文化资源的基础上，从规划先行、项目带动、政策推动、部门联动四个方面对发展文化产业进行了探讨。[②] 齐仁庆从发挥政府职能的角度出发，从确立指导原则、科学准确定位、策略精准选择三个方面对文化产业进行了论述。[③] 白雪艳对区域文化产业发展模式从影响区域文化发展的因素和模式的选择两个方面进行了探讨[④]。耿达从比较优势和协同创新的角度对区域文化产业发展展开了细致的论述。[⑤] 颜霓等在城乡文化旅游创意产业的发展中的研究中通过分析存在的问题，从认识、开发、挖掘、延伸产业链和制度保障五个方面对文化产业进行了讨论。[⑥] 李雅梅以枣庄市为样本在文化资源向文化产业的转变的讨论中，从挖掘历史文化、利用红色资源、引导社会参与和自然资源等方面进行了探讨。[⑦]

邓微以湖南省为例对文化产业推动及发展方式转型的研究中，在对从文化产业已经成为经济增长点和推动经济发展方式转型的积极作用进行讨论后，提出健全法规体系、促进集约发展、完善市场监督和加强人才建设等对策。[⑧] 周凤英以商丘为样本对文化资源向文化产业发展的思考中，从加强产业规划、构建文化产业发展战略、深化文化体制改革、树立品牌、

① 鲍展斌. 合理开发文化遗产 创建中国特色文化产业 [J]. 社科与经济信息，2002（6）：123-124.
② 王均寅. 如何推动区域文化产业发展 [J]. 今日浙江，2012（7）：56-57.
③ 齐仁庆. 文化产业发展进程中的政府职能 [J]. 中共中央党校学报，2011，15（5）：106-108.
④ 白雪艳. 我国区域文化产业发展模式探究 [J]. 对外经贸，2012（7）：76-77.
⑤ 耿达. 比较优势、协同创新与区域文化产业取向 [J]. 重庆社会科学，2016（1）：20-26.
⑥ 颜霓，张晓华，李莹. 挖掘优势资源创新城乡文化旅游创意产业发展的有效对策研究 [J]. 知识经济，2017（10）：16-17.
⑦ 李雅梅. 文化资源优势转化产业优势问题浅议 [J]. 枣庄学院学报，2012（1）：108-110.
⑧ 邓微. 发展文化产业，促进湖南经济发展方式转型 [J]. 湖湘论坛，2011（1）：59-64.

挖掘历史文化、培养人才等方面做出探讨。① 李冰燕等在产业转化路径的研究中，从更新观念、体制改革、产业集群、打造品牌、研发产品、培养人才等方面提出建议。② 木基元以云南为例，探讨了历史文化名城的保护与发展研究，从法律保障、科学规划、多种方式保护和发展利用等方面对历史名城保护提出对策。③ 姜长宝在《河南省文化产业特色乡村融入"一带一路"的战略思考》一文中从河南省文化产业特色——乡村发展现状入手，对其利弊加以分析，从六个方面提出建议。④ 张鹏、黄朦朦用SWOT分析法对辽宁文化产业的发展进行分析后从合理规划布局、打造特色产业、完善法制建设、加强人才引进与培养等方面提出建议与对策。⑤ 陈雪以河南省固始县根亲文化节为例探讨了文化旅游的相关问题，对开发中存在的四个方面问题从七个方向提出对策。⑥ 张晓玲通过历史文化基础、内涵特征、构建品牌的对策等方面对内蒙古茶叶之路文化产业品牌构建进行了探讨。⑦ 包国忠从呼和浩特市玉泉区构建生态旅游的视角出发对打造文化旅游新格局的实践予以报道。⑧

　　2. 山西文化产业的研究概述

　　目前关于山西文化产业的研究主要关注文化资源、文化旅游、文化创意产业、文化产业发展及对策几个方面。也有少数研究者从产业集群、可持续经营等方面对山西文化产业进行了探讨。

　　① 周凤英. 发挥文化资源优势加快文化产业发展——商丘文化产业发展的调查与思考 [J]. 商业文化（学术版），2010（11）：160.

　　② 李冰燕，刘新霞，王萌. 历史文化资源优势向产业优势转化的路径研究——以河北为例 [J]. 科技管理研究，2013（11）：228-230+258.

　　③ 木基元. 历史文化名城的保护与发展研究——以云南为例 [J]. 云南社会科学，2003（5）：99-102.

　　④ 姜长宝. 河南省文化产业特色乡村融入"一带一路"的战略思考 [J]. 南阳师范学院学报，2016（5）：10-14.

　　⑤ 张鹏，黄朦朦. 基于SWOT分析的辽宁文化产业发展及对策 [J]. 辽宁经济，2015（11）：70-71.

　　⑥ 陈雪. 文化类旅游节事活动开发探析——以河南省固始县根亲文化节为例 [J]. 旅游纵览（下半月），2016（5）：131-132.

　　⑦ 张晓玲. 内蒙古茶叶之路文化产业品牌构建研究 [J]. 农业考古，2014（2）：223-228.

　　⑧ 包国忠. 呼和浩特市玉泉区构建文化生态旅游新格局 [N]. 中国旅游报，2009-11-13（10）.

关于山西文化产业发展这一问题，山西省政协委员孙丽萍从山西的优势出发，在对能源优势与文化资源优势的关系进行分析的基础上，提出山西要发展文化产业就要在观念上实现转变。① 卫振中在《关于加快山西文化产业发展的思路与对策》一文中，首先分析了思想文化产业的基本态势，其次对存在的问题与原因进行了分析，从创新理念、完善产业政策、创建投融资体制、发展产业集群以及培养人才五个方面提出建议。② 靳佳佳用系统动力学的理论，对山西省文化产业从政府、经济、需求、文化等因素进行模型化分析后，从加大财政投入、创新文化产品、加大教育投入及推进人口文化发展四个方面提出对策。③ 张蒙、侯瑞雪、韩兰兰在《山西省文化产业发展初探》一文中，通过数据对山西省文化产业发展形势与特征进行研判后，通过对资源、政策、潜力三种优势的分析，从文化定位、体制改革、扩大规模、完善政策等方面提出对策。④ 张茜用灰色关联分析法对山西省文化产业发展现状、问题、发展水平进行分析后，对山西省文化产业的影响因素进行了实证分析。⑤ 赵瑞政也从观念落后、政策欠缺、体制落后三个方面佐证了山西省文化产业发展中存在的问题，⑥ 郭艳红对以上问题，从信息化建设不完善、产业结构不合理、消费动力不足等方面作出补充，⑦ 张霞则分析了山西文化产业发展过程中的优势与面临的挑战。⑧ 王婧对山西文化产业跨越发展的问题及对策进行了研究，⑨ 屈学书对于山西文化产业能否成为山西主导产业这一问题，从基础与禀赋两方面

①　孙丽萍.发展山西文化产业势在必行［N］.山西政协报，2007-02-28（00C）.
②　卫振中.关于加快山西文化产业发展的思路与对策［J］.机械管理开发，2011（3）：135-137.
③　靳佳佳.基于系统动力学的山西省文化产业发展对策研究［D］.太原：中北大学，2013.
④　张蒙，侯瑞雪，韩兰兰.山西省文化产业发展初探［J］.科技情报开发与经济，2007（34）：121-123.
⑤　张茜.山西省文化产业发展影响因素的实证研究［D］.兰州：兰州财经大学，2015.
⑥　赵瑞政.山西文化产业发展存在的问题及对策研究［J］.赤峰学院学报（汉文哲学社会科学版），2013（1）：103-105.
⑦　郭艳红.山西文化产业发展的问题及对策研究［D］.太原：山西大学，2017.
⑧　张霞.山西文化产业发展的优势与挑战［J］.商场现代化，2016（30）：148-149.
⑨　王婧.山西文化产业跨越发展的问题及对策研究［J］.党史博采（理论），2017（8）：28+43.

进行了讨论。①

　　杨征、芦琳、任宝石在《风险投资推动山西文化旅游业发展探讨研究》一文中，以山西文化旅游业发展现状为起点，分析了资金、运营模式、体制与经济贡献率低等方面的问题，并从风险投资推动的角度对文化旅游业发展的可行性进行论证。② 王佳等用循环经济的视角观照大同市旅游业，提出旅游开发要增强环保意识与重视科学技术在可持续旅游的作用。③ 耿娜娜、贾瑞玲在《山西省旅游业区域差异及影响因素分析》一文中，通过对山西省各地市旅游业发展的区域差异的比较，分析了旅游资源丰度、交通区位、经济发展水平等影响因素，从资源丰度的角度对山西省各市进行了5级划分。④

　　李春梅在《山西文化创意产业的现状分析及对策研究》一文中，通过SWOT分析法分析了山西文化创意产业发展现状，提出了产业集群、实施品牌战略和金融危机下实施产业战略转型等观点。⑤ 高飞龙对山西文化创意产业发展从穿衣指数的角度进行评价分析，提出了建设区域文化产业、优化文化创意产业外部环境和完善创意人才开发机制等建议。⑥ 张静针对山西文化创意产业发展的融资问题，通过对现状与问题的研究，从构建信用担保体系、发挥"新三板"市场的作用、建立版权质押融资创新及评估体系、充分利用社会集资、借鉴"桥隧模式"和"路衢模式"以及开发适合文化创意产业的保险产品六个方面提出对策。⑦ 刘建霞在《推进山西文化创意产业升级发展的建议》一文中，分析了山西文化创意产业发展中自身的优势与面临的问题，从挖掘文化资源和精神标识，推动新兴产业发

---

　　① 屈学书. 文化产业能成为山西的主导产业吗 [D]. 太原：山西财经大学，2006.

　　② 杨征，芦琳，任宝石. 风险投资推动山西文化旅游业发展探讨研究 [J]. 山西煤炭管理干部学院学报，2012（1）：40-42.

　　③ 王佳，贺清云. 循环经济视角下大同市旅游业发展研究 [J]. 旅游纵览（下半月），2016（5）：201+203.

　　④ 耿娜娜，贾瑞玲. 山西省旅游业区域差异及影响因素分析 [J]. 中北大学学报（社会科版），2016（3）：111-116.

　　⑤ 李春梅. 山西文化创意产业的现状分析及对策研究 [D]. 太原：山西大学，2010.

　　⑥ 高飞龙. 山西省文化创意产业发展研究 [D]. 天津：天津师范大学，2012.

　　⑦ 甄聪. 江孜古城保护与旅游发展研究 [J]. 中华建设，2016（6）：77-79.

展、打造文化品牌、改革人才体制、加强平台建设五个方面提出 17 点建议。①

关于文化产业的研究也有学者从引入营销理念②开发旅游产品③、引入 PPP 项目的方式④、引入科技创新思维⑤和文化产权交易市场⑥，以及文化产业社会效益评估⑦等新颖的角度对文化产业的开发进行研究。以上研究为文化产业的开发提供了更为广阔的视角。此外，不少著作从文化再造⑧和文化产业案例分析的角度⑨⑩对文化产业进行了研究。

四、山西文化资源产业开发

在中部各省中，山西作为晋商故里和万里茶道的一个重要节点，拥有丰富的旅游资源和深厚的文化积淀。近年来关于山西省文化产业的研究也逐渐兴起，截止到 2018 年 2 月，对于山西省文化产业的相关文献有 310 篇，对于文化资源的研究有 58 篇，本节主要选取了关于山西省的文化产业开发与山西省文化资源相结合的相关文献进行分析，以保证分析的信度与效度。

（一）文化资源产业开发概述

1. 文化资源产业兴起的背景与意义
产业优化与需求高级化已成为现阶段世界经济发展的趋势，早在 17 世

---

① 刘建霞．推进山西文化创意产业升级发展的建议［J］．中共山西省委党校学报，2018（1）：109-114.

② 宋春来．引入营销理念 延长博物馆文化产业链［J］．现代营销（下旬刊），2015（6）：116-117.

③ 修嫄嫄，黄位华．赣傩旅游产品开发研究［J］．旅游纵览（下半月），2016（2）：122-124.

④ 胡斯曼．文化产业 PPP 项目风险管理研究［D］．合肥：安徽财经大学，2017.

⑤ 张宝英．科技创新思想在我国文化产业发展中的应用研究［D］．福州：福建师范大学，2016.

⑥ 廖继胜．文化产权交易市场发展研究［D］．南昌：江西财经大学，2015.

⑦ 李英杰．文化产业社会效益评估体系研究［D］．济南：山东建筑大学，2017.

⑧ 皇甫晓涛．文化再造 中国文化产业实操［M］．北京：光明日报出版社，2016.

⑨ 李季．世界文化产业经典案例［M］．北京：中国建筑工业出版社，2015.

⑩ 于少东，李季．中国文化产业经典案例［M］．北京：中国建筑工业出版社，2015.

纪配第①对于该现象的研究中就关注到产业层次这一变化趋势，1940 年克拉克②也发现了类似的规律。"配第—克拉克法则"与"列昂惕夫悖论"从正反两个方向印证经济发展趋势对于文化产业的兴起和发展过程中的推动作用。马斯洛的需求层次理论则从人的需求由低级向高级转化的趋势的角度，分析了需求高级化是文化产业兴起的重要拉动力量。此外，文化资源产业研究的兴起是由中国文化优势与新时代背景下民众日益发展的客观需求决定的，有利于推动文化实际营运水平与可持续发展、满足消费者日益多样化的文化需求和实现自身价值。③

2. 文化资源产业与区域和行业发展的关系

文化资源产业开发对于地区发展和城市竞争力的提高有重大推动作用。首先，城市是文化资源产业开发集聚发展的重点。其次，文化资源的保护和开发的共荣共生关系决定了其开发的必要性和客观要求。最后，越来越多的城市产业发展规划中把设立文化产业区作为文化资源产业开发的空间集聚的形式之一。此外，中小企业在文化资源产业开发过程中也起到了一定的作用。

3. 文化历史资源产业开发形态

几千年来，厚重的历史文化积淀对于推动中国文化产业开发与中国旅游业快速发展都起到了极大的促进作用，而古代的遗迹、遗址和独特的民俗习惯便是其中重要的载体。文化历史资源也越来越多地以多种形态展现在世人面前。电影《大红灯笼高高挂》让乔家大院进入人们的视野，而电视剧《走西口》《乔家大院》，话剧《立秋》，舞剧《一把酸枣》等多样化艺术形式把晋商文化生动地展现在世人面前。这便是历史文化资源在影视业中展现的探索。近年来，为了推动旅游业发展，山西省晋中市推出的大型实景演艺项目《又见平遥》，便是挖掘山西历史文化的成功尝试。这种彰显人文情怀的体验式大型情景剧，紧紧抓住了文化资源产业开发

① 威廉·配第，英国古典政治经济学之父，古典经济学家，统计学创始人，最早的宏观经济学者。
② 科林·克拉克，在英国和澳大利亚生活过的英国籍经济和统计学家。
③ 吕庆华.文化资源的产业开发［M］.北京：经济日报出版社，2006.

的关键点，以可持续性的营运及保护方式，在充分挖掘历史文化资源的基础上满足当代人的精神需求，也将厚重的历史以鲜明、生动的形式传承下去。

(二) 山西省文化资源概况①

山西位于黄土高原东部，文化资源蕴藏丰厚、特色鲜明，被誉为华夏文明的"主题公园"、中国社会变革和进步的"思想库"和古代东方艺术的"博物馆"。据统计，山西现存不可移动文物30186处，其中，国家级重点文物保护单位452处，省级文物保护单位428处，世界文化遗产2处，国家大遗址保护项目4处，国家级历史文化名城5座（大同、平遥、祁县、代县、新绛5个市县），历史文化名镇4个（灵石县静升镇、临县碛口镇、襄汾县汾城镇、平定县娘子关镇），历史文化名村8个（临县碛口镇西湾村、阳城县北留镇皇城村、介休市凤凰镇张壁村、沁水县土沃乡西文兴村、平遥县岳壁乡梁村、高平市原村乡良户村、阳城县北留镇郭峪村、阳泉市郊区义井镇小河村）。山西省文物保护单位数量居全国之首。山西四大梆子、民间歌舞、锣鼓艺术等96个项目列入国家级非物质文化遗产名录，301个项目列入省级非物质文化遗产名录。唐尧、虞舜、荀况、韩非、晋文公、关羽、王维、柳宗元、白居易、司马光、关汉卿、傅山、赵树理等历史文化名人彪炳史册，影响深远。山西省文化旅游资源不仅数量多，而且种类丰富多样，包括古建筑、革命遗迹、边塞文化、民俗、宗教文化五大类型。

山西文物众多，五台山、平遥古城、云冈石窟、壶口瀑布等旅游景区驰名中外，深受广大游客的喜爱。国务院目前核定公布的1080处第六批全国重点文物保护单位中，山西有152处不可移动文物列入其中，占到总数的14.1%。山西省是目前全国不可移动文物数量超过3万处的两个省份之一，因数量多达3.5万余处而在全国夺得头筹，山西现存各类古建筑18118处，冠居全国。现存唐代以来彩塑12712尊，数量位居全国第一，

---

① 李炎. 中国区域文化产业研究 [M]. 昆明：云南人民出版社，2014.

山西古代壁画异彩纷呈，现存寺观和墓葬壁画 2.4 万平方米，也居全国首位。山西已发现旧石器文化遗址 260 余处，数量居全国第一。

山西依托丰富的历史文化资源，形成了以华夏之根、黄河之魂、晋商文化、晋商家园、边塞风情、解州关公、乔家大院、古建瑰宝、太行神韵为代表的文化品牌；形成了以平定古窑陶艺有限公司、阳城县皇城相府集团实业有限公司、山西灵石县王家大院民居艺术馆为代表的七个国家级文化产业基地；形成了以山西教育出版社、山西鑫创影剧院管理有限公司、山西舶奥动画制作有限公司为代表的 34 家省级文化产业示范基地；形成了以文化旅游业、新闻出版业、演艺业、休闲娱乐业、动漫游戏业、文博会展业代表的产业门类。

近年来，万里茶道沿线各主要城市加强了旅游业的交流与合作，山西旅游也要加强与万里茶道沿线国家和城市的交流与合作，努力打造并实现资源互补、信息共享、客源互换的区域旅游合作局面，为推动万里茶道文化旅游产业的发展做出积极的贡献，也为山西经济转型发展、实施文化强省战略创造良好的环境和更多的机遇。

(三) 山西省文化资源产业开发研究概述

1. 山西省文化资源产业开发总述

对山西省文化资源产业开发的研究也是近年来的学术热点。学者从不同角度、运用不同的方法对此问题进行了讨论。

王莎莉以文化产业的相关理论为切入点，通过分析山西省文化产业存在的问题及成因，从政府、企业等方面对山西文化产业的发展提出对策。①刘笑男等从政府、企业、人才三个层面对于促进文化贸易发展措施从贸易制度、法律监管、集聚化发展等角度进行了分析。②焦斌龙提出通过实施大园区的模式来构建文化产业示范园区，发展山西文化产业。③任玉平对于山西省文化资源开发的园区化模式研究中，从山西省文化资源开发的产

① 王莎莉. 山西文化产业发展问题及对策研究 [D]. 秦皇岛：燕山大学，2013.
② 刘笑男，杨丹丹. 促进山西文化贸易发展的措施 [J]. 东方企业文化，2013 (5)：115.
③ 焦斌龙. 大园区承载战略 山西文化产业的选择 [J]. 品牌 (下半月)，2013 (6)：8.

业化特征入手，引入集群化理论，进一步探讨了文化资源开发模式中的园区化模式的设计问题，并对监管思路做出了论述。① 苏思涵从文化资源整合与品牌创建的角度对山西省文化资源的特点进行分析，提出特色文化资源组合式发展的规划，并对品牌的创建和国际化路线的规划进行了探讨。② 张建英等在对山西省文化资源整合与特点的讨论中分析了山西省存在的不同的文化特征，进而在此基础上提出整合的方式。③ 刘艳在分析了山西省文化资源与开发利用的优势后，对其开发现状和问题进行了探讨，从七个方面对山西省文化资源产业开发提出对策。④ 尤佳对山西省应该加强文化名人故居的保护提出了简单设想。⑤ 王红丽从历史文化资源影视化表达与展现的角度入手，通过对中国电影中山西元素展现的分析，细致地论述了不同种类的文化资源。⑥ 朱晓妍以山西省红色文化为主题，从挖掘山西红色文化厚重力、增强凝聚力、提升传播力、扩大影响力四个方面对提升山西文化软实力进行了讨论。⑦

2. 山西省旅游产业开发概述

刘斐娟在对山西省旅游产业的文化资源价值的研究中，通过对山西省文化旅游产业的发展现状及问题进行了分析与探讨，简要评估了山西省旅游文化资源并提出构建评估体系的建议，而且，作者还以碛口古镇为例进行了模型论证，最后从旅游与政策两个层面提出建议。⑧ 侯可站在文化自

———————————

① 任玉平. 山西文化资源开发的园区化模式研究 [J]. 太原大学学报，2008（1）：37-41.

② 苏思涵. 论山西文化资源整合与品牌创建战略 [J]. 美与时代（城市版），2016（5）：101-102.

③ 张建英，杜耀文. 山西文化资源的特点与整合 [J]. 山西高等学校社会科学学报，2006（10）：45-47.

④ 刘艳. 山西文化资源产业开发对策研究 [D]. 太原：太原理工大学，2013.

⑤ 尤佳. 山西文化强省建设要充分发挥丰厚的历史文化资源优势 [N]. 发展导报，2017-08-29（4）.

⑥ 王红丽. 新时期以来中国电影山西元素银幕展现的文化阐释 [D]. 重庆：西南大学，2013.

⑦ 朱晓妍. 依托红色文化资源提升山西文化软实力研究 [D]. 太原：山西大学，2014.

⑧ 刘斐娟. 文化资源价值视角下山西省旅游产业发展研究 [D]. 太原：山西财经大学，2016.

信的角度，从五个方面对推动文化发展提出了建议。① 常月亲从资源整合
的必要性与可行性出发，分析了发展瓶颈，并从八个方面提出了路径分
析，最后提出文化旅游产业资源整合发展的五条建议。② 张慧霞等通过对
山西省不同种类的文化资源的分析，从统一规划、挖掘内涵、修葺遗迹、
加大宣传、建设队伍及多渠道融资六个方面进行论述，并从加快发展思想
文化旅游产业战略角度提出建议。③ 王伟从集团化发展的视角出发，对山
西省文化旅游产业的可行性、战略、发展、选择等方面进行论述后，从六
个方面提出集团化发展建议。④ 孙玉梅、秦俊丽在《山西省文化旅游资源
的特征与文化产业发展模式》一文中对山西省文化旅游资源的发展现状与
发展模式做了详尽的讨论。⑤ 许继红以后现代语境为背景探讨了文化旅游
的特点，分析了山西文化旅游产业持续发展的问题。⑥ 刘华琳通过对文化
旅游营销中存在的问题进行了分析，从品牌建设、整体开发、大力宣传三
个方面对文化旅游营销策略进行了探讨。⑦ 对于山西文化资源开发也有从
产业集群与文化创意等角度的研究，2013 年刊登于山西日报的《关于山西
文化产业集群发展的思考》对山西文化产业集群发展态势、面临的问题及
发展的建议等方面进行了探讨。⑧ 张建武通过对文化创意的关键点"价值
创新"与创新原动力"个人创造力"的讨论，指出了价值创新在实现转型
发展中的重要地位。⑨

---

①　侯可. 山西构建文化自信推动文化发展的路径探析 ［J］. 现代职业教育（综合实践），
2017（3）：175-177.

②　常月亲. 山西省文化旅游产业资源整合发展研究 ［D］. 太原：山西财经大学，2011.

③　张慧霞，董红梅. 加快发展山西文化旅游产业的战略思考 ［J］. 生产力研究，2001（6）：
77-80.

④　王伟. 山西省文化旅游产业集团化发展研究 ［D］. 太原：山西财经大学，2012.

⑤　孙玉梅，秦俊丽. 山西省文化旅游资源的特征与文化产业发展模式 ［J］. 地理研究，2011
（5）：845-853.

⑥　许继红. 后现代语境下山西文化旅游产业发展的困境与反思 ［J］. 经济问题，2015
（11）：115-120.

⑦　刘华琳. 山西文化旅游营销策略探析 ［J］. 中共山西省委党校学报，2013（5）：65-67.

⑧　山西文化资源优势转化路径课题组. 关于山西文化产业集群发展的思考 ［N］. 山西日报，
2013-11-05（2）.

⑨　张连武. 实现转型发展重在价值创新 ［J］. 太原科技，2009（10）：16-17.

3. 晋商文化资源开发概述

晋商文化资源开发也是近年来比较常见的话题。

李波在《晋商文化产业路在何方》的报道中，在晋中市如何挖掘厚重的历史文化资源的分析中，提到效仿丽江市文化资源开发方式的做法。① 赵加积在《晋商文化是座挖不尽的"富矿"》一文中，从晋商文化精神入手谈论了山西开发晋商文化资源的方式，并提出从"高位"开发晋商文化的观点。② 田海建等从晋中市文化体制改革的四大特点、六大标志性文化事件、六张文化名片、八大文化品牌、五个一工程和四大文化产业模块等方面介绍了晋中在"晋商文化复兴"的建设过程中的努力与成就。③ 张宇哲在对《依托晋商文化，晋中显示产业优势》的报道中，介绍了晋中市文化产业的投资规划，并提出吸引民间资本投资的观点。④ 王增兵等从规划引领、项目带动、扶持引导、展望发展等方面探讨了平遥县在发展文化产业中的标杆作用。⑤ 与此同时，太原新晋商联盟文化传播集团的成立在推动晋商精神传播的过程中也起到了积极作用。⑥ 晋中市在文化产业开发中的大有作为也推动了"文化强市"的目标的实现。⑦ 郭润生等从时代视角、规划设想、和组织实施等方面对建设"晋商文化复兴地"这一议题做出了规划和设想。⑧

关于山西省文化资源产业的开发，目前主要从文化资源的特征、现状，文化旅游的发展与对策，文化创意等视角进行。部分研究者从产业结构层次出发对结构优化、规模经济等议题展开讨论。

在长达两个多世纪的时间里，万里茶道在中蒙俄三国的贸易中发挥了

① 李波. 晋商文化产业路在何方？[N]. 晋中日报，2010-09-14（2）.

② 赵加积. 晋商文化是座挖不尽的"富矿"[N]. 山西党校报，2013-05-05（3）.

③ 田建海，郭贵虎，王丽峰. 山西晋中：推进"晋商文化复兴地"建设 [N]. 中国信息报，2010-09-06（5）.

④ 张宇哲. 依托"晋商文化"晋中显示产业优势 [N]. 中国文化报，2006-06-16（2）.

⑤ 王增兵，赵家强. 平遥县致力担当文化旅游产业发展标杆 [N]. 晋中日报，2013-11-02（1）.

⑥ 吕根生. 太原新晋商联盟文化传播集团挂牌成立 [N]. 太原日报，2009-04-08（1）.

⑦ 郝光明，董永德. 文化强市的"晋中实践"[N]. 山西经济日报，2012-10-27（1）.

⑧ 郭润生，张建岗，高庆林. 掀开建设"晋商文化复兴地"的崭新篇章 [N]. 晋中日报，2011-03-03（5）.

重要作用。虽然在 20 世纪初随着工业革命的东进，传统农业社会模式下衍化而生的万里茶道走向没落，但是作为沟通南北方茶叶贸易的重要通道，其本身的历史与文化价值是不可比拟的。当下对于万里茶道文化线路价值的重新挖掘，不仅可以让后人清晰地了解商贸史、民族与文化交流史，而且对于现阶段提升中蒙俄三国间的政治互信、文化交流水平和经济与商贸合作等都有重大意义。

作为文化线路，文化的相互作用导致了万里茶道沿线各地文化现象表现出趋同性与多样性共存的状况，这是文化线路开发方式中采取集群性开发与差异性发展模式的基础。与此同时，万里茶道的开发对于旅游业来说提供了巨大的商机。山西省作为万里茶道上的重要节点，在经济转型阶段积极进行文化产业开发，大力发扬晋商文化，对于打造文化增长点，扩大山西省在全国的文化影响力以及满足人们日益多样化的精神文化需求来说都是大有裨益的。作为有"古建筑博物馆"之称的山西省，通过开发文化产业，在发扬传统文化的同时也会让当地居民收入水平得到提高，改善三大产业在山西省经济结构中的配比关系。而且，文化产业也会成为拉动山西省经济增长的新引擎。万里茶道文化线路的复兴对于其自身而言是历史的传承，对于世界茶文化史而言是一笔重要的文化遗产。总而言之，万里茶道文化线路的开发，对于沿途各省市文化产业的开发及促进其经济增长等方面都是具有积极意义的。

第一章

万里茶道产业
开发依据及意义

第一节　文化线路的概念

一、概念发展历程

文化线路这一概念最早见诸21世纪，虽然这一概念提出至今只有十几年的时间，但是该概念的提出却是脱胎于20世纪联合国教科文组织（UNESCO）签订的《保护世界文化和遗产公约》中，关于文化景观和遗产区域等关于文化线路的表述。在几十年的发展历程中，美国走到了前列，美国从历史文化意义和自然保护相结合的角度提出了"绿色通道"的概念，并逐步发展成为遗产廊道。最早的实例就是1980年指定的伊利诺斯和密歇根运河国家遗产廊道。1993年在桑迪亚哥·德·卡莫波斯特拉朝圣之路被列入世界遗产的同时，西班牙就文化线路的问题予以研究，1994~2003年在多次会议中就文化线路这一议题加以论证，最终2003年3月17~22日世界遗产委员会在巴黎将文化线路的内容纳入《行动指南》的修订稿。至此，文化线路这一概念正式成为世界文化遗产的一部分。

二、文化线路的理论概述

由国际古迹遗址理事会文化线路科学委员会（CIIC）制定的《国际古迹遗址理事会（ICOMOS）文化线路宪章》对于文化线路的定义是："无论是陆地上，海上或其他形式的交流线路，只要是有明确界限，有自己独特的动态和历史功能，服务的目标特殊、确定，并且满足以下条件的线路可称为文化线路。"该宪章不仅对文化线路这一概念做出了严格的界定，而且从对文化线路中元素的定义，文化线路的类型、特征，文化线路的研究、保护、评估、使用、管理等方面做出了规定与解释。

一般来讲，文化线路具备以下特征：

（1）必须来自并反映人类的互动，和跨越较长历史时期的民族、国家、地区或大陆间的多维、持续、互惠的货物、思想、知识和价值观的交流。

（2）必须在时空上促进涉及的所有文化间的交流互惠，并反映在其物质和非物质遗产中。

（3）必须将相关联的历史关系与文化遗产有机融入一个动态系统中。①

三、文化线路概念的分析

1994 年，以线路，文化遗产的组成部分（Rowtes as Part of our Cultural Heritage）为主题的西班牙德里会议召开后，"文化线路"作为遗产类型的理念开始形成，国际古迹遗址理事会开始对"文化线路"进行系统的研究，并成立了专门研究文化线路的机构——"文化线路"国际科技委员会（CIIC）。2005 年 10 月，在中国西安召开的第十五届大会上，"文化线路"被列为四大专题之一。2008 年在国际古迹遗址理事会第十六届大会上，《文化线路宪章》正式通过。《文化线路宪章》详细叙述了文化线路的概念，文化线路作为一种遗产类型，从内涵到定义与构成，从类别与指标到识别的真实性和完善性，均有了基本的解释和界定，具备了一定的可操作性。②

对文化线路保护中出现的问题仍需进行探讨：

1. 文化线路的判别

人类历史上各种各样的路线数也数不清，那究竟什么样的线路才算文化线路呢？尽管 CIIC 给出了一个还算清晰的定义，但为了避免和其他路线的混同，1994 年马德里会议形成的附加文件里讨论了文化线路作为世界文化遗产的判别标准，指出应强调文化线路使用所带来的文化上的反响和在文明传播上的贡献，同时以以下四点为基础：

（1）空间特征：长度和空间上的多样性反映了文化线路所代表的交流

---

① 丁援. 国际古迹遗址理事会（ICOMOS）文化线路宪章 [J]. 中国名城，2009（5）：51-56.

② 《文化线路宪章》分为前言，宪章目标，定义，文化线路的定义要素，专项指标，文化线路的类型，识别，完整性与真实性，方法，国际合作九大内容。

是否广泛，其连接是否足够丰富多样。

（2）时间特征：只有使用达到一定时间，文化线路才可能对它所涉及的社区文化产生影响。

（3）文化特征：它是否包含跨文化因素或是否产生了跨文化影响，指它在连接不同文化人群方面的贡献。

（4）角色和目的：它的功能方面的事实，例如曾对文化宗教信念或贸易的交流起到作用，并影响到特定社区的发展等。

CIIC 强调应该把文化线路作为一个社会现象来看待，即它不是盛极一时的事件或事物的载体，也不是某个特定历史事件或历史时刻的产物。CIIC 同时还强调文化线路要将旅行和交流合一，单纯用作旅行和运输的道路也不能算文化线路，如古罗马的行军路线，尽管它们有可能因为其他的原因被认为是重要的遗产（比如建筑上的、技术上的），但它们也不能算作文化线路。

2. 文化线路的真实性

帕姆劳拉会议（Pamplona，2001，西班牙）的《决议》强调：CIIC 定义的文化线路必须要满足真实性标准的判别。

为了清晰地鉴别文化线路的真实性，在 CIIC 以前有关文件的基础上，2003 年的《行动指南》修订计划讨论稿（5 月 30 ~ 31 日）里再次明确强调应判别以下几个方面的真实性：

（1）文化线路的物质形态。

（2）文化线路的历史感、所携带的信息及其重要的精神特征。

（3）应考虑相关时间因素及各个部分现在的使用状况。

（4）受线路影响人群的立法愿望。

如果一条线路的局部物质形态没有得到很好的保护，这也并不意味着文化线路就没有真实性，因为文化线路强调的是线路整体，在其物质形态上残缺的部分，其真实性存在和价值可以通过非物质的层面进行追溯。同时，文化线路强调社区的参与，公众对文化线路建立的愿望是文化线路真实性判别中的重要一环。这就意味着文化线路的世界遗产申报要建立在激起公众对遗产兴趣的基础上，这是文化线路理念提倡的中心目标之一。历史性建筑群、文化景观等相对复杂的文化遗产，其真实性判别历来是文化遗产保护中的难点。文化线路这种大尺度、多维度、包含多种内容的文化遗产，其真实性的判别就更是一个极为复杂的问题，其解决无疑需要多学科的合作和保护实践的大量积累。

3. 文化线路的界定和登记

由于文化线路包含内容极为广泛，尺度又相对较大，因此在对它进行登记和实施必要的保护措施时，首先就应确切地定义它的范围，同时这也是登记文化线路的重要内容之一。

文化线路保护的范围取决于组成它的各个重要遗产节点元素的保护范围，文化线路整体保护范围的界定，也以这些遗产元素的保护范围的界定为基础。在这些遗产节点元素中，首先是它作为旅行线路的遗产节点元素。对于这些遗产节点元素的辨别，1994年马德里会议附加文件强调了以下几个方面：

（1）中心点元素。包括旅行线路的出发点，到达点等。

（2）宿营场所。旅行线路的驿站、商队旅店等。

（3）饮水处。包括旅行线路中的井、泉水等。

（4）必须经过的场所。如涉水处、桥梁、山路、港口等。

（5）在这些遗产节点所在之处，一般都会有建筑或考古遗存，就需要进一步对这些因素进行整合使之成为线路整体的一部分。此外，历史上在文化线路上进行的旅行会有一些记载，也会有关于人员组成、旅行证件、文献等方面的资料，对这些资料都应统一进行整理。

文化线路与其他遗产类别不同的一点是，它更为强调线路带来的各文化社区间的交流和相互影响。这种影响通常是非直接的，不仅有物质的方面，更有非物质的方面，其中最常见的例子就是随着一些线路所发生的宗教、思想文化观念的传播，这些传播参与了对各文化形成和发展的塑造，因而意义十分重大。这些影响和传播，也会在该线路上遗留下一系列的文化遗产节点元素，如发源地、传播中的具体场所、发生重要影响的地点等，在这些节点中也会有一些物质或非物质遗留、文献记录和其他方面的证据，对这些都应统一整理。

很多文化线路本身还是自然生态环境的重要组成部分，在其长期的历史演变过程中，对区域生态过程起着重要的廊道作用，如有的运河就有其景观生态效应。也有一些文化线路对于生态环境有着不利影响，如造成森林砍伐等。对于文化线路形成的自然生态上的影响，包括该线路所依赖的自然系统的运行状况资料，也应进行记录和整理。在保护实践中，由于大多数文化线路经过长期的历史演进和变迁以后，一些局部区段在自然灾害、城市化侵蚀和其他因素影响下已经面目全非，因此，要清晰准确地界定文化线路的范围并非易事，很多情况下都需要历史、地理等多学科的大量研究来支持。

在这些遗产节点元素辨别和范围界定的基础上，文化线路范围的界定应遵循三个标准：空间标准、时间标准和文化标准。空间标准是线路在空间上的属性，包括线路的空间形态、重要的地点场所、纪念物、影响范围等；时间标准则指线路在历史时间上的属性，包括形成时间、衰落时间、使用频率和强度及其变化等；文化标准则强调线路在文化上的影响，包括线路的目的、交流的种类和数量以及它对人类记忆和经验形成的影响等。

在 UNESCO、ICOMOS 和 CIIC 一系列会议的基础上，2001 年，在西班牙纳瓦拉的帕姆劳拉召开的会议形成的决议文件中对文化线路的登记作出了一系列明确的规定，指出文化线路的登记必须按照下述步骤进行：

（1）预登记。即准备文化线路的基本清单，该清单应包含文化线路的基本内容、地理位置和领域范围（跨国、跨地区还是地区性的）、特性（宗教、商业、政治管理或混合特性）、自然背景方面的状况（河流、陆地、海洋还是混合等）。这一步不要求提供所有信息，只要求提供基本信息以及尽可能多的其他信息。

（2）对文化线路各个组分的判定和登记。在上述基本信息的基础上，对各遗产要素和组分进行分类登记，如历史城镇、堡垒、宗教建筑、公共场所、文化景观等，各分类的登记要按照适用的登记文件要求进行，如 ICOMOS《关于文化遗产登记的原则》等。CIIC 还专门制定了一系列的表格，形成统一的登记格式。

（3）对路线的调整。在进一步深入研究的基础上，对路线进行检查并进行必要调整，以全面体现路线所包含的文化意义，并确保所有潜在的遗产要素和组分都已经包含在文化线路范围内。

（4）按地理区域进行工作分配。在上述因素都确定后，可以按照地理和行政区域上的划分分配登记工作。

（5）各个小组通过适当的方式完成本区域的登记工作。

（6）对文化线路整体的登记。在上述任务圆满完成之后，CIIC 将完成该文化线路的登记工作。在登记申报和相应的法律、管理方面，CIIC 支持和提倡各国间就跨国文化线路进行立法合作，同时对自己国家内部的文化线路也要加强立法上的保护。由于许多文化线路尚缺乏基本的测绘，CIIC 呼吁要加强文化线路基础资料的准备和测绘。

在对中国文化遗产保护的思考中，有的学者将其纳入文化线路的范畴加以考量。比如李伟、俞孔坚的《世界文化遗产保护的新动向——文化线路》①，该文对文化线路和遗产廊道两个概念进行对比，从而引发对中国文化遗产保护的思考，他认为在文化线路已经受到国际文化遗产保护界广泛重视的今天，中国作为具有悠久文明传统的文明古国，理应受到国际文化线路保护界的重视。在被 CIIC 认为是文化线路研究基础性文献的一些研究文件如产业遗产保护委员会（The International Committee for the Conservation of the Industrial Heritage，TICCIH）的相关文献中，中国以大运河和丝绸之路为代表的文化线路遗产都占据着重要地位。与之形成明显对比的是，至今中国尚未成为 CIIC 成员，在基于《文物保护法》等一系列国家和地方性法律法规的中国文化遗产保护体系中，至今也没有涉及线路类文化遗产的保护，学术界在国内文化遗产保护这一领域的研究也有待进一步开展。中国具有悠久的历史，同时又是人地关系矛盾最突出的国家之一。一方面，中国显然有责任去保护那些具有突出的普遍价值的文化线路，如丝绸之路；另一方面，快速城市化背景下的人地关系危机也使中国区域性绿色通道生态网络的建设刻不容缓。可以说，无论是 CIIC 严格意义上的文化线路，还是美国的遗产廊道，对于中国都有其借鉴意义。

---

① 李伟，俞孔坚. 世界文化遗产保护的新动向——文化线路 [J]. 城市问题，2005（4）：7-12.

第二节　万里茶道与文化线路

一、空间特征①

比照文化线路的空间特征，万里茶道在长度和空间上的多样性反映了当时茶叶贸易的交流足够广泛。作为空间特征中的基本元素，分布于中蒙俄三国的重要的运输节点型城市，则是各种文化思想与价值观交流的源泉。

武夷山是乌龙茶与红茶的发源地、中国茶文化艺术之乡，武夷岩茶是中国十大名茶之一。早在17世纪，武夷岩茶就以独具魅力的品质享誉中外，征服了众多亚欧大陆的消费者，武夷山也因此成为历史上万里茶道的起点，为万里茶道的开辟奠定了基础。

江西的铅山县，是山西茶商赴福建崇安购茶的必经之处，崇安县与铅山县分别位于武夷山的南北两侧，而下梅茶市则位于崇安县的下游，两者间由梅溪相连通。位于江西铅山的河口镇因水路交通的便捷，在康熙、雍正年间逐步成为江西四大名镇之一，成为江南诸省的水上运输中心，素有"八省码头"之称。

安化古称梅山，安化种茶的历史源远流长，在唐代安化境内所产渠江薄片就已成为贡茶。五代时，毛文锡《茶谱》记载："潭邵之间有渠江，中有茶……其色如铁，而芳香异常，烹之无滓也。"山西商人起初并未购过安化茶，在太平天国运动的影响下，无奈把视线转向湘西一带。由于红茶产量受限，山西商人把一部分黑茶也带至恰克图出售。没想到黑茶在恰克图颇受欢迎，并成为茶叶贸易中的主要品种。为了方便长途运输，山西茶商把黑茶制成砖茶与千两茶，至今安化千两茶在国际上也享有盛名。安

---

① 祝笋. 文化线路视野下的茶叶之路（湖北段）建筑遗产调查研究 [D]. 武汉：武汉理工大学，2011.

化茶行在兴盛时的咸丰、同治年间达三百多家，多集中于资江两岸，每个茶行、茶庄、茶号都在资水岸边建有茶叶码头。留存下来且有影响的有黄沙坪古茶市里的裕通永茶行、晋丰厚茶庄和江南五富宫码头、江南大码头和梁家码头。裕通永茶行已申报为湖南省重点文物保护单位。

上饶市位于江西省东北部，东连浙江、南邻福建、北接安徽，地处赣浙闽皖四省交界处和长三角经济区，自古有"山郁珍奇、上乘富饶""豫章第一门户""八省第一通衢"之称。作为"万里茶道"南部重要节点城市的上饶，既是"万里茶道"水路的起点，也是著名的产茶区。婺源绿茶、铅山河红茶等最具代表性。婺源绿茶，唐载《茶经》，宋称绝品，明清入贡，中外驰名。《茶经》云："歙州（茶）生婺源山谷。"1915 年，婺源绿茶在巴拿马万国博览会上荣获一等奖。铅山河红茶被誉为中国红茶鼻祖，早在明万历年间，《信州府志》就有"河红茶乃国内红茶最著""为华夏首问世界之红茶"等记述。清乾隆、嘉庆年间，铅山红茶贸易进入鼎盛，从事茶业人员三万之众。茶界盛传"河口茶市通天下，河帮茶师遍中国"。

武汉为"九省通衢"，是中国中部地区的最大城市和经济、文化、科教中心。号称"天下四聚"的汉口，自明清以来，就是"货物山积，居民填溢，商贾辐辏"之地，被誉为"楚中第一繁盛处"。1861 年汉口开埠后，武汉对外贸易繁荣。17 世纪中叶，万里茶道从武夷山出发，在 18 世纪中叶之后，武汉以水陆交通之利，与福州、上海并列成为中国三大茶市。武汉被俄罗斯人称为"东方茶港"和"伟大的茶叶之路"的开端。从 1863 年以后的俄罗斯诸多史料和历史地图中可以看到，万里茶道的起点都标注为汉口。随着万里茶道的繁盛，特别是汉口开埠后，各个国家的商人纷纷来汉，兴建了几十家工厂和两百多家洋行。其中，1863 年以后俄商先后在汉口开设的顺丰、阜昌、新泰等砖茶厂，是中国最早使用机器生产的近代制茶企业。在汉口生产的茶叶制品主要销往俄国，再转销至欧洲的奥地利、普鲁士、法国、瑞典等国家。当时从汉口输出的茶叶占中国茶叶出口总量的 60%，输往俄罗斯的茶叶量占当时中国对俄罗斯茶叶出口量的 80%以上，开启了汉口"东方茶港"的黄金时代。

"世界砖茶在中国，中国砖茶看赤壁"。赤壁茶叶种植历史悠久，茶文化深厚。茶叶种植和加工始于晋，兴于唐，盛于明清。远在盛唐赤壁就被朝廷辟为"园户"，在宋元之时赤壁被定为"榷茶"之地。明清时期赤壁的砖茶尤以羊楼洞最为鼎盛，在不足 1 平方公里的小镇上，聚集了 200 多家茶庄和加工作坊，常住人口约 4 万人，成为国际茶叶贸易名镇。襄阳位于湖北西北部，居汉水中游，是一座有着近三千年建城史的历史文化名城。"七省通衢"的交通优势是襄阳最为重要的资源，奠定了襄阳在万里茶道的转运枢纽地位。

湖南临湘位于湘北边陲，是湖南的北大门。位居武汉、长沙经济、文化辐射的中心地带，有着得天独厚的交通条件和区域优势。清康熙年间，临湘贸易开始活跃。年销往湖北、江西、山西、新疆及俄、英、日、美等国的红茶、砖茶达数万担。光绪二十七年（1901 年），经汉口外销的红茶 67632 箱（每箱约 60 公斤）。随着贸易规模的扩大，聂家市、羊楼司、桃林、江南、詹桥一批集镇相继出现，并日趋繁荣。[①]

茶叶之路上行至河南赊店后，开始卸船，转而进行陆路运输。位于豫西南的唐河上游的赊店一直是一个普通的小村庄，到了明代以后，由于南北贸易的繁盛，再加上赊店附近的潘河和赵河是天然的水旱码头，是溯长江、汉江北进的货船经唐河的最后一处码头，这个小村庄就成为商品流通的集散地和水陆转运枢纽。在不到百年的时间里，赊店的人口达到 13 万，有 72 条街道和巷子，沿河有多处码头，船只往来，桅杆如林，堤岸上货物堆积如山，有数百家货栈和客店。至乾隆二十一年（1756 年），赊店已经有工商行号 424 家，形成一个巨大的物资贸易和转运中心。其中银号、钱庄、当铺 100 多家。商号中以晋陕的盐茶大贾为魁首，商品以茶叶、木材、布匹、盐为大宗。所以，在明清时期，民间有"天下店，数赊店"和"拉不完的赊店，填不满的北舞渡"的说法。赊店成为中原的商品集散地，与周口、道口、朱仙镇并称为中州四大商业重镇。

茶叶之路在中原地区经过黄河古渡后，来到山西境内，进入山西境内

---

① 资料来源：岳阳政府网。

首先要面对的就是太行八陉，白陉中的羊肠坂蜿蜒于崇山峻岭之中，沟大壑深，险象环生，瀑布悬流，峭壁鸿沟，峻险异常。唐、宋、元、明、清各代视羊肠坂为京洛咽喉，称之为"孔道"。《吕氏春秋》说"九山之一也，盘纡如羊肠"。李白路经太行时，发出"五月相乎度太行，摧轮不过羊肠苦"的感慨。面对如此险峻的地理环境，茶帮在此将茶叶卸车转而用骡马驮运。自万善镇入太行陉之羊肠坂，蜿蜒而上十里至碗子城。碗子城，又名孟良寨，修筑于唐初，城郭依山崖而建。城门上有题刻，东为"北达京师"，西为"南通伊洛"。

拦车镇因"孔子回车"的故事而出名。拦车镇也称星轺镇，设有星轺驿，星轺驿是河南进入山西的第一个驿站。光绪《凤台县志》载："星轺驿，（泽州）城南六十里，距（天井）南关十五里。即拦车镇，又名狼车。"星轺驿是太行古道的重要驿站，有"晋南屏翰"之称，往来晋豫的朝廷官员和使臣多下榻于此。

由南向北继续北上，便来到了晋中地区，这里是晋商的故乡。祁县地当通衢，历来交通便利。清时，祁县境内有两条官道，西路贾令驿，东路盘陀驿。由于交通便利，祁县商业历史悠久，声誉远播。祁县人以经商为荣，蔚然成风。民谚有"秀才进字号——改邪归正"。祁县商帮的经营范围广泛、应有尽有、无所不包，其目的是满足社会各个阶层不同的物质需求，按经营项目区分可分为茶庄、钱庄、当铺、票号、药材鞋帽等行业。据光绪十八年（1892年）祁县谷恋村人高则裕《杂记》记载："清咸丰年间（1851~1861年）祁县城里关外，上、中字号二百三十余家。茶庄二十三家，兑京帐局十四家，现成钱行五十余家，迟期钱盘行六十余家。"可见茶行及金融行业号，占到总数的64%。茶、钱业的共生共赢，铸就了"金祁县"之辉煌，有2500多年历史的祁县古城，成为茶商云集之都。

太谷历史悠久，商贸发达，有民谣"金太谷，银祁县，吃不完米面的榆次县"。太谷俗称勤俭，崇经术，尚礼义，诚为美俗。太原县刘大鹏在《退想斋日记》中记有："太谷为晋川第一富区也，大商大贾都荟萃于此。城镇村庄，亦多富堂，故风俗奢侈为诸邑最。……五百万金者一户，百万黄金者三、四户，数十万金者数十户，数万金者则不计其数。……见夫街市之中，商旅往来，肩扛元宝，手握朱提（银锭的代称），如水之流，滔滔不断。"

平遥城始建于北魏，平遥城里有四大街，八小街，七十二条巷，犹如龟背纹图。以市楼为中心，南大街为中轴，城中部两侧，东为城隍庙，西为县衙署。南部两侧东有文庙，西有武庙，北部两侧东建清虚观，西建集福寺，主要街道两旁店铺林立。

榆次从古至今都是著名的商业集镇，在商业历史上曾创造了不朽的辉煌。特别是在明清两代，随着资本主义工商业萌芽的产生，榆次更是得到了前所未有的发展。商号、典当、钱庄、票号遍布全国各地，从而使榆次商帮成为晋商的一支劲旅。《山西外贸志》记载，在恰克图从事对俄贸易的众多商号中，经营历史最长，规模最大者，首推榆次车辋常家。常氏一门，从乾隆时从事此项贸易开始，历经乾隆、嘉庆、道光、咸丰、同治、光绪、宣统七朝，沿袭一百五十多年，尤其在晚清时在恰克图十数个较大商号中，常氏一门独占其四，堪称清代本省的外贸世家。

介休自古商贾云集、民物浩穰，明清时县城四条大街林立，俨如都会。张兰、义安、洪山、义棠镇的市面除经营京货、杂货等商号外，还有钱庄当铺等商行。张兰农历九月的庙会早前叫骡马大会。内蒙古的包头、河北的张家口等口外的牧主也会带来大批的骡马来这里贩卖。长长的街道上，人挤人，外地赶集的商号搭起了凉棚，棚挤棚，出西门一直到二里半铺的戏台院。

清朝初年，徐沟城内成为南北粮食的总汇之地，有粮店四十多家，晋北的高粱、豆类，西南汾、霍的小麦、面粉，东南沁、潞的小米、杂粮都集中于徐沟县城，而后分销各地。徐沟城不仅是粮食的总汇之地，也是其他物品的交汇之处。与恰克图贸易有着密切联系的恰克图庄，从恰克图购上货物以驼运直达徐沟，然后分向四处贩客。徐沟东门外开有骆驼店，专供运货骆驼住宿。

太原及晋中地区成为明清时期晋商在山西境内主要的商业场所，加之晋商故里大多位于此区域，因此该区域的商业呈现出一片繁荣景象。由太原府阳曲县继续北上经行忻州便抵达雁门关。

雁门关地势险要，东、西山崖峭拔，中有路，盘旋崎岖，绝顶置关，有"一夫当关，万夫莫开"之势，顾炎武曾亲临此地。明清时雁门关商贾云集，南来北往，拥挤难行，由于车流骤多，代州知州于乾隆三十六年，在雁门关地利门外立分道碑，碑文云："雁门关北路紧靠山崖往来车辆不能并行，屡起争端，为商民之累，本州相度形势于东陲另开车道，凡南来车辆于东路行走，北来车辆从西路终由。"自此万里茶道分道，分别由西路与东路向北行进。从西路出发取道大同、天镇向西至呼和浩特；东路则是由左云、右玉、抵达张家口，然后继续向北行进。

明清时期，张家口商贸兴盛。嘉靖三十年（1551年），大境门外开设"马市"，由官方以布釜之类，易蒙古鞑靼马匹、皮张。隆庆四年（1570年）鞑靼首领俺答臣服受封，张家口被辟为蒙汉互市之所，以张家口堡和来远堡为基础，张家口逐渐发展成为蒙汉民族贸易交往的中心，摊铺栉比，商贾云集，来远堡外"穹庐千帐"，民族间商业贸易十分兴盛。为加强对外贸易的管理，顺治二年（1645年），在张家口设章京衙门。乾隆十七年（1752年）规定恰克图、库伦等地商贩牛羊马驼，从张家口进纳关税。据《大清会典事例》载："中俄陆上贸易，向不抽税，惟于各该国境内关口则增卡税，中国于张家口设关，内地商人往来恰克图、库伦贸易则征税于此。"

二连浩特位于内蒙古自治区正北部，是中国对蒙古国开放的最大口岸。元朝时期是"草原丝绸之路"上的重要节点，清朝时期是"茶叶之路"上的重要节点，清政府在此设立了"伊林驿站"。当时往返于此的旅蒙商驼队络绎不绝，经"茶叶之路"开展的贸易额最高时期达600万两白银，其中仅茶叶贸易一项就达12万箱。1956年，随着中蒙俄国际联运铁路开通以及1992年国家沿边开放战略的实施，二连浩特逐步发展成为承接中蒙俄交流合作的主要平台、连接欧亚大陆桥的重要桥头堡。近年来，二连浩特深入推进与沿线城市在经济、文化、旅游等领域的务实合作，全力促进万里茶道的复兴。

这条"陆上茶叶之路"经历了荆楚文化、中原文化、草原文化和俄罗斯文化，内涵丰富多样，这些文化相互交流与碰撞，在空间上交流十分广泛；同时，茶叶作为一种独特的商品，在中国与蒙古、俄国的贸易中，体现出多维、持续、互惠的特性，具有国际古迹遗址理事会定义的文化线路的空间特征。

二、时间特征

世界遗产理事会《关于文化线路的国家古迹遗址理事会宪章》中第 6 条指出"它必须在时间上促进受影响文化间的交流，使它们在物资和非物资遗产上都反映出来。"

中俄万里茶道的时间依据最直接且最有力的说明当属时间轴。中俄万里茶道开辟得益于英国、荷兰两个国家。在 3000 多年前，四川的巴人率先发现了茶叶。唐代以后，茶叶开始进入平民阶层。茶叶最先走出中国进入的是欧洲大陆，十六世纪中期随着欧洲的地理大发现，荷兰人率先将茶叶带至欧洲。1612~1651 年，荷兰的东印度公司将中国的茶叶运至欧洲各地。1657 年荷兰人将茶叶带至英国，在欧洲率先接受茶叶的是英国，当时英国贵族奉茶叶为珍品。红茶便在英国境内迅速传播开来，人们将饮茶与喝咖啡置于同等重要的地位。此外，英国人于 1885 年从茶叶中发现了其药用价值。这一发现推动了茶叶贸易的繁荣和向欧洲其他国家的传播与扩散。为了寻求更加便捷的运输渠道，英国等国家开始向北边的俄罗斯探寻通往中国的道路，由此开启了中俄万里茶道的序幕。荷兰、英国在地理大发现的背景下，加快了向海外扩张势力的脚步，俄国也开始寻找通向中国的道路。俄国由原来的欧洲开始向东拓展，翻越乌拉尔山后到达西伯利亚。1608 年俄国派遣沃克斯基开始寻找中国，32 年后斯塔尔科夫终于抵达蒙古。在 17 世纪晚期的清朝初年，俄国的势力已经扩张至黑龙江流域。此时正值清康熙年间，俄国的统治者是彼得一世，彼得一世的好战以及当时清政府内部被三藩困扰的局面导致两国国库均出现空虚的状况，1689 年《尼布楚条约》应运而生。中俄双方于 1685~1686 年，在西伯利亚外贝加尔地区的雅克萨城签订了《尼布楚条约》。尽管双方出于不同的政治目的签订了此条约，但是，《尼布楚条约》为以后 300 多年的茶叶贸易奠定了坚实的政治基础与和平的贸易环境。从此，俄国成为第一个对华贸易的欧洲国家。在《尼布楚条约》刚刚签订时，清朝政府只允许俄国商队每三年进入北京进行一次贸易，且在商队规模以及停留日期等方面均作出了详细的规定。这就是最初的北京贸易。后来这一贸易方式招致俄国不满，双方商议后，决定在中俄边境恰克图进行双边贸易。1728 年 8 月，中俄恰克图的第一次贸易采取的是以货易货的方式进行。1730 年，中方设立了买卖城供中方商人居住，并设立理事章京这一职位专门管理中方贸易。在恰克图成立后的 30 年中，又设立库伦办事大臣来负责相关贸易事务。日本学者角山荣日在《茶的世界史》一书中介绍道："在俄国人家中，平均每天要饮 5~6 次茶，茶和面包成为俄国人日常生活的标配。1792 年的俄国在莫斯科以南喀山地区有六大商帮专门从事茶叶的运输。"在 17 世纪末至 20 世纪初的中国和俄罗斯，中俄万里茶道是浓墨重彩的一笔。

时间的长短是一件事物是否能产生影响力的重要标志。中俄茶叶之路具体从什么时候开始，已不可考。即使从中俄《尼布楚条约》算起，茶叶之路的时间最少跨越了 250 年，而 250 年的文化足以影响几代人。茶文化对蒙古和俄国的影响可追溯到二千年前西汉时期的王昭君出塞，相传昭君远嫁蒙古，即带去了中国的茶叶和丝绸。

中国的茶文化对蒙古和俄国的影响，可以用刻骨铭心四个字来概括。历史上，茶从中国经西伯利亚直接传入俄罗斯，这过程中没有西欧国家的介入，据一些史书和百科全书的记载，俄罗斯人第一次接触茶是在 1638 年。当时，作为友好使者的俄国贵族瓦西里·斯塔尔可夫遵沙皇之命赠送给蒙古可汗一些紫貂皮，蒙古可汗回赠的礼品便是 4 普特（约 64 公斤）的茶。品尝之后，沙皇立即喜欢上了这种饮品，从此茶便堂而皇之地登上皇宫宝殿，随后进入贵族家庭。从 17 世纪 70 年代开始，莫斯科的商人们就做起了从中国进口茶叶的生意。

1679 年，中俄两国签订了关于俄国从中国长期进口茶叶的协定。但是，从中国进口茶叶路途遥远、运输困难、数量也有限。因此，茶在 17~18 世纪的俄罗斯成了典型的"城市奢侈饮品"，其饮用者的范围局限在上层社会的贵族、有钱人，喝茶则一度成了身份和财富的象征。直到 18 世纪末，茶叶市场才由莫斯科扩大到少数外省地区，如当时的马卡里叶夫和如今的下诺夫哥罗德地区。19 世纪初，饮茶之风在俄国各阶层开始盛行。①

中国、蒙古和俄国，文字不同、语言各异。生活习惯、饮食结构、宗教习俗等都有很大的差异，分属于"不同文化人群"。而茶文化进入蒙古和俄国对他们的文化产生了非常重大的影响。值得一提的是，俄国人还喜欢喝一种不是加糖，而是加蜜的甜茶。在俄国的乡村，人们喜欢把茶水倒进小茶碟，而不是倒入茶碗或茶杯，然后手掌平放，托着茶碟，用茶勺送进嘴里一口蜜后含着，接着将嘴贴着茶碟边，带着响声一口一口地吮茶，喝茶人的脸被茶的热气烘得红扑扑的，透着无比的幸福与满足。这种喝茶的方式在俄语中叫"用茶碟喝茶"，有时代替蜜的是自制果酱，喝法与伴蜜茶一样，在 18～19 世纪的俄国乡村，这是人们比较推崇的一种饮茶方式。

以上都符合国际古迹遗址理事会界定的文化线路中关于时间特征的标准。

三、动态及功能特征

"茶叶之路"从 1689 年开始正式成为一条商路，活跃了两个半世纪，横跨欧亚大陆、绵延万里，在地球的北部镌刻了一条深深的动态的文化脉络。由于茶叶贸易是以流动的方式进行，茶叶在长达万余公里的运行途中，必然经历风风雨雨，作为体现精神财富和物质财富的文化，也必然呈现出动态的文化特征。在这一交流过程中，晋商的实力最为鲜明与典型。

就晋商来讲，茶叶之路积累了对外的商业贸易经验和内部企业管理文化，这个文化存在于历史联系和文化相关联的动态系统中。作为万里茶道上运输的主力军——晋商，其兴起是顺应时势的产物，在开拓万里茶道以及维系正常贸易的过程中做出了巨大贡献。首先在茶叶的原产地湖北崇阳和蒲圻，山西商人把自己长期经营掌握的茶叶生产与制作加工知识传授给当地农民，为了长途运输的方便，先后发明了帽合茶、千两茶、砖茶。其

① 俄罗斯饮茶文化. 百度百科, https://baike.baidu.com/item/%E4%BF%84%E7%BD%97%E6%96%AF%E9%A5%AE%E8%8C%B6%E6%96%87%E5%8C%96? tp=belinked.

中在乔家经营范围中，千两茶就赫然在列。

中俄恰克图贸易中，中方商人绝大多数来自山西，晋商茶叶贸易的办法，除了缴纳各榷关税之外，还要在张家口领取票据，到库伦换取部票。每张部票可贩茶三百箱，从茶叶的贩运时间、购买价、运输费用、关税税额的简化形式上来设立经济学的前提假设，最后得出一个合理的可供参考的数据。晋商恰克图茶叶贸易的利润率是 55.68%、而成本利润率则为 125.64%。① 而且晋商让伙计以自身为红股入伙的做法率先开启了企业股份制的先河，现代企业的股份制经营方式也可以从晋商的经营模式窥得一二。晋商顶身股制的这一做法不但极大地调动了伙计干活的积极性，对于管理层而言，实行的东伙合作制也从根源上避免了管理者跳槽的发生，顶身股制度从某种程度上促进了晋商的繁荣。典型代表就是明清时期声势显赫的晋商巨富太谷曹家。曹家从明末清初发迹，到民国 20 年后衰落的 300 年间，商号遍及全国，贸易波及蒙俄，资金发展到 1000 万两白银。在晋商这个庞大的商帮势力圈内，其资财实力、经营规模、应变策略、用人思想、敛财手段、管理方法等方面，都具有典型性和代表性。曹家为获得更多利润、使商号兴旺，在处理各财东间、财东与掌柜间、总号与分号间、东家与伙计等关系时，建立了诸多管理措施。②

清至民国时期茶叶消费主体呈现许多新特征、新变化。平民百姓的茶叶消费带有更多的市场行为，少数民族茶叶消费数量更多，军士以茶充饷现象屡见不鲜，国外消费主体异军突起，这些新特征、新变化对茶叶市场发展产生了深刻影响。茶叶消费主体的消费数量、消费能力、消费层次、消费习惯、消费方式从某种程度上决定着茶叶市场的基本走势。③

而蒙古人和俄国人又在这个"动态系统中"形成了贸易和饮食文化，并直接推动了社会的进步与发展，三国各自的茶文化不但融进了生活和行

① 石涛、李志芳. 清代晋商茶叶贸易定量分析——以嘉庆朝为例 [J]. 清史研究，2008 (4)：81-95.

② 孙翔. 从曹家看明清晋商商贸习俗——以"三多堂"为例分析 [J]. 晋商研究，2006 (6)：25-26+34.

③ 陶德臣. 清至民国时期茶叶消费主体的新变化及其影响 [J]. 安徽史学，2010 (5)：16-25.

为模式，而且融入了历史。在中国历史上，北方边疆战乱较多，除了领土
纠纷外，其中不少战乱是因为中国封建王朝关闭边贸市场而引起，因为在
边贸中最主要的商品是游牧部落生存所依赖的茶叶。清末发生的农民运动
多从南方发端，山西较少波及，可见当时的茶叶贸易造就了山西的富庶，
这种影响肯定不是产生了几家富户那样简单。这些与世界遗产委员会关于
文化线路的定义中的动态文化十分契合。

茶叶代表着绿色、阳光，象征着文明，孕育着生命。茶文化对蒙古和
俄国各民族的生存繁衍发挥了无与伦比的巨大影响和贡献。茶叶之路沿途
所涉及的其他社区也深受茶文化的影响，不少民族和阶层因此而产生很多
独具特色的茶文化和风俗。茶叶之路不仅稳定了北方半个中国，而且刺激
了我国北方一些城市的发展。大批城镇在它的影响下萌芽、发展、壮大。
如包头这座历史文化名城，就是因茶叶贸易而兴起。"先有（茶商）复盛
公后有包头城"，这是至今仍然在包头广泛流传的民谚。

第三节 万里茶道作为文化线路的价值评估

一、具备突出普遍的遗产价值

世界文化遗产需要具有突出普遍价值，同时符合真实与完整性原则。
联合国教科文组织颁布的《实施世界遗产公约操作指南（2013 版）》详
细规定了文化遗产价值的六大评判标准：①人类创造性的智慧的杰作；
②在一段时间内或世界某一文化区域内重要的价值观交流，对建筑、技
术、古迹艺术、城镇规划或景观设计的发展产生过重大影响；③能为延续
至今或业已消逝的文明或文化传统提供独特的或至少是特殊的见证；④是
描绘出人类历史上一个重大时期的建筑物、建筑风格、科技组合或景观的
范例；⑤代表了一种或多种文化，特别是在其面临不可逆转的变迁时的传
统人类居住或使用土地的突出范例；⑥与具有突出的普遍意义的事件、活

传统、观点、信仰、艺术或文学作品有直接或有形的联系。①

万里茶道符合其中的②③⑥标准。

首先,中国的茶文化通过万里茶道传播到蒙古和俄罗斯,形成特殊的饮食文化和习俗。茶贸易促进了沿线城镇建设和建筑艺术的兴盛,山西商人在致富以后回归故里,大兴土木,建房造舍,乔家大院、王家大院、渠家大院等著名大院代表了三晋的建筑风格,与此同时,在遥远的恰克图,山西商人在中方买卖城中也将这种风格的建筑完整地嫁接过去,推动了俄罗斯人对山西建筑风格的认知。这些符合第②条标准"在一段时间内或世界某一文化区域内重要的价值观交流,对建筑、技术、古迹艺术、城镇规划或景观设计的发展产生过重大影响"。

其次,万里茶道的商贸功能早已不复存在,但是它见证了延续至今的茶文化在东西方文明之间的传承交流,见证了因历史变迁而兴衰的晋商文化和中俄茶叶贸易。昔日遍布于全国各地的晋商票号,见证与诉说着晋商的传奇,也反映着万里茶道的兴衰。此外,不畏酷暑无惧寒冬,常年游走于中蒙俄三国间运输茶叶的山西商人,正是坚韧刻苦、积极进取的晋商精神的生动表现。这些符合第③条标准"能为延续至今或业已消逝的文明或文化传统提供独特的或至少是特殊的见证"。

最后,山西省与万里茶道有关的非物质文化遗产不少,包括社火、祁太秧歌、戴氏心意拳等民俗文化。晋商与万里茶道和恰克图茶市兴废等历史事件直接相关。比如万里茶道起点的改变就是例证,太平天国运动的爆发导致了万里茶道的改道,后来汉口被开辟为通商口岸,俄国商人进入汉口,大肆盘剥茶叶生意,导致晋商的经营空间急速收缩。以上符合第⑥条标准"与具有突出的普遍意义的事件、活传统、观点、信仰、艺术或文学作品有直接或有形的联系"。

二、作为文化线路遗产的价值特征

国际古迹遗址理事会(ICOMOS)的《文化线路宪章》定义文化路线

---

① 李博,韩诗洁,黄梓茜.万里茶道湖南段文化线路遗产结构初探[J].湖南社会科学,2016(4):136-140.

为"无论是陆地上、海上或其他形式的交流线路，只要是有明确界限，有自己独特的动态和历史功能，服务的目标特殊、确定，并且满足一定条件的线路可称为文化线路"。同时提出了文化线路的认定条件和五大构成要素。

万里茶道完全符合文化线路遗产的认定条件，山西段的四大构成要素也能彰显其遗产价值特征。

从关联背景和文脉来看，万里茶道山西段的兴起与清末的历史背景直接相关。

从内容来看，山西段的陆路交通路线完整清晰，支撑交通路线功能的物质遗产和非物质遗产较为丰富。与万里茶道功能相关的古道、古街、古桥、茶亭、码头、茶庄茶行等不可移动文物约几百处，还有茶具、茶器等大量可移动文物和祁太秧歌等非物质文化遗产。

从跨文化的整体意义来看，山西段作为万里茶道重要的中转地，是跨地区和跨国文化交流的不可或缺的通道。通过万里茶道的传播交流，晋商逐渐成为三晋文化与中原文化、北方草原文化碰撞融合的媒介，万里茶道也成为东方文明与西方文明交流互惠的见证。

从动态特征来看，晋商的规模与行业类型等都随着历史的脚步而变迁。清代初，晋商开始向俄国销售安化红茶，不久，黑茶替代红茶成为主要出口茶品，光绪年间达到鼎盛。同治年间，羊楼司等地的青砖茶在中俄茶贸易中的比重渐增，晋商在贸易过程中由传统的茶叶运输向金融票号业的转变是时间推移与多元文化交流的重要结晶。

线性文化遗产的特征包括：

（1）线状或带状的文化遗产区域，范围大，包括的遗产种类多，反映的人类活动形式丰富。既有地域的特点，也有相互交流和交融积淀的历史。

（2）尺度较大，可以指跨越众多城镇的一条水系的整个流域；也可以指贯穿很多国家的某条贸易之路。

（3）承载物质与非物质文化遗产的联系与变化，相互影响与交流，构成文化带上文化遗存的共性与特性、多样性和典型性，衍生出丰富多彩的面貌和内在的密切关联。

（4）涉及巨大的经济价值和复杂的自然生态系统。

毫无疑问，万里茶道符合以上关于文化线路要素和特征的描述。

第四节　万里茶道的申遗行动

万里茶道作为一种线性文化遗产，在几百年的发展过程中具备了典型的遗产价值。我国线性文化遗产的线路——丝绸之路与大运河的申遗成功，对于万里茶道的申遗来说具有典型的借鉴意义。现阶段我国关于万里茶道的申遗工作的进展大体如下：

一、万里茶道的申遗缘起

2012年6月，湖北省召集部分沿线省份文物部门，在赤壁首次举行万里茶道文化遗产保护研讨会，形成并通过《万里茶道文化遗产保护赤壁倡议》，在2012年赤壁市会议基础上，形成以下共识：

（1）确立保护目标，比照大运河、丝绸之路等线性文化遗产保护的办法和措施，共同制定万里茶道保护规划和保护措施。

（2）以文化线路为理念，加强基础研究，开展"万里茶道"遗产保护现状调查，并进行综合评估，对其中价值较高、现存状况较好的推荐为各级文物保护单位，将万里茶道文化遗产纳入法律保护范畴。

（3）建立长效稳定的工作机制、成立沿线城市联盟、定期研究交流、定期出版发行刊物、定期组织研讨会、设立专题研究课题、促进万里茶道文化遗产的深入研究，提升线性文化遗产的保护利用水平。

（4）在做足调查、保护、研究的基础上，建议有关部门早日将万里茶道文化遗产列入申报世界文化遗产名录。我国万里茶道文化遗产保护省际合作正式启动。

2013年1月8日，内蒙古作家邓九刚凭借长篇报告文学《茶叶之路》

在澳门举行的"智慧东方——2013 中华文化人物"颁授典礼上被授予"2013 中华文化人物"荣誉称号。一时间，与丝绸之路媲美的万里茶道再次成为世人的热门话题。

值得提出的是，正当文物部门开始申遗行动之际，万里茶道被盛赞为"世纪动脉"，这进一步激发了中、俄等国文物考古界对万里茶道遗产研究保护的热情。2013 年 3 月 23 日，习近平主席访问俄罗斯期间，在莫斯科国际关系学院发表演讲，特别提道："继 17 世纪的万里茶道之后，中俄油气管道成为联通两国新的'世纪动脉'。"

二、万里茶道的申遗实践

（一）赊店会议

2013 年 9 月 10～12 日，来自福建、江西、湖南、湖北、河南、山西、河北、内蒙古 8 省区的专家、学者齐聚万里茶道枢纽——赊店古镇，共商万里茶道文化遗产保护利用，呼吁早日将万里茶道列入申遗预备名录。8 个省区专家、学者在赤壁会议共识的基础上，围绕万里茶道的正确命名、起点与沿路文化遗产的认定等问题展开商讨。会上还提出，11 月起由福建省文物局牵头，再次召集沿线 8 省区的文物局齐聚福州，商议万里茶道申报世界文化遗产事宜。

专家考证，万里茶道的起点在福建武夷山下梅村，古商队运输茶叶至江西河口，水运到汉口，经由襄樊、唐河北上至赊店镇（今社旗县），再换马帮驮运，此后一路北上经过库伦，抵达恰克图，分送到当时俄国的各大城市。

赊店镇处于水陆交换的中转站，在全长 5150 公里，途经 230 个城市的万里茶道中，堪称"战略枢纽"。万里茶道历史悠久，它见证了中国明代以后商品经济的发展以及文化的传播和交流，对于研究中国茶文化发展史、交通运输史和国际贸易史都具有重要价值，是中华民族宝贵的文化遗产。如今，在社旗县赊店镇完整保存着明清时代的城墙遗址、大铁锚、码头、航道、商号、会馆、镖局、厘金局等商业古迹，充分表明了赊店曾经的繁华和其在商业史上的地位和作用。

在中国万里茶道文化遗产保护研讨会上，与会专家达成了《万里茶道文化遗产保护利用赊店共识》，呼吁比照丝绸之路、大运河，早日将万里茶道纳入申遗预备名录。

(二) 茶道沿线在行动

2013年7月1日，中蒙俄万里茶道文化旅游产业联盟在山西太原成立，推出"多元、合作、创新、共赢"的联盟主题。三国专家学者、实践工作者和会场观众互动，畅谈茶路对中蒙俄三国历史文化的作用，展望茶路发展前景。

9月8~10日，中、蒙、俄等31个城市市长峰会在内蒙古二连浩特召开。来自中蒙俄万里茶道沿线31个城市的千余名代表用不同的语言打着招呼，探讨了万里茶道与城市发展、沿线区域经济与文化合作、经贸发展与旅游合作、向北发展与陆桥经济等问题，表达了共同挖掘万里茶道所蕴藏的经贸、文化、旅游等丰富内涵，重塑万里茶道的历史记忆，推动务实交流合作，实现互利共赢发展的愿望。

9月10~12日，中国万里茶道文化遗产保护利用研讨会召开，来自福建、江西、湖南、湖北、河南、山西、河北、内蒙古等省区的文物局长和专家学者齐聚河南赊店古镇，共商"中俄万里茶道"文化遗产保护利用和申报世界文化遗产大计，达成了《万里茶道文化遗产保护利用赊店共识》。研讨会认定，"南船北马"（茶叶运输方式）的万里茶道第一镇为江西铅山河口古镇。

中国万里茶道文化遗产保护利用研讨会的召开，确定了铅山河口古镇为万里茶道第一镇。铅山县立即行动起来，组织有关方面展开了一系列挖掘、整理、宣传、保护利用工作和对接万里茶道申遗工作，重塑这一历史文化品牌。铅山县河口镇政府、铅山县博物馆已组织人员查找万里茶道的相关历史依据，调查山陕会馆、古驿道、孤魂祠等万里茶道铅山段的文化遗存，拍摄万里茶道铅山段的文化遗存影像资料，维修万里茶道铅山段河口明清古街上的老字号茶行、茶庄等有代表性的文物，加快"河红茶制作技艺""国遗"的申报工作，邀请《中国与俄罗斯》（双语）杂志社高级记者对俄罗斯、蒙古宣传万里茶道第一镇，在交通路口打出"万里茶道第一镇"宣传牌。2014年1月15日，铅山县河口镇政府召开了万里茶道第一镇文化遗产保护利用研讨会，有关文化人士与全体镇政府干部就这一文化品牌的挖掘保护、开发利用等问题进行了深入探讨和交流，并向县内外有关人士发出了"众人拾柴火焰高，共塑茶谊达五洲"的邀请，希望各界热心人士参与打造这一文化品牌。

2014年3月5日上午，铅山县召开"万里茶道第一镇"座谈会，县委政府有关领导，县委宣传部、县旅游局、工商局、县志办、河口镇、农业局等有关部门负责人参加会议。会议讨论了打造河口镇"万里茶道第一镇"品牌的具体工作安排，与会人员一致认同，通过注册品牌商标、加强明清古街的改造、挖掘"河红茶"文化、做好品牌宣传推广及旅游接待配套基础设施建设等工作来树立"万里茶道第一镇"的形象，配合万里茶道申遗脚步，把河口镇推出中国，走向世界。

2015年，内蒙古自治区两会上明确提出，内蒙古要抓住国家实施"一带一路"倡议带来的机遇，推进草原丝绸之路经济带建设。为贯彻国家"一带一路"倡议，加强丝绸之路经济带文化建设，也为万里茶道申报世界遗产打好基础，近30年追寻驼道的内蒙古著名作家邓九刚说："还是在童年的时候，呼和浩特北面横亘着一座山脉——大青山，从大青山北麓向北延伸是绵延不绝的草原，被当地人称作后草地。那是一条由商人和驼夫以及他们商队中的骆驼与狗的绵软的蹄掌、马匹角质的硬蹄踩踏出来的道路。"这条道路由归化城（现今呼和浩特）出发，穿越茫茫的蒙古高原和极寒的西伯利亚大地，向着太阳沉落的西方挺进。商路越过欧亚大陆的分界岭乌拉尔山，一直通向欧洲的历史名城莫斯科，可谓是迢迢万里，这就是人们俗称的"驼道"。

三、万里茶道的申遗进展

（1）晋城作为山西唯一城市参加万里茶道申遗推进会。2016年，万里茶道申报世界文化遗产大会在武汉召开，经过层层遴选，会议要求途经的闽、赣、湘、鄂、豫、晋、冀、内蒙古八省区各选一个代表城市参加，旨在发起申报世界文化遗产的最后冲刺。晋城作为山西省的唯一代表城市参加了此次申遗推进会。

晋城市作为全国著名的文物大市，十分重视世界遗产的申报工作。全市文物系统联合规划、文史、史志等部门的专家学者组织考察、调研、论证。目前，万里茶道申遗工作已取得很大进展。晋城境内越来越多的茶道遗址、工具、老照片和历史记载被发现，万里茶道晋城段的身形越来越清晰。晋豫交界处的碗子城，泽州县的天井关村、拦车村、三家店村的万镒店、西郜村的旧街巷，城区的天成店、北板桥村、赵庄村的关帝庙等均在茶道之上。

省市两级都非常重视万里茶道申遗点资源调查及确认、推荐工作。2016 年 4 月 23 日，在山西太原晋商博物馆举行重走万里茶道活动，专家学者组团沿线考察山西境内万里茶道。2015 年 11 月 24 日，万里茶道晋城市申遗办、晋城博物馆联合主办了为期一个月的《万里茶道看晋城》大型展览，以"太行古道"为主线，分"古道关隘""古道蹄印""店铺水源""习俗信仰""会馆村落"几部分，展示了晋城万里茶道的历史沿革、茶路文化。

（2）河南赊店古镇纳入中俄万里茶道国际旅游黄金带。2016 年，万里茶道（中国段）沿线 8 省区文物部门和万里茶道联合申遗办组织的专家考察河南省社旗县申遗推荐点赊店镇万里茶道枢纽，确定社旗县赊店古镇整体纳入《中国世界文化遗产预备名单》的遗产点，共同打造万里茶道国际旅游黄金带。

万里茶道联合申遗办的专家说，河南赊店万里茶道上中国重镇所见的古茶商会馆之多、建筑之精美宏伟、保存之好，是整个茶道上的一个亮点。其中，被列为全国重点文物保护单位的洛阳潞泽会馆和山陕会馆、社旗县的赊店山陕会馆给专家组留下了深刻印象。而作为茶道水陆转运枢纽的赊店古镇，因包括贩运茶叶在内的商业兴盛而产生的清代厘金局、镖局，以及大升玉等茶叶商号，遗址文物都有较完好的保存。社旗县赊店镇系清代河南四大名镇之一，镇内有 72 条街巷，曾有商号 500 多家，至今仍有相当部分建筑保存较好。

作为"南船北马"交接点上的赊店古镇，被称作"万里茶道中枢"，具有重要的文化、商贸和运输节点功能。据史料记载，到清乾隆年间，赊店已成为长三里阔四里的繁华巨镇，聚集了20多家骡马店、40多家过载行、500多家商号，聚居与流动人口达13万。社旗的茶道遗产星罗棋布，有交通遗产类的唐河航道、河心街码头、北大石桥；有商贸遗产集合体历史街区如瓷器街；有商贸遗产单体，榆次茶商在赊店开设的大升玉茶庄；有与茶叶商贸相关的服务设施商铺、镖局、票号、钱庄；有与茶事相关的管理机构巡检司、厘金局；有与茶事有关的可移动文物铁锚、志石、刺绣等，也由此出现了享誉华中的山陕会馆、广盛镖局、蔚盛长票号，中国最早的税务机关厘金局等。

该县把赊店古镇保护开发作为带动县域经济实现跨越式发展的重要支撑，其重点建设的四大区域：古镇商业文化旅游区、码头影视文化娱乐区、古镇休闲旅游商贸区、古镇旅游综合服务区。先后实施项目107个，其中已完成项目62个，包括在赊店古镇核心区域实施的山陕会馆保护、街道及立面仿古改造、主要景点恢复等45个古镇恢复保护项目和在古镇核心区域外实施的公建单位搬迁、大型商业设施建设等17个建设项目，基本恢复了赊店古镇的明清历史风貌；其中15个在建项目包括在赊店古镇核心区域建成的古镇博物馆、瓷器博物馆，古码头棚户区改造等9个古镇保护恢复项目和在古镇核心区域以外的5个公建单位搬迁及赊店集团搬迁项目；基础设施和配套项目30个，包括外围交通条件改善、赵河综合治理、古镇管网配套、住宿餐饮设施建设等。

据统计，赊店古镇2015年旅游综合收入已达2.5亿元，并先后被评为中国历史文化名镇、全国特色景观旅游名镇、AAAA级景区、全省唯一古镇博物馆、全国民族特色建筑旅游目的地、影响世界十大文化旅游名镇。

（3）2017年中国拟定45处首批万里茶道申遗提名点。中国八省（区）"万里茶道申遗工作会"于2017年3月22日在山西太原召开，就万里茶道申请进入《中国世界文化遗产预备名单》的最终申遗文本进行讨论，当日湖北省、福建省、江西省、湖南省、河南省、山西省、河北省、内蒙古自治区文物局以及万里茶道联合申遗办公室相关工作人员在此集结，探讨申遗的重要性。

晋商是万里茶道的开拓者和主力军，万里茶道山西段连接南北茶道，是万里茶道的重要区段和关键枢纽，历史上曾有力推动了中蒙俄经济贸易的发展和不同地区的人文交流。在近年来的资源点调查工作中，山西省境内的万里茶道遗存数量多、资源丰富，如古代村落城镇、古道路、古桥梁、驿站等交通设施，茶庄、票号、车马大店等古店铺，古祠庙等宗教活动场所，重要关口关堡以及古代民居、大院。

会议最终拟定首批遗产提名点为 45 处。其中山西省文物局公布了 8 处，涉及 6 市 8 个县（市、区）。分别为大同市新荣区的得胜口古堡群、朔州市右玉县的杀虎口、忻州市代县的雁门关、太原市迎泽区的太原大关帝庙、晋城市泽州县的碗子城、"羊肠坂道"题刻、晋中市榆次区的常家大院（聚兴顺茶庄）、太谷县的曹家大院，以及祁县的祁县古城（包含长裕川茶庄旧址、永聚祥茶庄旧址、大德诚茶庄旧址、大盛川茶票庄旧址、合盛元茶票庄旧址、三晋源茶票号旧址、渠家大院、何家大院）。

第五节　万里茶道开发的当代意义

一、晋商文化的产业开发

晋商的发祥地——山西省，在孕育晋商文化的同时，也与万里茶道有着千丝万缕的联系。因此，研究万里茶道文化线路的意义与对山西文化资源的挖掘及开发密不可分，对其自身而言也是大有裨益的。

哈佛商学院迈克尔·波特教授指出："基于文化的优势是最根本的、最难以替代和模仿的、最持久的和最核心的竞争优势"。山西省与其他省份相比，发展晋商文化产业有着明显的优势，但是，山西丰富的晋商文资源尚未形成有效的产业发展要素，资源优势尚未转化为产业优势，仍需整合、改造，使之在地域上更具有连贯性，在产业链的形成与发展上更具有延续性。同时，在合理利用文化资源的过程中，还要保护这些珍贵的资源。申报茶叶之路为世界文化遗产正好为发展晋商文化产业找到了突破口。本小节将探讨万里茶道文化线路旅游开发设计对晋商文化产业带来的推动作用。

（一）晋商文化遗产的梳理保护

万里茶道作为文化线路，涵盖的文化遗产资源不可胜数。万里茶道以南船北马赊旗店（新中国成立后改为社旗店）为界，往南大多为水路，往北则为陆路。沿途的文化遗产，呈现出不同的特色。山西作为晋商故里和万里茶道中的一个重要环节，拥有丰富的旅游资源和深厚的文化积淀。

山西段物质文化遗产中，有一些被公布为国家级或者省级的文物保护单位、历史文化名城（名镇、名村），得到了一定程度的保护。但更多的仅是县级，甚至没有名分的文化遗产，像太行羊肠坂中的小关隘、骡马店，长期缺乏重视，所以无法得到有效的保护，还有的珍贵遗产由于保护不力或者过度开发等原因而遭到损坏。而这些低级别的文化遗产，反而更接近当年晋商生活的真实和万里茶道的真实面貌。对于这些珍贵的文化遗产，开发和利用应该建立在"保护"的基础上。茶叶之路申遗的意义也首先在于对文化遗产的保护。没有对文化遗产的保护，就谈不上将来的开发利用。如果从文化线路的角度加以保护，这些低级别的文化遗产就会成为万里茶道文化的一部分，从而具有了整体的意义。

当前，武夷岩茶和安化千两茶的制作技艺已被列入国家级非物质文化遗产名录，其他如下梅与安化等地的茶歌、茶戏、茶艺等也颇具地域风情。另外，晋商崇尚关公，凡有晋商处皆有关帝庙，关帝庙与山陕会馆往往合而为一，颇能体现晋商精神的"关公信仰"文化，也越来越受到各方面的重视。晋商故里的民俗风情如晋中社火、年节习俗等也颇具特色。此外，万里茶道上的建筑雕刻技艺、庙会等也都在体现各地风情的同时，集中体现了晋商文化。所以只有以万里茶道文化线路来统领，才能使之得到更为深刻的挖掘与发扬；也只有和茶路上的物质遗产结合起来，才能使之获得整体的意义。

（二）对晋商文化产业发展的影响

茶叶之路贯穿南北，是历史悠久的国际交流大通道，茶路沿线保留了大量历史文化遗存。但是，长期以来，这份宝贵的遗产没有得到有效的保护和利用，人们没有看到文化资源对区域经济的巨大推动作用，导致文化与经济相互脱离，致使这份宝贵的文化遗产没能创造经济财富，也没能在更广泛的范围内产生影响。

万里茶道的申遗已经开始，无论采用何种形式申报，都将为沿线地区文化产业的发展提供难得的契机。申报万里茶道世界文化遗产是营销茶叶之路文化遗产的突破口，也是发展地区文化产业的突破口。

1. 世界文化遗产的品牌战略

申报万里茶道为世界文化遗产，利用世界文化遗产的品牌效应推进文化遗产的产业化，是中部地区文化遗产产业化运作的途径之一。提名列入《世界遗产名录》的文化遗产项目，被称为世界遗产。万里茶道通道型遗产若申报世界文化遗产成功，也将成为世界遗产。世界遗产是世界级"名牌"，历史遗迹和自然环境一旦被列入世界遗产名录，就会成为世界一流的旅游观赏地。世界遗产作为独特的旅游资源，为游客提供了良好的游览机会和高品位的艺术欣赏价值，同时也给当地带来巨大的经济效益和社会效益。世界遗产所在地区会大大增加同世界其他地区的文化交流和传播机会，带动旅游业等相关产业的兴旺发展。世界文化遗产的经济价值有目共睹。随着第 28 届世界遗产大会在苏州举行，遗产热迅速升温。比如山西平遥在 1997 年被列入世界文化遗产名录之后，1998 年其门票收入已从申报前的 18 万元一跃而至 500 多万元，当年旅游综合收入更是高达 4800 万元；纵贯欧亚的万里茶道属通道型文化遗产，所有与其相关的具有世界遗产价值的历史文化遗存都可以整合为一项遗产进行申报。① 这将大大提高万里

---

① 赵鑫珊."世界遗产"的价值和意义 [J]. 同济大学学报（社会科学版），2003（2）.

茶道在国内外的知名度，给沿线地区带来巨大的经济效益和社会效益，从而带动沿线地区旅游业及相关产业的发展。并以遗产地的"品牌效应"促进整个遗产地所在地区经济发展和社会进步。

2. 打造文化遗产资源链

目前，最为便捷的遗产服务就是文化旅游。文化线路上遗产资源的旅游价值突出，平遥古城、乔家大院等，已经是旅游者的首选。但这些旅游开发和资源管理状态仍属于自发的、分散的，遗产资源并没能得到整合，即便是同一文化区域内的茶路文化旅游资源也是各自为战，某些地方甚至出现了争夺资源的行为，这不利于文化资源的优势互补，更不利于遗产资源的保护。

晋商文化旅游存在的问题主要有三点：

（1）以历史文物和古建筑为主的文化观光型产品较多，景点特色单一、风格同质化、重复开发较多。复制的成分太多，重复的内容几乎是晋商文化旅游开发的套路。从这个角度可以看出，晋商文化旅游地区各地的建设并没有一个统一的思路，还处于内部互相模仿的阶段。最直接的后果就是导致旅游企业恶意竞争、景点雷同、没有新意、失去吸引力。

（2）单一的"门票经济"，旅游配套设施建设滞后。2009年，山西省开展了"晋商文化周"等一系列活动，晋商文化旅游区非常火爆。晋商文化旅游区的游客接待量突破1000万人次，已经成为山西省最为火爆的旅游热线之一。但是，这一区域的旅游业发展还局限在"门票经济"上，旅游配套设施建设滞后，游、购、娱等环节薄弱，旅游市场秩序混乱，旅游环境脏乱差等不和谐现象还较为普遍。旅游产业的开发和管理还处在初级阶段，潜在经济优势尚未得到充分发挥。

鉴于此，可以仿照丝绸之路、京杭大运河的做法，对万里茶道线路进行统一管理，实行几省（区）联动，规范旅游行为，做好万里茶道文化遗产的保护与服务。而且，我们不能只局限于文化旅游，那种走马观花式的游览仅仅得到一些影像碎片，无论对茶文化还是对晋商文化都是一种亵渎。我们应该充分利用现有的文化遗产资源，根据其地域和人文特色，紧紧围绕着晋商文化做文章，设置出一系列独具特色的文化遗产服务项目，有效地开展文化服务，让民众在获得审美愉悦的同时深切体味茶文化的传统韵味，感受晋商"诚信为本""和气生财"的文化精神。

（3）构建文化遗产产业链。在资本总量中，货币资本比重越小，非货币资本比重越大，资本增强的速度就越快。文化产业的一个特征恰就是无形资产比重越大越好，因此，文化产业要获得比较好的效益，就要在获得了核心产品以后，在一个长链条上获得回报。

产业链是以核心的产业带动周边的领域。例如，好莱坞的公司一直把打造链条作为自己取胜的秘诀之一。它们在市场中磨炼出一套行之有效的战略和策略：先是打造精品，然后广泛地放映演出和出版，接着做成相关的礼品，再做成游戏软件，随后又带来旅游收入，又做成 DVD 或录像带，最后是形象专利的有偿转让。

文化产业就是通过完整的产业链条，对核心的文化产品进行深入开发，进而反复产出和出售，并且为相关的产业提供市场附加值。比如从动漫画产业创造的经济价值，延伸到了礼品业、服装业、文教体育用品制造业、广告业、娱乐业、电子游戏机业等相关产业，带动效应非常明显。

茶路沿线地区文化产业的产业化运作应以营销万里茶道文化遗产为出发点。对于万里茶道沿线文化遗产的产业化运作来说，根据其所拥有的各种文化资源的特点，首先应该打造完整的文化旅游业产业链条。目前，虽然拥有万里茶道这一宝贵的通道型遗产及茶路沿线丰富的文化资源，但茶路地区的文化旅游业仍处于初级阶段。比如，早已被列入世界遗产的平遥古城，虽然每年接待大量的海内外游客，但产业很简单，仅停留在观光的层面，人流多而现金流不大，旅游产业链非常短，游客参观古城景区，从进到出需要 1.5~2 个小时，基本没有参与性的活动项目，游完城墙、日升昌等有限景点就没地方去。基本上是"白天看庙，晚上睡觉"。2005 年后，平遥旅游内容丰富了：上午逛古城墙、县衙和日升昌票号，下午到双林寺看彩塑，晚上去平遥大戏堂看戏、南大街购物；近两年又增加了观看《印象平遥》这项内容。但仍然没有脱离"看"的范畴，游客参与的环节较少。据统计,平遥县 2015 年旅游总收入 88.51 亿元①。而同是世界遗产地的云南丽江,其旅游总收入在 2009 年就已经达到 88.66 亿元。云南丽江旅游总收入在 2012 年以后每年都以 100 亿元的规模增长,到 2017 年丽江旅游总收入甚至达到 730 亿元。② 比较而言,平遥的旅游产品设计、整合、推广、包装以及旅游配套设施、配套服务几乎是空白,旅游产业增加值微薄。

(三) 茶路沿线文化旅游产业链的打造

首先,旅游产品的开发是构建万里茶道旅游产业链的重要环节,也是目前茶道沿线地区旅游业的薄弱环节。茶道沿线地区大量旅游景区缺乏真正有潜力的旅游产品,更缺乏高水平的商业运作。例如,许多景区甚至像世界遗产平遥古城这样的旅游景点,所售卖的旅游纪念品毫无特色,致使大量游客几乎不购买旅游纪念品;许多知名度高的景区仅仅将门票涨价作为提高景区经济效益的唯一途径,对景区的未来发展可能会得不偿失。

观光型旅游的突破,开发旅游衍生产品,开发相关旅游项目,能够衍生更多的经济增长点,延伸景区旅游产业链。据世界旅游组织预测,21 世纪最受旅游者欢迎的旅游产品中包括探险旅游、生态旅游、文化旅游、主题旅游和游船旅游。万里茶道旅游资源正好具有开发上述旅游产品的特点。

其次,万里茶道这样跨省区通道型遗产,其旅游产业链也可以说是一条地区链。一条旅游线路分属不同的行政区域,不利于产业链的打造,容易造成旅游产业链条过短。各地区从本地经济利益出发,按行政区来制定自己的旅游规划和地区战略,易于割裂像茶叶之路这样跨地区的旅游线路,不仅难以形成线路景观的优化布局,而且造成产品雷同、互相打压的局面。因此,打破行政地区界限进行旅游规划、产品开发统筹、联合营销来进行地区间整合,是打造产业链的重要途径。茶叶之路沿线的八省区一旦形成统一的文化大市场、一个文化产业发展的战略共同体,其爆发出来

---

① 平遥县统计局。
② 丽江市统计局。

的文化能量是无法估量的。茶道经行之地应当以万里茶道为纽带，以"和平友谊，合作发展"为主旨，发展茶道旅游，大力加强沿线国家与地区间、省市间的旅游、商贸、经济、文化的信息交流。打破区域限制，相互开放市场，加强跨区域合作，携手打造万里茶道国际旅游品牌及其他旅游合作项目，是打造万里茶道文化旅游产业链的重要环节。

最后，从"大旅游、大产业"的视角出发发展旅游业。当然，茶道沿线丰富的文化遗产，决不能仅限于发展旅游业，更不能局限于旅游业中的观光旅游业，而应从"大旅游、大产业"的视角出发，注意到旅游业与诸行业及部门关系密切的特点，加强旅游内部诸要素的组合以及旅游业与其他产业的协调共进。在产业部门，积极发展第一产业的旅游农业、林业、畜牧业，第二产业的服装制造、食品和饮料加工制造、工艺美术品制造、土木工程建筑，以及第三产业中的运输、邮电通信、娱乐、销售、保险、信息服务等，这些行业和部门共同支撑旅游业行、游、住、食、购、娱等旅游产品。而在产业配套上，则应逐渐形成以出行系统（旅游交通、旅行社）、接待系统（旅游餐饮、旅游商贸）、服务系统（旅游通信和信息业）、辅助系统（旅游农业、旅游工业、旅游文化娱乐）复合而成的旅游产业链群。产业集群化发展是当今产业发展的趋势之一。作为新兴的文化产业，其较强的产业融合性决定了其发展过程中需要整合各种资源，集群化发展趋势非常明显。文化产业的集群化发展，也是未来茶道沿线地区文化产业的发展方向。

晋商文化产业集群的发展，首先，应根据茶道沿线地区文化资源特色，在万里茶道沿线的中心城市或重要文化遗产所在地区建设文化产业企业，开发文化产业项目。其次，建设特色鲜明、优势突出的文化产业基地和园区，培育特色文化产业集群。最后，打造较为完整的文化产业链条，实现茶道沿线地区文化产业集群发展和产业规模效应的充分释放。

综上所述，以万里茶道申报世界文化遗产为契机，营销万里茶道文化遗产，发展晋商文化产业，能够起到牵一发而动全局的作用，促进茶道沿线地区区域经济的发展。茶道沿线八省区应当以申报万里茶道世界文化遗产为契机，以万里茶道世界文化遗产建设为支点，对万里茶道文化遗产进行产业化运作，从而促进茶道沿线的中部地区文化产业的发展，并将文化产业作为山西转型跨越的特色优势产业，继续推进中部崛起战略，为中部崛起和地区区域经济发展提供新的研究思路。

二、推进"一带一路"倡议

300 多年前，一条弥漫着茶香的曲线从中国福建的武夷山脉延伸向恰克图，纵贯中蒙俄三国。在山西省平遥县举行的第五届中蒙俄万里茶道市长峰会上，俄罗斯阿斯特拉罕市市长阿廖娜·古巴诺娃说："如果不是中国人教会我们饮茶，就不会有著名的纪念品——俄罗斯茶壶。"① 如今，在推进"一带一路"建设中，中蒙俄三国正致力复兴这条古老的万里茶道。在第五届中蒙俄万里茶道市长峰会上，来自三个国家，80 个节点城市的政府代表、10 余个国际国内组织、专家学者、企业负责人等，就复兴万里茶道、加强城市间合作进行交流，共商经贸文化合作大计。"一带一路"提出了六大国际经济合作走廊，其中有中蒙俄经济走廊。中国社会科学院中国边疆研究所所长、研究员邢广程认为，中蒙俄经济走廊的构建就是现代版的万里茶道。从举办中蒙俄万里茶道市长峰会到成立万里茶道（国际）协作体，一度湮没于历史长河的万里茶道，正为沿线各节点城市带来新的机遇。

在"一带一路"倡议的推进与万里茶道文化价值重新挖掘的时代大背景下，相关媒体与学者对于晋商文化与万里茶道完美融合也进行了探讨，2013 年，在山西省煤炭交易中举行了"中蒙俄万里茶道文化旅游产业联盟"的成立仪式，标志着山西旅游与万里茶道文化旅游产业结合。

近年来，万里茶道沿线各主要城市加强了旅游业的交流与合作，而成立中蒙俄万里茶道文化旅游产业联盟，就是要进一步共同构建合作机制、共同打造旅游形象和品牌、共同推广万里茶道精品旅游线路。此次中蒙俄三国茶路沿线城市和企业共同发起的万里茶道文化旅游产业联盟，其性质是自愿组成的联合性社会团体，是跨国家、跨行业的国际性组织。联盟实

---

① 王菲菲. 中蒙俄致力复兴万里茶道　推进"一带一路"建设 [J]. 中亚信息，2017（5）：34-35.

行会员制，鼓励各地旅行社、景区、酒店、民航、铁路等旅游单位及茶叶企业参与进来，在各旅游行政部门的牵头下共同对各地间旅游业的发展与合作进行探讨和研究，拓展交流渠道，提供宣传促销和招徕机会，不断扩大合作领域。中蒙俄万里茶道文化旅游产业联盟的成立将不断加强三国间的交流与合作，增进了解和友谊，推动国家之间、城市之间、区域之间在经济、文化等方面的交流合作、互利互惠、共同发展，将为世界经济的繁荣、为亚欧乃至世界的和平与进步做出应有的贡献。

万里茶道连通中俄蒙，与如今三个国家紧密相连。2014年至今，中俄蒙的三国元首先后举行了多次会晤，会议提出把中方倡议的"一带一路"同蒙方的"草原之路"倡议、俄方推进的"跨欧亚大通道"建设有机结合，共同打造中俄蒙经济走廊、共建丝绸之路经济带。中俄蒙三国战略的核心是互联互通。互联互通旅游先通，万里茶道正是从旅游角度联通了三国战略。万里茶道是"一带一路"倡议的重要组成部分，丰富了人们对传统丝绸之路的认知、丰富了丝绸之路的文化内涵，为中俄蒙三国之间的旅游合作创造出新的机遇。进一步扩大了万里茶道的国际旅游影响力，弘扬了万里茶道的"茶文化"精神，旅游业紧跟三国战略的节奏，融入布局中。

中俄蒙三国地缘相近，文缘相通，旅游业合作基础深厚稳固。三国目前互为重要客源国和旅游目的地，跨境旅游交流规模每年超过500万人次。随着三国旅游交流日益密切，旅游交流合作正为中俄全面战略协作伙伴关系、中蒙全面战略伙伴关系奠定了强大的民意基础，也成为三国经济、贸易、人文等各方面合作的重要内容。旅游已成为联系三国人民友谊的重要纽带，成为促进三国经贸往来和社会发展的重要引擎。三国在旅游领域的合作获得稳步发展，而且潜力巨大。近年来，俄罗斯境内的中国游客数量不断增加。俄罗斯高度重视三国旅游业的合作和交流，未来三国要进一步研究跨境旅游合作线路，引导企业、景区参与到旅游业的合作中来，同时简化跨境旅游合作相关手续，提升游客的满意度。旅游领域的合作是近年来中俄蒙三国交流合作的新亮点。中俄蒙发展跨国旅游具有天然的区位优势，未来应加强冬季旅游项目的合作。蒙古国很重视万里茶道的建设，希望可以通过"中俄蒙万里茶道国际旅游联盟"，把中俄蒙三国的优势展现出来。

中俄蒙三国旅游专家和业者在万里茶道国际旅游论坛上，畅谈沿线旅游区域合作与发展，做出万里茶道的旅游特色，并纷纷为如何具体实施，切实吸引更多的游客提出建议。

如何实现共赢是应该考虑的问题。三国在合作大框架下，要发展各具特色的旅游产品。同时，本国的旅游品牌也要积极与邻国配合，实现融合发展。

第二章

万里茶道山西段晋商
文化产业开发的基础

第一节　万里茶道线路考证

一、对两部手抄本的考证

本书对于万里茶道的路线考证，主要依据是两本手抄本和一本日记。一本为手抄蓝皮旧书，封面无字，扉页上用毛笔字写有"行商遗要"及"为商之道总论"字样，1994 年，从祁县古城北大街 54 号王锡祥家征集而来，现存祁县晋商文化博物馆内。该文稿反映的是祁县茶商赴湖南安化办茶的情形，是王锡祥的父亲王载庚在长裕川茶庄期间抄录的，时间大约在民国六年（1917 年）。能说明的问题就是，直到民国年间，祁县茶商在办茶时还将《行商遗要》奉为圭臬，书中所出现的地名、路线还在使用。2002 年，史若民先生的《平、祁、太经济社会史料与研究》中曾经全文收录了该文稿，并作出详尽的翻译。另一本为 2015 年山西省祁县晋商文化研究所研究员田建从民间征集来的手书商业史料，被认为是祁县商人继《行商遗要》手抄本后的又一部办茶宝典，暂定名为《行商纪略》。由于该书缺损了首尾页，所以书的作者、抄录者、成书时间都无法明确判断，但从内容来看，应该是祁县商人写于清道光时期。① 这两部手抄本现已影印出版，书名为《祁县茶商宝典》。

两部办茶宝典出现于祁县并非偶然。此现象既能说明晋商尤其是祁县茶商在万里茶道形成过程中的开创之功，也说明祁县在万里茶道上的枢纽地位。

祁县位于山西省中部，地当要冲，交通便利。乾隆《祁县志》载：

---

① 在记载赊镇装牛车发舞渡（旱路 240 里）部分写道："二箱作一担，六串作一担，小箱四只作一担，半套浮捎脚银，随时迭（跌）长，砖茶比盒茶每担加银五分……装车规例，道光十一年重整：净箱，每车装十一箱、捎一箱一串，除捎净五担；净串，每车装三十七串，捎四串，除捎净五担半；箱串对搭，每车装八箱十三串，捎一箱一串，除捎净六担。"说明史料记载于道光十一年后。

"祁县南道河东，通秦陇，东南逾上党，达中州，北当直省孔道，固四达之衢也"①，历来为山西地区的交通枢纽之一。《行商纪略》和《行商遗要》两部手抄本，分别记录了山西茶商在清初和清朝中晚期的贩茶路线。以下作简要梳理。

《行商纪略》记载的是从武夷山发端，通过内陆的河道和陆路运输的晋商办茶路线，是明清时期晋商办茶的主要运输路线，也是万里茶道的主要路线。

据手抄本记载，清朝初年，山西商人就到福建武夷山贩茶北运，恰克图通关后，线路向北延伸到中俄边界。清前期直到咸丰年间，这条茶路一直是晋商开辟的主要茶路之一。山西商人在武夷山茶区采购的茶叶，就地加工成茶砖，水运到江西河口，有两条支线，一条南下将茶叶运至广州以供出口，书中记载为"河口广庄过载"② 另一条经汉水运至襄樊和河南唐河、赊旗，到赊旗后又有不同支线，其中有不经过山西，直接由河南发往东口的，还有一条路线是由赊旗出发，从卫河进入运河直达通州，再由通州运往口外的借力漕运通道之路。当然主线还是由河南进入山西，再由山西北上，经东口或西口出山西，再改用驼队穿越1000多公里的黄沙大漠，最后抵达边境口岸恰克图，这是主干线。主干线的具体路线可分为以下几段：

第一段：下梅—河口镇—汉口（万里茶路南段第一段）

（1）（福建省）下梅村、星村、赤石—顺梅溪—西入崇阳溪—北上达崇安城（武夷山市）（此段为水运约30里）。

（2）于崇安城沿闽赣古驿道西北行，过闽赣交界之分水关（江西省），过"紫溪市—永平镇—鹅湖山—九狮江"达信江南岸之江西广信府河口镇（此段为陆运约180里）。

（3）于河口装大船，顺信江西行，经广信府"弋阳—贵溪—鹰潭—饶州府安仁（余江）—余干"约460里入鄱阳湖；西北，经南康府"都昌—星子"达长江南岸之九江府湖口县湖口镇，约285里；这是晋商行走的主

---

① （清）陈时纂修：乾隆《祁县志·关梁》，卷二，清乾隆四十五年（1780年）刻本。
② 河口广庄过载，在书中记载为"茶产地—河口—吉安—万安—攸镇—赣县……广东"。

干道路，从河口也可以通过陆路沿乐平市、景德镇直达湖口镇。

（4）溯长江西行，经九江府"德化（九江）—瑞昌"约15里入湖北黄州府境；经"广济（武穴）—蕲州（蕲春）—蕲水（浠水）—黄冈—武昌府兴国州（阳新）—大冶—武昌（鄂州）—江夏（武汉武昌）"抵达汉阳府汉阳县汉口，约455里。崇安县下梅至汉口约1565里。

第二段：汉口—湖北襄樊市（万里茶路南段第二段）

（1）汉口—逆汉水西行，经"汉阳府蔡甸—汉川—安陆府天门—潜江—钟祥—荆门沙洋—咸阳府宜城"达咸阳汉江北岸之樊城（今湖北襄樊市），此段约1215里。

（2）万里茶路南段自武夷山下梅至湖北襄樊市约2780余里。

第三段：湖北襄樊市—雁门关外黄花梁（万里茶路中段）

（1）襄樊—赊旗。自湖北襄樊换小船—西北入唐白河—上至两河口—沿唐河进入河南，经河南南阳府唐县（今唐河）—达水路终点南阳府裕州赊旗店（今社旗镇），此段水路约345里。如唐河水小，则由陆路至赊旗。

（2）赊旗—祁县。赊旗至祁县约1355里，跨越了河南、山西两省。

其中，河南段的路程为：赊旗（今社旗镇）$\xrightarrow{50\text{里}}$ 裕州（河南方成县城）$\xrightarrow{40\text{里}}$ 龙泉（河南旧县镇与方成之间）$\xrightarrow{50\text{里}}$ 旧县（河南叶县南之旧县镇）$\xrightarrow{50\text{里}}$ 汝坟桥（河南叶县北15里汝坟桥）$\xrightarrow{40\text{里}}$ 襄县（河南襄城县城）$\xrightarrow{40\text{里}}$ 颖桥（河南襄城北颖桥镇）$\xrightarrow{50\text{里}}$ 石固（河南禹县境内石固镇）$\xrightarrow{60\text{里}}$ 新郑县 $\xrightarrow{40\text{里}}$ 郭店驿（郑州市南）$\xrightarrow{50\text{里}}$ 郑州（郑州市）$\xrightarrow{60\text{里}}$ 荥阳县 $\xrightarrow{40\text{里}}$ 汜水县—过黄河—汜水北岸 $\xrightarrow{25\text{里}}$ 温县 $\xrightarrow{25\text{里}}$ 郭村（河南温县境内）$\xrightarrow{50\text{里}}$ 邘邰（河南省沁阳市西北之邘邰村）$\xrightarrow{45\text{里}}$ 拦车（山西晋城市正南之拦车）。

山西段的路程为：拦车（山西晋城市正南之拦车）$\xrightarrow{60\text{里}}$ 泽州府（山西晋城市）$\xrightarrow{60\text{里}}$ 乔村驿（山西高平市南之乔村）$\xrightarrow{60\text{里}}$ 长平驿

（山西高平市长平）——50里——普头（山西长子县大堡头）——50里——鲍店（长治县鲍店镇）——50里——交州沟（山西屯留西北方向交川）——40里——虒亭（山西襄垣县虒亭镇）——60里——沁州（山西沁县县城）——60里——西阳（西汤，沁县北20多公里处）——45里——土门——35里——来远——40里——子洪——30里——祁县。

《行商纪略》中还记载了羊楼洞茶的运输路线，路线整理如下：仙桃镇装船发樊城（水旱路），樊城装船发赊镇（水路240里，旱路320里），赊镇装牛车发舞渡（旱路240里），舞渡装船发朱仙镇（水路480里，旱路240里），朱仙镇装车发柳园口（系四轮车，旱路90里），柳园口装车发道口（装四轮车旱路140里）。另外还有刘受口装车发新镇，道口装船发通湾，新镇起驳运道口的记载。书中还记载了在各地交税以及缴费规例，有：临清关税务，天津关税务、通湾税务、通州规例、通州发口、通州发庙、张湾发口庙、道口至通州水路码头开后等。

《行商遗要》记录了山西茶商在清朝中后期的贩茶路线。有说法称太平天国运动的活动范围在长江以南，茶商不能去往武夷山办茶，转而在湖北、湖南一带办茶，故此手抄本的路线起止地点为祁县——安化。事实上，太平天国运动前，晋商就已经开始在羊楼洞办茶了，只是在太平天国运动前显得不太突出而已。

据《行商遗要》记载，山西茶商在南方诸省收购茶叶之后，由水路北上，到河南赊旗镇起岸，经洛阳、渡黄河、入山西境内，过晋城、长治，出子洪口至晋中盆地之祁县，进而以祁县为中转站运销蒙俄，其具体路线如下：

去程：祁县—子洪—沁州—鲍店—泽州府（祁县至泽州，陆路580里）—荥阳—郑州—赊旗镇（泽州至赊旗镇，陆路1350里）樊城（赊旗店至樊城，水路345里）—安陆府（报厘金）—汉口（樊城至汉口，水路1215里）—益阳（汉口至益阳，水路840里）—边江（益阳至边江，水路250里）—沙市（水路220里）—（小河）—常德（水路490里）。由常德起旱进山，置办茶叶。

回程：常德—德山（下水）—甲港口（进小河）—（由此上水）对河白沙—源江县—徐湖口—沙头—益阳县（水路 340 里）—汉口—樊城—赊旗—郑州—泽州—沁州—祁县鲁村。在鲁村换畜力大车经太原、大同至张家口或归化，再换骆驼至库仑、恰克图。茶叶由产地运至恰克图，祁县为必经之地，全程约 3000 公里。① 其中由赊旗至祁县还有另外一条路线，手抄本中说明是大西路，也是万里茶道上的重要路段。西路与大西路路线如下：

（1）西路：赊旗镇—襄县—禹州—郭咀口或氾水口—过黄河（孟津渡）—孟县—邢邰镇—泽州—拦车—祁县—东口、西口。

（2）大西路：赊旗镇—汝州—会兴镇—过黄河（茅津渡）—夏县—高显（曲沃）—祁县—东口、西口。

需要说明的是，这两部手抄本是祁县商人记录的办茶路线，可能当时平遥、太谷、榆次、曲沃等各个晋商活跃地区都有各自的手抄本，因为商人的故里各不相同，所以到达山西以后休整的目的地也不一致，但是短暂休整之后毫无疑问都选择了继续北上，走东口或者走西口继续行进在万里茶道上。

从祁县出发继续北上有一本《高则裕杂记》记载了祁县至归化城路线，这是祁县人走西口的必经之路，也是万里茶道的重要路线。

1. 祁县—雁门关外黄花梁

祁县城北——20里——贾令镇——10里——（清源）西罗村——10里——（清源）尧城——10里——（清徐）高华——10里——徐沟县城——10里——（清徐）同戈——10里——（清徐）北格——15里——（太原）东桥——10里——（太原）小店镇——15里——（太原）殷家堡——20里——太原府阳曲县——45里——（阳曲）青龙

————————

① 据史若民等《平、祁、太经济社会文献丛录》，（大德诚茶庄）祁县至安化水路的资料整理，此处（小河）在资料中并未标注是否为地名，笔者推测应该是水路名称（参见史若民等. 平、祁、太经济社会文献丛录［M］. 太原：山西古籍出版社，2002）。

镇————60 里————（阳曲）石岭关————35 里————忻州城————55 里————（忻州）忻口
————30 里————（崞县）原平镇————40 里————崞县城————45 里————（代州）阳明堡
————30 里————（代州）南口————20 里————（代州）雁门关————20 里————（代州）广武
城边墙————70 里————（山阴）安应铺————35 里————（怀仁）黄花梁。

2. 雁门关外黄花梁—恰克图

从黄花梁到恰克图［万里茶路北段（恰克图以南）］，分为西口路和东口路。西口路是杀虎口方向，东口路则是张家口方向。

（1）走西口路的路线为：

黄花梁—右玉—杀虎口—呼和浩特—库伦—恰克图。

黄花梁————45 里————（左云）吴家窟————70 里————（左云）秦家山————70 里————
（朔平府）右玉县————20 里————（右玉）杀虎口（出杀虎口走西路至归化城）
————30 里————榆林城————20 里————榆树梁————70 里————和林格尔————50 里————南沙尔沁
————70 里————归化城。

（2）走东口的路线为：

张家口（出张家口走东路至归化城）————60 里————宁远厅————80 里————杨盖
板申————60 里————归化城北————20 里————大清山。

万里茶道的国内线路大致如此。

二、对明清时期的山西驿道的考证

学者王尚义曾经说过，晋商之所以能开辟蒙俄市场与两个因素有关：一是地处明初九边重镇与内地联系的主要交通干线区域，二是明代以来形成的通北驿道、驿站为经商提供了条件。① 万里茶道的开辟，与驿道、驿站有很密切的关系。

---

① 王尚义. 晋商商贸活动的历史地理研究［M］. 北京：科学出版社，2004.

　　《寰宇通衢》成书于洪武二十七年，详细记载了明代前期的全国驿路格局。书中共记载了山西境内 54 处驿站。根据此书可以考察明初山西驿道。

　　成化《山西通志》（山西省第一部通志）成书于明成化十一年，其中所载驿站、递运所、急递铺信息甚为详细，载山西驿站 61 处，递运 21 处，废递运所 3 处，急递铺 928 处。《大明会典》（万历会典）记载山西驿站 58 处。通过这两部书可以考察明中后期驿道。

　　根据《寰宇通衢》的记载可知，明代前期，山西与南京之间有水旱两条驿路，但在山西境内，仅有陆路一条。这条通京驿路，在山西境内的走向和所经驿站如下：从太原临汾驿向南至徐沟北同戈驿，祁县盘陀驿，武乡西北的南关驿、权店驿，沁县城北的沁阳驿，襄垣县西厬亭驿，屯留县西北余吾驿，长子县西北漳泽驿，高平县北长平驿、县南乔村驿，泽州城内的太行驿，至泽州南星轺驿，经"太行道"，穿越太行山至河南内乡县境（见表 2-1）。

表 2-1　太原府至泽州驿站、驿程（洪武年间）

名称	位置	距离（里）	备注
临汾驿	太原府城南关外		
同戈驿	徐沟县北八里	80	洪武五年（1372 年）移置县北门外
盘陀驿	祁县东三十五里子洪镇	70	
南关驿	武乡县西北南关镇	50	洪武八年（1375 年）改属辽州
权店驿	武乡县西北权店镇	50	
沁阳驿	沁州城北关外	70	
厬亭驿	襄垣县西北六十里厬亭镇	60	
余吾驿	屯留县西北十八里余吾镇	60	
漳泽驿	潞州城西漳泽村	70	洪武八年（1375 年）徙建长子县城南门外
长平驿	初置于高平县南郭外	60	洪武七年（1374 年）徙建城北 30 里
乔村驿	高平县南三十里乔村	60	
太行驿	泽州城内	60	
星轺驿	泽州城南六十里星轺镇	60	60 里至河南怀庆府内乡县万善驿

该驿道自太原出发经临汾至徐沟同戈驿，然后经祁县盘陀驿武乡县西北南关驿。自此分道，西北行至辽州城，为布政司至辽州驿路，继续南行经权店驿至沁阳驿入沁州，为布政司至沁州驿路，全程"六百二十三里"。① 由沁阳驿南行，经襄垣县虒亭驿，屯留县余吾驿至长子县漳泽驿，由此东行可至潞州城，为布政司至潞州驿，计"八百一十五里"。② 由漳泽驿继续南行，经乔村驿、太行驿，进入泽州城。为布政司至泽州驿路，共计"九百九十五里"。③ 万里茶道之西路路段记载与此段驿路重合。

结合明清驿道与祁县手抄本记载可以勾勒出万里茶道山西段之西路路线如下：

拦车（山西晋城市正南之拦车）——60里——泽州府（山西晋城市）——60里——乔村驿（山西高平市南之乔村）——60里——长平驿（山西高平市长平）——50里——普头（山西长子县大堡头）——50里——鲍店（长治县鲍店镇）——50里——交州沟（山西屯留西北方向交川）——40里——虒亭（山西襄垣县虒亭镇）——60里——沁州（山西沁县县城）——60里——西阳（西汤，沁县北20多公里处）——45里——土门——35里——来远——40里——子洪——30里——祁县—贾令镇—西罗村—尧城（清源）—高华（清徐）—徐沟县城—同戈驿（清徐）—北格（清徐）—小店（太原）—殷家堡（太原）—阳曲—青龙镇—石岭关—忻州—忻口—原平镇—崞县城—（代州）南口—（代州）雁门关—（代州）广武城边墙—（山阴）安应铺—（怀仁）黄花梁。

万里茶道之大西路路段需要考察明清时期山西境内的南向驿道。

太原府临汾驿至徐沟县同戈驿，由此沿汾河西南行，至汾州平遥县洪善驿，西渡汾河至汾州；由洪善驿继续南行，至平阳府、蒲州驿路。该路为山西境内的南向驿道。根据《寰宇通衢》的记载，该驿路南京至山西徐沟县同戈驿段所经驿站和驿程与南京至太原府驿路相同。只是到达徐沟县

①②③ （明）官撰，杨正泰点校：《寰宇通衢京师至山西布政司并各府州卫》，杨正泰撰《明代驿站考（增订本）》附，上海：上海古籍出版社，2006年版，第157—158页。

同戈驿后转而南行，达蒲州等地。

南京至汾州所经驿站、驿程如下：

"一至汾州，其路有二：

一路水马驿，五十二驿四千二百六十里。水驿：龙江至开封府大梁驿，三十一驿二千八百四十五里；马驿：二十二驿一千四百一十五里。大梁驿至同戈驿，十九驿一千一百五里。同戈驿至本州，三驿三百一十里。同戈驿五十里至贾令驿，六十里至洪善驿，二百里至本州。

一路马驿，四十三驿一千六百一十里。会同馆至同戈驿，四十驿二千三百里。

同戈驿至本州，三驿三百一十里。"

自平遥县洪善驿继续南行，经"六驿三百七十五里"至平阳府，所过驿站及驿程如下：

"一至平阳府，其路有二：

一路水马驿，五十九驿四千四百三十五里。水驿：龙江至开封府大梁驿，三十一驿二千八百四十五里；马驿：二十八驿一千五百九十里。大梁驿至汾州洪善驿，二十二驿一千六百一十五里。洪善驿至本府建雄驿，六驿三百七十五里。洪善驿七十里至义棠驿，七十里至瑞石驿，三十五里至仁义驿，六十里至霍山驿，八十里至普润驿，六十里至本府建雄驿。

一路马驿，四十八驿二千一百八十五里。会同馆至汾州洪善驿，四十二驿二千四百一十。洪善驿至本府建雄驿，六驿三百七十五里。"①

自平阳府建雄驿继续南行，经"六驿四百五十里"至蒲州，所过驿站及驿程如下：

"一至蒲州，其路有二：

一路水马驿，七十五驿四千八百八十五里。水驿：龙江至开封府大梁驿，三十一驿二千八百四十五里；马驿：四十四驿二千四十里。大梁驿至平阳府建雄驿，二十八驿一千五百九十里。建雄驿至本州河东释，六驿四百五十里。建雄驿九十里至蒙城驿，五十里至侯马驿，八十里至浍川驿，

① （明）官撰，杨正泰点校：《寰宇通衢京师至山西布政司并各府州卫》，杨正泰撰《明代驿站考（增订本）》附，上海：上海古籍出版社，第2006年版，第158页。

九十里至泓芝释，六十里至樊桥驿，八十里至河东驿。

一路马驿，五十四驿三千二百三十五里。会同馆至平阳府建雄驿，四十八驿二千七百八十五里。建雄驿至本州河东驿，六驿四百五十里。"①

明朝初年，太原府临汾驿至泽州星轺驿的东南驿道为山西的国家级驿道，是山西与南京之间上情下达和下情上达的主要通道，地位要高于太原府至平阳府、蒲州的南向驿路。

这种状况在国家政治中心迁到北京以后有了变化。

根据成化《山西通志》的记载，山西境内的驿道共有七条。② 其中有太原至平阳府、蒲州的驿道。该驿道全程共设驿站 15 个，一千八百五里，如表 2-2 所示。

表 2-2　太原府至蒲州驿站、驿程（成化年间）

名称	距离（里）	位置
临汾驿		阳曲县，在府城南关内
同戈驿	80	里徐沟北一里同戈镇
贾令驿	45	祁县城北十五里贾令镇
洪善驿	70	平遥县城东门外一百余步
义棠驿	70	介休县北八里韩同村
仁义驿	40	灵石县南四十里
霍山驿	60	霍州城内西南隅
普润驿	70	洪洞县北一十里苗村西
建雄驿	60	平阳府城北门外关内
蒙城驿	90	曲沃县北四十里蒙城镇
侯马驿	90	曲沃县西南二十里侯马里
涑川驿	90	闻喜县西关街北
泓芝驿	90	安邑县西北五十里，张岳里
樊桥驿	80	临晋县东南一十五里
河东驿	80	蒲州，城南关永丰厢

①　（明）官撰，杨正泰点校：《寰宇通衢京师至山西布政司并各府州卫》，杨正泰撰《明代驿站考（增订本）》附，上海：上海古籍出版社，第 2006 年版，第 158 页。

②　成化《山西通志》卷四《驿递》。

《士商类要》所记载的潼关经蒲州至太原府的陆路即为该驿路：

潼关"渡黄河，六十里蒲州，八十里临晋县樊桥驿，八十里安邑县泓芝驿，六十里闻喜县涑川驿，七十里曲沃县侯马驿，五十里蒙城驿，五十里平阳府临汾县建雄驿，六十里洪洞县普润驿，八十里霍州霍山驿，六十里灵石县仁义驿，三十五里瑞石驿，七十里介休县义棠驿，七十里平遥县洪善驿，西八十里至汾州。南六十里祁县贾令驿，五十里徐沟县同戈驿，八十里太原府。阳曲、太原二县临汾驿。"①

明代时期，北京至西安府的驿道，并不经行山西，也不走汴洛道，而是在河南境内黄河北岸与太行山之间新辟了一条大驿道，在洛阳境内与长安洛阳道相接。② 但是北京—太原—平阳—蒲州的线路因为具有路途短、耗时少的优点，该路亦作为有司及西番进贡之贡道。这条路沟通了山西境内原来的东向驿道和南向驿道，太原至平阳、蒲州的道路成了沟通北京和西安的重要商道。宣德年间，巡按山西监察御史贺敬言，"北京真定府获鹿县至山西太原府榆次县路通陕西，凡诸有司及西番酋长贡献经过州县，起集人车递送，未免迟误，或致疏虞。若令预备，有妨农事，宜于寿阳县、平定州、井径县各置递运所为便。""行在兵部议至是尚书张本等议宜如敬言设置"③ 可见当时太原至平阳、蒲州驿道的重要地位。

山西地处北方，道路多是陆路，受地形的限制，山西境内主要道路干线不可能发生大的改变，因此，驿道作为山西境内的交通干线，清代的驿道更多是对明代驿道的继承和微调，驿道的走向、布局并没有发生明显的变化。

清代，太原府至蒲州府入陕西境驿路的走向与明代保持一致。自临汾驿，沿汾河西南行，八十里至徐沟县同戈驿，六十里至祁县贾令驿，五十

① （明）程春宇辑，杨正泰点校：《士商类要》卷二《八六·潼关由蒲州至山西省城路》，杨正泰撰《明代驿站考（增订本）》"附录三"，上海：上海古籍出版社，2006年版，第345页。

② （明）黄卞纂，杨正泰点校：《一统路程图记》卷一《北京至十三省水、陆路四北京至陕西、四川》，杨正泰撰《明代驿站考（增订本）》附，上海：上海古籍出版社，2006年版，第210页。

③ 《明宣宗实录》卷三十一，宣德二年九月"丙申"条。

里至平遥县洪善驿，八十里至介休县义棠驿，南行至冷泉关，入雀鼠谷道，八十里至灵石县瑞石驿，由此南行四十里至仁义驿，六十里至霍州霍山驿，复临汾河东岸行。四十五里至赵城县赵城驿，三十五里至洪洞县普润驿，六十里至平阳府汾县建雄驿，六十里至太平县史村驿，七十里至曲沃县侯马驿，由此西南行，过隘口，八十里至闻喜县涑川驿，进入涑水河盆地，沿涑水河谷西南行，九十里安邑县泓芝驿，七十里临晋县樊桥驿，七十里至永济县河东驿，至蒲州府城。沿黄河东岸南行至风陵渡，过黄河至陕西潼关厅潼关驿七十里。全程共计十六驿、一千一百里入陕西境。该驿路自徐沟同戈驿东北行，至榆次县王胡驿，然后至寿阳县太安驿，与太原府至北京的东向驿道相连接。是北京经山西通往陕西、四川、甘肃、青海、新疆等地的"官马大道"。① 顺治八年，时任山西巡按御史的刘达上奏称："晋驿之苦，数倍于他处，晋驿目前之苦，尤数倍于往时。盖川陕之役，不取道于河南，并出于山右之一途，差使日繁，支应日困，年来饥馑相仍，草料日贵，而额设钱粮，日以不敷，即仰奉严旨，督令官养，终不能不累民间之私帮者，良由势不能支。即尽有司而纠之，而无调停之实，终亦官民同累。"② 由此可见清代经过山西的京陕大驿道的重要地位。清代西北史地之学的奠基人之一——祁韵士，被贬谪新疆伊犁时走的就是这条道路。作者在谪戍途中写下的《万里行程记》可以佐证这条线路。同时作者还记述了各地山川风物、贸易物产，也可佐证当时这条驿路是非常繁忙的贸易之路。限于篇幅，本文仅截取榆次至蒲州段路线加以说明。

徐沟县西行40里至贾令镇，镇隶祁县，旧有驿，今裁。居民多以砖为楼房，原野修整，力于耕作。西行二十里至祁县。以春秋时祁大夫食邑得名。再50里至平遥县，县民服贾者多，城中廛肆纵横，街衢皆黑坏，有类

---

① （清）王轩等纂修，斩生未、李广洁点校：光绪《山西通志》卷八十《公署略下骚传》，北京：中华书局，1990年版。

② 《波洛等题山西释递苦累难支急议调停事本》，中国第一历史档案馆编，《清代档案史料丛编》第七辑，1980年版。

京师，盖人烟稠密之故。西南行30里至张兰镇，镇为介休县所辖，城堞完整，商贾丛集，山右第一富庶之区，然风气奢靡，路旁竟有乞食者，非复从前景象矣。西行45里至介休县，县南有绵山狐岐山之胜。……由县西行出义棠镇，折而南行，如山50里至两渡镇。此灵石北境也。……南行40里至灵石县。县以瑞石得名，石在城北门外，南行登山10里至韩侯岭。……由岭南下30里至仁义镇，镇为灵石南境，在韩侯岭之下，形如釜底。南行60里至霍州，仁义一线路行万山中。……由霍州南行20里至辛置镇。又30里至赵城县。……南行30里至洪洞县。……由县南行60里至平阳府，府城在平原突高处，为古帝旧都，股肱大郡，年来适遇岁歉频仍，风物颇形萧索，不称游者之望。城外有尧井。南行60里至史村驿，驿隶太平县，太平在府西南，孔道所不到，割此驿归太平，为往来供亿计耳。……汾水从霍州流经平阳，时时与行人相触，怒涛惊驶，至此不见，盖折而西矣。

由史村南行40里至高县镇，镇为曲沃县所辖。直隶省栾城、获鹿所出棉花布疋，贩运者皆卸集于此，商旅甚多。

南行30里至侯马驿，亦曲沃所辖。曲沃县治在其东北，即春秋时新田晋都也。自平阳南来，土肥饶而民淳厚，村堡云连，景象雄阔，有陶唐氏之遗风。……南行20里至临口铺。又西南行20里至东镇，出侯马，渡浍水，登冈陇，但不甚崚。……西南行40里至闻喜县。县城小而地势开敞，土厚水深，为晋旧都。……裴晋公祠亦在道旁，……西南行40里至水头镇，水即涑水，镇有桥，水经其下西流。此镇隶夏县，司马文正公故里也。西南行50里至北向镇。三晋云山皆北向，镇其取此而名欤。地为安邑县北境，间阎极繁盛。

南行30里至油村镇，镇为油聚之所，繁盛不减北向，猗氏县所辖也。西南行30里至樊桥驿，驿隶临晋县，地近蒲州，……西南行30里至高翁镇，亦隶临晋。……西南行40里至寺坡底，路自霍州迤逦趋下，至此则下益甚，地气益暖，将至寺坡，见古柏森森，欹生山畔，极有致。山上有寺，土人云即所谓普救寺。此地距蒲州城一里许，贸茶者价颇廉，西行人多携之。……由寺坡过蒲州，南行50里至可河。……山陕二省以黄河为界，河东为山西，河西为陕西，冀雍之分，自古然矣。计自可河南行20里至潼关。①

从此段记载可以看出祁韵士从风陵渡过黄河，去往陕西。也透露出一些信息：南茶经过茅津渡进入山西之后，有一部分会经解州—蒲州（今永济）过黄河入陕。所以蒲州城茶"价颇廉，西行之人多携之"。既然通陕之茶也是经由茅津渡上岸，那么"大西路"路段可能运量更大，其重要性有可能超过了西路，这一点还需要其他史料来佐证。

明清两代道路系统除了驿路以外，还有各地之间的急递铺路。考察这些小路，能准确还原当时的万里茶道路线细节。万里茶道大西路自徐沟一直到曲沃都是与驿道重合的，自曲沃去夏县再去茅津渡的细节可以考察急递铺路。

曲沃至闻喜县铺路为自曲沃县总铺东南行，经在庄、乔村、侯马至隘口铺，南行，至闻喜县兰德铺，进入涑水河盆地，经问店、东镇、冯家庄、仪张四铺共四十里至闻喜县总铺。

自闻喜县总铺南行，二十里至西郭铺，入夏县境，经夏县泊头铺、胡张铺、西阴铺、尉郭四铺至夏县总铺，继续南行，经秋风铺、三桥铺，翻越中条山，至平陆县境，接平陆县张店堡之张店铺，张店堡"南扼颠軨，北控盐坂，为南北孔道。"② 然后沿八政河南下，经零桥铺、太宽铺至八政铺，西南行，经白土铺、盘南铺至平陆县总铺。平陆县城临黄河，沿黄河东行至茅津渡二十里，白浪渡一百二十里；西行四十里至大（太）阳渡。茅津渡、太阳渡均为黄河上重要渡口，渡河至河南陕州境。历史上，该路为重要的运盐古道路段，明清时期已经发展为解州、安邑、夏县、平陆等县之间的重要铺路。产自解州盐池的食盐经过中条山青石槽运抵平陆县茅津渡、大阳渡等渡口渡河，运往河南盐区销售。其中，茅津渡为通豫之主

———————
　① 杨建新. 古西行纪选注［M］. 银川：宁夏人民出版社，1987.
　② 乾隆《平陆县志》卷三《城池村堡附》，《中国方志丛书》（华北地方第四二五号），台北：成文出版社，1977 年版。

要渡口。早在春秋时期，秦军就曾自茅津渡河攻晋，《左传·文公三年》载："秦伯伐晋，济河焚舟，取王宫及郊。晋人不出，遂自茅津济，封殽尸而还。"① 黄河行至河南、山西交界处，多急滩险水。相形之下，自茅津渡河较为安全。因此，茅津就成为古代南北往来行人的首选津渡。

据民国《平陆县续志》记载"茅津在县东二十里，市廛鳞次，商贾云集，系二户分驻之所，称一邑巨镇，盖地当水陆之冲，值八省通街，自虞坂以下，依山绵延百余里，扼关陕咽喉，由晋入豫省者道所必经，故皇华冠盖之络绎，仕官商旅之辐辏，纷至沓来，不胜纪计，而三晋盐商车运盐斤，尤当孔道。"②

综上所述，可以勾勒出祁县到茅津渡也即万里茶道大西路段的路线及节点城市，为下一步的文化产业开发作铺垫。

大西路路线如下：

祁县 $\xrightarrow[\text{西南行}]{50里}$ 平遥 $\xrightarrow[\text{西南行}]{30里}$ 张兰（介休）$\xrightarrow[\text{西行}]{45里}$ 介休县 $\xrightarrow[\text{西行}]{20里}$

义棠镇 $\xrightarrow[\text{南行}]{50里}$ 两渡镇 $\xrightarrow[\text{南行}]{40里}$ 灵石县 $\xrightarrow[\text{南行}]{60里}$ 霍州 $\xrightarrow[\text{南行}]{20里}$ 辛置镇

$\xrightarrow[\text{南行}]{30里}$ 赵城县 $\xrightarrow[\text{南行}]{30里}$ 洪洞县 $\xrightarrow[\text{南行}]{60里}$ 平阳府 $\xrightarrow[\text{南行}]{60里}$ 史村（太平县）

$\xrightarrow[\text{南行}]{40里}$ 高显（曲沃）$\xrightarrow[\text{南行}]{30里}$ 侯马 $\xrightarrow[\text{南行}]{20里}$ 隘口铺 $\xrightarrow[\text{西南行}]{20里}$ 东镇

$\xrightarrow[\text{西南行}]{40里}$ 闻喜县 $\xrightarrow[\text{南行}]{20里}$ 西郭铺 $\xrightarrow{\text{入}}$ 夏县境 $\xrightarrow{\text{经胡张}}$ 至夏县总铺

$\xrightarrow{\text{翻越中条山}}$ 平陆县境平陆张店铺 $\xrightarrow{\text{沿八政河南下}}$ 太宽八政铺

$\xrightarrow{\text{西南行}}$ 至平陆县总铺 $\xrightarrow[\text{东行}]{20里}$ 茅津渡。

通过本节的考证，可以发现，万里茶道进入山西的路段，不仅是传统的经太行山而来的山西东南向路段（即西路），也包括山西南向路段（即

---

① 杨伯峻. 春秋左传注（修订本）[M]. 北京：中华书局，1990.

② 民国《平陆县续志》卷下《艺文》。

大西路）。万里茶道申遗不应该对山西的这一段历史，这一段路线视而不见，而应该积极地将"西路""大西路"都纳入申遗文本，继而进行保护性开发，让古道焕发出新的光彩。

第二节　万里茶道山西段沿线的文化景观汇总

万里茶道文化线路山西段沿线的文化景观如表2-3所示。

表2-3　万里茶道文化线路山西段沿线的文化景观汇总

属地	类型	遗产内容
晋城	古驿、道，关隘	太行陉遗址、白陉遗迹、天井关
	历史城区、民居	陵邑会馆、良户古村
	古桥	泽州景忠桥、泽州景德桥
	庙宇	崇安寺、府城关帝庙、玉皇庙、崔府君庙、南召文庙、史村东岳庙、川底佛堂、建南济渎庙、董峰万寿宫、良户玉虚观、南庄玉皇庙、坛岭头岱庙、三王村三嵕庙、北马玉皇庙、尹西东岳庙、高平嘉祥寺、大周村古寺庙建筑群、高都景德寺、高平铁佛寺、高平万寿宫、高平南庄玉皇庙、高平金峰寺、高平仙翁庙、高平三庙、高平嘉祥寺、高平清化寺、高平千佛造像碑、陵川县南庙宫、陵川县南召文庙、泽州县三教堂、泽州汤帝庙、泽州高都二仙庙、泽州成汤庙、高平古中庙、泽州关帝庙、高平清梦观、泽州高都东岳庙、高平二郎庙、高平中坪二仙宫、高平西李门二仙庙、泽州崇寿寺、高平定林寺、高平游仙寺、高平开化寺、高平崇明寺、陵川崇安寺、陵川寺润三教堂、陵川南神头二仙庙、陵川白玉宫、陵川石掌玉皇庙、泽州青莲寺、陵川龙岩寺、陵川西溪二仙庙、陵川小会岭二仙庙、陵川北吉祥寺、陵川南吉祥寺、泽州大阳汤帝庙、泽州周村东岳庙、泽州北义城玉皇庙、泽州碧落寺、泽州岱庙、晋城二仙庙

续表

属地	类型	遗产内容
长治	古驿、道，关隘	屯留交川古道、武乡司庄古道遗址
	历史城区、民居	申家大院、长子九连环院、长治县荫城古镇、长治南宋村秦氏民宅、潞安府衙
	古桥	河北店村桥、屯留余吾村赵公桥
	庙宇	潞城李庄武庙、北甘泉圣母庙、马厂崇教寺、潞城李庄文庙、西顿济渎庙、潞城文庙、长治县都城隍庙、长治东泰山庙、长治炎帝庙、潞城东邑龙王庙、长治荫城镇丈八寺塔、潞城原起寺、长治崇教寺、长治玉皇观、长治正觉寺、长治观音堂、潞安府城隍庙
晋中	古驿、道，关隘	北关、来远镇的货栈歇马店，刘家垴三眼窑，盘陀驿站，贾令驿站，上店村至坡底村古茶道，喜村古茶道，沿村古铺，洪善古驿道，祁县镇河楼
	历史城区、民居	常家庄园、曹家大院、李顺庭宅院、雷履泰故居、平遥古城、祁县古城、渠家大院、何家大院、乔家大院、王家大院、孔祥熙故居、晋商老街、上店古镇、介休张兰镇、灵石静升镇、介休张壁村、平遥梁村、平遥市楼、太谷鼓楼、祁县镇河楼、祁县聚全堂药铺旧址等
	古桥	平遥惠济桥
	茶庄、票号	聚兴顺茶庄旧址，大德川，大德玉票号旧址，砺金德账庄旧址，长裕川茶庄，三晋源茶票号，合盛元茶庄，晋恒银号，永聚祥茶庄，亿中恒茶庄，大德诚茶庄，大玉川茶庄，巨盛川茶庄，大德通茶票号，大盛川茶票庄，宏晋银号，裕和昌生记茶庄，裕盛川茶庄，巨贞川茶庄，宏源川茶庄，日升明茶杂货店，保大长茶庄，隆新魁茶庄，日升昌票号
	庙宇	祁县加乐茶壶庙、晓义关帝庙、乔家山日休庵、介休源神庙、介休城隍庙、榆次城隍庙、平遥城隍庙、平遥文庙、平遥双林寺、平遥镇国寺、太谷光化寺、太谷真圣寺、太谷无边寺、太谷安禅寺、介休五岳庙、介休回鸾寺、介休后土庙、灵石后土庙、灵石晋祠庙、灵石资寿寺、太谷净信寺、平遥白云寺、灵石文庙、太谷圆智寺、介休云峰寺、祁县文庙、祁县梁村洪福寺

属地	类型	遗产内容
太原	古驿、道，关隘	新店村
	历史城区、民居	西怀远村、北内道村、徐沟镇西北坊村、大常村、贾兆村、青龙镇、城晋驿村、三畛村、南高庄村、东街秦氏民居
	古桥	磐石堡、清代的三畛桥
	庙宇	大关帝庙、文庙、城隍庙、梁家滩白云寺、崇善寺、魁星阁、奶奶庙、北内道关帝庙、西怀远圣母庙、东于村宝梵寺、嘉节真武庙、小店延圣寺、太山龙泉寺、晋源文庙、清徐尧庙、阳曲大王庙、阳曲轩辕庙、清徐清源文庙、阳曲辛庄开化寺、清徐县清泉寺、清徐香岩寺、清徐严香寺、徐沟城隍庙、徐沟文庙
忻州	古驿、道，关隘	三家店、长城雁门关段
	历史城区、民居	忻州老城、忻州北城门楼、程化鹏宅院、部家宅院、秀容书院、崞阳古镇、崞县县衙、秀容书院、代县钟楼
	古桥	普济桥
	庙宇	关帝庙、财神庙、泰山庙、太平兴国寺、城隍庙、东关关帝庙、崞阳文庙、代县文庙、代县赵杲观、代县杨忠武祠、代县边靖楼、代县阿育王塔
朔州	古驿、道，关隘	西口古道、朔州城墙
	历史城区、民居	—
	古桥	平丰桥、永济桥、通顺桥
	庙宇	右玉县宝宁寺、怀仁县华严寺塔
大同	古驿、道，关隘	东马市角9号民居（车马大店）、四十里铺古驿道、从大同县二十里铺—三十里铺—周士庄—四十里铺（途径富德店、关帝庙）—巨乐堡进入阳高县境
	历史城区、民居	富德店铺、大同古城、黄家店堡址、马道头堡址、上泉戏台、一畔庄李氏宅院、范家屯堡址、孙家店堡址、李芳山堡址、西平堡址、卅里铺堡址、白小山堡址、王家山堡址、大同鼓楼

续表

属地	类型	遗产内容
大同	古桥	大同道光便行桥、阳高神泉堡大桥
	庙宇	大同文庙、华严寺、关帝庙、凌虚观遗址、观音堂、马道头关帝庙、杜家全神庙、云林寺、随士营堡址、北沙岭堡址、北沙岭龙王庙、沙河台龙王庙、夏家场龙王庙、慈云寺、阳和塔乐楼、廿里铺龙王庙、天镇县盘山石窟、大同兴国寺、天镇县慈云寺、大同善化寺
临汾	古驿、道，关隘	高显古驿道
	历史城区、民居	介休袄神楼、曲沃十大烟坊之一、曲沃张家大院、韩家大院、田家大院、薛家大院、曲沃四牌楼、曲沃古城遗址、曲沃里村西沟遗址、霍州鼓楼、霍州韩壁遗址
	古桥	襄汾洪济桥、曲沃通晋桥
	庙宇	洪洞商山庙、洪洞关帝庙、洪洞净石宫、洪洞玉皇庙、洪洞广胜寺、洪洞北马驹三结义庙、马牧华严寺、曲沃县大悲院、曲沃东许三清庙、曲沃南林交龙泉寺、霍州娲皇庙、霍州观音庙、霍州州署大堂、霍州祝圣寺、临汾尧陵、临汾铁佛寺、女娲陵、王曲东岳庙、东羊后土庙、牛王庙戏台、碧霞圣母宫、洪洞泰云寺、临汾仙洞沟碧岩寺、尧庙
运城	古驿、道，关隘	虞坂古盐道、黄河栈道
	历史城区、民居	闻喜阜底村、虞国古城、平陆下阳城遗址、夏县裴介村
	古桥、牌坊	闻喜南关桥、闻喜郭家庄仇氏石牌坊及碑亭、闻喜裴柏碑馆
	庙宇	夏县文庙、夏县上冯圣母庙、闻喜后稷庙、闻喜文庙

第三节　万里茶道山西境内八处世界
遗产文化提名点概述①

晋商是万里茶道的开拓者和主力军，万里茶道山西段连接南北茶道，

---

① 本节插入的图片及部分文字内容由山西省考古研究所提供，仅作为学术用途，在此表示感谢。

是万里茶道的重要区段和关键枢纽，历史上曾推动了中蒙俄经济贸易的发展和不同地区间的人文交流。在近年来的文物资源点调查工作中，发现山西省境内的万里茶道遗存数量多、资源丰富，如道路、桥梁、驿站等交通设施，茶庄、票号、车马大店等古店铺，古祠庙等宗教活动场所，重要关口关堡以及古代民居、大院。

2017 年 3 月 22 日，"万里茶道申遗工作会"在太原召开，就万里茶道申请进入《中国世界文化遗产预备名单》的最终申遗文本进行讨论，拟定首批遗产提名点 45 处。此次拟定的首批 45 处遗产提名点中，山西占 8 处，涉及 6 市、8 县（市、区），山西省文物局公布了 8 处遗产提名点，分别为大同市新荣区的得胜口古堡群（得胜堡、镇羌堡、得胜口、四城堡）；朔州市右玉县的杀虎口（杀虎堡、通顺桥、广义桥、西口古道）；忻州市代县的雁门关（关堡、长城）；太原市迎泽区的大关帝庙；晋城市泽州县的碗子城、"羊肠坂道"题刻；晋中市榆次区的常家大院（聚兴顺茶庄），太谷县的曹家大院，以及祁县的祁县古城（长裕川茶庄旧址、永聚祥茶庄旧址、大德诚茶庄旧址、大盛川茶票庄旧址、合盛元茶票庄旧址、三晋源茶票号旧址、渠家大院、何家大院）。

一、得胜口古堡群

得胜口古堡群（得胜堡、镇羌堡、得胜口、四城堡）位于大同市新荣区堡子湾乡得胜堡村，是由得胜口、得胜口瓮城、月城（亦称望城堡）、城台、马市楼、街市、庙宇、紫塞阁、南北致远店等构成的建筑群，绝大部分建于明隆庆五年（1571 年）后。现还保存着得胜口、得胜口瓮城、月城、城台、马市楼、紫塞阁、南北致远店等遗迹。

茶商运茶，除通过"西口"（杀虎口）和"东口"（张家口）外，也常通过大同，而大同最重要的贸易口岸就是得胜口，当年的得胜口马市十分繁荣，交易额可与"西口""东口"相媲美，因此也被称为"中口"。得胜口是明代"九边"重镇大同镇重要的北部门户，同时也是明代汉蒙通商的重要关口，直至清代时期，仍是万里茶道北出山西的交通要道和商贸集散之地。

二、杀虎口

杀虎口位于右玉县北，包含杀虎堡、西口古道、永济桥（又名广义桥）、通顺桥，共4处遗存。杀虎口4处遗存保存至今，除因年久风化侵蚀等自然因素影响外，人为破坏较小。

杀虎口是古代军事要塞和边贸重镇，是明清时期重要税卡，是万里茶路山西段的西北端口和交通枢纽，见证了晋商发展的兴衰史，是中国近代金融贸易兴衰的实证。其所包含的古道和桥梁是茶商西出杀虎堡走向蒙古草原的通道，也是晋商"走西口"历史的直接见证；在杀虎堡所进行的蒙汉互市贸易促进了民族文化的交融与发展。其中，通顺桥与永济桥是万里茶道上重要的桥梁构筑物遗存，是晋商"走西口"历史的直接见证者，也体现了明清时期桥梁的建筑技术。

三、雁门关

雁门关（关堡、长城）位于山西忻州市代县以北，雁门关堡平面呈不规则形，南北宽约200米，东西长约500米。雁门关是万里茶道上商贾往来的重要通道，体现了军事要塞在万里茶道上的重要作用。

雁门关地利门外立有一块分道碑，这是乾隆三十六年（1772年）代州知州为规范雁门关古道的交通秩序而制定的一部交通守则。碑文内容如下："正堂禁示：雁门关北路紧靠山崖，往来车辆不能并行，屡起争端，为商民之累。本州相度形势，于东陲另开车道，凡南来车辆于东路行走，北来车辆从西路终由。不得故违于咎未便。特示。乾隆三十六年三月吉日立。"由此可见当时的交通盛况。

四、碗子城、羊肠坂道题刻

碗子城遗址位于泽州县晋庙铺镇碗城村孟良山顶上，现存建筑清代风格。在碗子城西南50米的二级峭壁上，有清同治年间题刻的"古羊肠坂"四字，每字0.5米见方，羊肠坂道穿城而过，为第四批省级文物保护单位。碗子城因其地理位置险要，战时为兵家要冲，平时为行商孔道。在《晋商万里茶路探寻》中描述茶道："入太行陉之羊肠坂，蜿蜒北上三十里至碗子城，入山西泽州府凤台县境。"

碗子城古道是太行陉段保存的最好得古道，古道及周边环境基本保持原状，真实地反映了万里茶道在太行山区的位置、走向和规模，以及在特殊地形地貌下的运输方式（驴骡驮运），碗子城是万里茶道进入山西段的重要入口。

五、大关帝庙

大关帝庙位于太原市迎泽区庙前街 36 号，占地面积约 4062 平方米，是当地关公信仰的重要史迹和珍贵文化遗产。现存庙内建筑主要为明清遗构，组群建筑布局严谨，单体建筑风格各异，是太原地区现存规模最大、保存最为完整的关帝庙。2013 年，国务院公布其为第七批全国重点文物保护单位。

六、常家大院、曹家大院及聚兴顺茶庄

1. 常家大院

榆次车辋常家是茶商巨擘，是万里茶道的开拓者、奠基者之一，也是经营规模最大、经营时间最长的茶商领袖之一，被称为清代山西"第一对外贸易世家"。① 常家大院是万里茶道晋中段的重要文物遗存，位于榆次东阳车辋村。

常家大院布局严谨，宅第与园林浑然一体。现存 9 堂、27 个院落。占地面积约 4 万平方米。贵和堂为常家大院具有代表性的院落，由主院、偏院、后院组成。主院为三进院，中轴线上建南楼、仪门、过厅、北楼，两侧建配房、厢房；偏院建有倒座南房带院门、影壁、东房和正房；后院与主院、偏院等宽，中轴线上建正楼、两侧建厢房。贵和堂主体建筑为北楼，面宽七间，进深一间，二层单檐硬山顶。底层前檐木构出廊，方形鼓镜式柱础。门窗均为砖券圆拱顶，明间设板门，其余各间设槛墙、支摘窗。二层挑出勾栏平座，栏板砖雕福、禄、寿、喜及吉祥花卉图案。整座院落外筑

① 渠绍淼等. 山西外贸志·上（初稿）[M]. 山西省地方志编纂委员会办公室，1984.

高大砖墙围护。1988年，被榆次市政府公布为第二批县级文物保护单位。

2. 聚兴顺茶庄旧址

聚兴顺茶庄位于榆次老城景区北大街中段。聚兴顺茶庄是榆次王村郝家的生意，郝氏家族是见载于《清稗类钞》的15家晋商大户之一。茶庄创办于清道光年间（1821～1850年），经营茶糖杂货。1922年，以集股形式改组，取名聚兴顺和记。在西湖设厂，收购、加工茶叶，在武汉、京津、张家口、包头、绥远、西安等地和山西的许多县城办理销售业务。

3. 曹家大院

太谷曹家是晋商中为数不多的持有"龙票"的大商家之一（见图2-1）。清雍正年间曹家在恰克图"买卖城"开设锦泰亨、锦泉涌两家商号，茶叶为其主要经营的大宗商品。曹家大院是万里茶道晋中段的重要文物遗存，位于北洸乡北洸村中。现多已毁坏，仅存三多堂，意为"多福、多寿、多子"。三多堂占地面积10600平方米。坐北朝南，由内宅、外宅两部分组成，内套15个小院、3个倒座楼、3个堂厅、3个主楼，共277间房舍。内宅由3个穿堂大院的堂楼连在一起拔地而起，蔚为壮观，楼顶有3个榭亭，飞阁凌空，数里外可见；外宅有书房院、小戏台院、客房院、厨房院和药铺。内外宅中间有一条石条砌成的甬道相隔，楼院四周围筑以高大的砖墙，宛如城堡。建筑布局呈篆书"寿"字形，其间砖雕、石刻、木雕、彩绘、斗拱、飞檐、兽头等装饰物别致精美，五蝠捧寿门、松鼠戏葡萄栏板均为艺术佳品。2006年，曹家大院被公布为全国重点文物保护单位。

图2-1　曹家大院全景

七、祁县古城

祁县古城已有 1500 多年的历史，为国家级历史文化名城。祁县虽不产茶，但在清代，茶产业却成为祁县主导产业。大盛魁在祁县城设立大玉川茶庄，从乾隆年间开辟福建武夷山茶叶基地，贩茶到蒙俄地区。乔家、渠家、何家等亦设立茶庄，从事茶业买卖。到咸丰年间（1851~1861 年），祁县城中上等的茶庄达到 23 家。由于经营茶业投资大、资金回收期长，资金流动距离远，故茶庄对钱庄、汇兑庄的依赖度趋紧。一方面财力雄厚的茶商设立汇兑庄，如乔家设立大德通、大德恒、大德源票号，渠家设立三晋源、长盛川票号，大盛魁设立大盛川票号，既解决旗下茶庄的资金融通问题，又可将茶叶经营所得资本投入票号，以钱赚钱；另一方面，票号业兼营茶业，利用资金优势，赚取茶业的更大利润，并且降低资金投资风险。到清末民国初年，祁县兼营茶业、汇兑业的商号达到 34 家。

祁县古城明风清韵、古色古香，城内有明清建筑风格且保存完好的古院落 1000 多处，房屋 20000 余间（见图 2-2）。其中与茶道相关的茶庄、茶票号、民居、店铺等有 24 处，著名的有渠家大院、长裕川茶庄、大德恒票号、三晋源票号、何家大院，它们都具有很高的艺术和研究价值（见表 2-4）。

图 2-2　祁县古城

表 2-4 祁县古城茶道相关文物遗存汇总

序号	名称	地址	级别
1	长裕川茶庄	昭馀镇新建南路社区居委会段家巷 38 号	国保
2	渠家大院	昭馀镇新建南路社区居委会东大街 33 号	国保
3	何家大院（南大街）	昭馀镇新建南路社区居委会南大街 56、58 号	县保
4	三晋源茶票号	昭馀镇西大街社区居委会财神庙街 11 号	县保
5	合盛元茶票庄	昭馀镇西大街社区居委会西廉巷 11 号	县保
6	何家大院（马家巷 17 号）	昭馀镇新建南路社区居委会马家巷 17 号	县保
7	何家大院（马家巷 19 号）	昭馀镇新建南路社区居委会马家巷 19 号	县保
8	晋恒银号	昭馀镇西大街社区居委会西大街 23 号	县保
9	谦和诚茶杂货店	昭馀镇西大街社区居委会西大街 19 号	县保
10	裕善银号（北大街 11 号）	昭馀镇古城北大街 11 号	未定级
11	永聚祥茶庄	昭馀镇新建南路社区居委会东大街 45 号	未定级
12	亿中恒茶庄	昭馀镇西大街社区居委会西大街 53、55 号	县保
13	大德诚茶庄	昭馀镇西大街社区居委会西大街 27、29、31 号	市保
14	大玉川茶庄	昭馀镇西大街社区居委会财神庙街 21 号	未定级
15	巨盛川茶庄（张永绪宅院）	昭馀镇西大街社区居委会财神庙街 32、34、36 号	县保
16	谦和诚茶杂货店	昭馀镇西大街社区居委会西大街 19 号	县保
17	大德通茶票号	昭馀镇新建南路社区居委会小东街 39 号	县保
18	大盛川茶票庄（东廉巷乔氏宅院）	昭馀镇西大街社区居委会东廉巷 13、15 号	县保
19	宏晋银号	昭馀镇西大街社区居委会西大街 16 号	县保
20	裕和昌生记茶庄	昭馀镇西大街社区居委会西大街 79 号	县保
21	裕盛川茶庄	古城财神庙街 5 号	未定级
22	巨贞川茶庄	古城内小东街东仓道 4 号	未登记
23	宏源川茶庄	古城东大街 77 号	未登记
24	日升明茶杂货店	古城东大街 38 号	未登记

1. 晋商老街

祁县古城以十字街口为中心，东、西、南、北四条大街垂直交叉，南正北直，东西对应，统称为晋商老街（见图 2-3）。明代中叶以后，祁县商业逐步繁荣昌盛，晋商老街是当年商业辉煌的见证，保持和延续了明清时期商业步行老街的传统风貌。老街上密布着 70 余家店铺，多为前店后坊式的四合院或多进院，临街铺面面阔多为五间，屋顶多为双坡硬山顶或卷棚顶，院门多为挑角门楼，雕饰精美。清代商业鼎盛时期，老街的店铺包括茶庄、票号、钱行、当铺、油业、粮行、木器行、货栈、旅店、麻布行、颜料行、肉行、烟业、鞋帽业、漆行、花店业、糕点铺、绸缎庄、杂货店等多种行业，盛极一时。2011 年，入选第三批中国历史文化名街。

晋商老街一角

图 2-3　晋商老街

2. 茶庄、票号

茶庄是祁县人外出经商时间最早、规模最大的行业。清咸丰、同治年间，祁县有长裕川、巨贞川、永聚祥、大玉川、裕盛泉、德逢源、大德诚、巨盛川、大德川、宝聚川、宏源川、通川盛、福廉泰、大德兴等茶庄 20 多家。大者资本 10 万两，小者 2 万两。业务属于收购、加工、贩运、批发一条龙流水作业性质。茶叶品种有红梅茶、米心茶、千两茶等。现今保存在祁县古城的众多茶庄、票号是万里茶道上的重要实物遗存，也验证了祁县"茶商之都"的历史地位。

长裕川茶庄为渠家产业，是万里茶道晋中段的重要文物遗存，位于祁县昭馀镇新建南路社区居委会段家巷 38 号。

（1）大德川票号。

大德川票号（见图 2-4）由常家"南常"于清光绪三十三年（1907年）在太谷创立，兼营茶叶买卖的结算，共设分号 4 处，1913 年歇业。旧址位于太谷县明星镇白塔社区居委会钱隆巷 1 号、3 号。坐西朝东，并排两座四合院，占地面积 1222 平方米，共有房屋 8 栋，48 间，均为硬山顶砖木结构。现保存基本完好。

图 2-4　大德川票号旧址

（2）大盛川票号。

大盛川票号（见图 2-5）是在裕盛魁钱铺的基础上改组而成。创办于清光绪十五年（1889 年）。总号设在祁县城内东廉巷。财东是有名的大商号大盛魁。资本 10 万两白银。另有流转金 10 万两。主要经营范围在内、外蒙地区，在太原、太谷、忻县、寿阳、平遥、汾阳、交城、北京、天津、上海、苏州、沈阳、卜奎（齐齐哈尔）、安东、兴化、归化、汉口、营口、锦州、张家口、多伦、兴化湾、包头、库伦设有分号。大盛川票号除经营存放款、汇兑业务外，还发行银票。后来又兼营茶业。也算得上是个茶票庄。1934 年歇业。

图 2-5　大盛川票号

（3）合盛元茶票庄。

合盛元茶票庄（见图 2-6）位于祁县昭馀镇西大街社区居委会西廉巷
11 号。清道光七年（1827 年），荣仁堡郭逢源与城内张廷将合资创办合盛
元茶票庄。最初资本白银 6 万两，经营期间在北京、上海、汉口等地设分
庄 10 处，并在神户、东京等地设立分号开展国际业务。1914 年歇业。旧
址现存为清代建筑。1992 年被公布为县级文物保护单位。

图 2-6　合盛元茶票庄

（4）三晋源票号。

三晋源票号（见图 2-7）位于祁县昭馀镇西大街社区居委会财神庙街

11 号。渠家为山西最早经营茶叶的商家，在经营茶叶获取巨额财富后，渠家向金融等行业发展。清道光年间（1821~1850 年），渠源浈投资白银三十万两创办三晋源票号。票号在北京、天津、上海、镇江、扬州、徐州、清江浦、南昌、汉口、沙市、重庆等地开设分号十一处，经营时间长达 70 余年，1934 年停业。汉口山陕西会馆志有三晋源票号捐资记录。旧址院内房屋为明崇祯年间（1628~1644 年）建筑，占地面积 491 平方米，坐北朝南，一进院落布局。院落四周设带垛口的高大堡墙，院内中轴线上建有南房、正房，两侧为东西厢房。正房建于砖砌台基上，面宽五间，进深一间，单坡硬山顶，灰瓦雕花正脊。前檐明间设卷棚歇山式抱厦，抱厦檐下施三踩单昂斗拱，拱眼壁和额枋透雕吉祥图案。院门设在南房东梢间，门外设砖木构门楼。1992 年被公布为县级文物保护单位。

三晋源票号外景　　　　　　　　　三晋源票号内景

图 2-7　三晋源票号

（5）长裕川茶庄。

长裕川茶庄为万里茶道晋中段的重要文物遗存，位于祁县昭馀镇新建南路社区居委会段家巷 38 号。茶庄开设于清乾隆、嘉庆时期，由渠映潢独资创设。起初叫长顺川，1925 年更名为长裕川。清末至民国时期，由渠源潮及其孙渠晋山主持，总号设在祁县城内段家巷，在汉口、长沙、绥远、天津等地设有分号 10 余处，在湖北占有 3 座茶山，共有店员 100 多人，资本 10 万两。1931 年后，改业专营食盐。1937 年，日军入侵后衰败。1939 年山西全省总商会调查祁县商业状况表对长裕川茶庄资本及店员数量有记载。

长裕川茶庄以国内外茶叶市场为导向；以湖南、湖北茶山为优质生产基地；以"茶庄—茶行—茶农"为组织载体；以《行商遗要》为标准化操作规程的一条龙经营模式，是晋商万里茶道文化的一个闪光点。

长裕川茶庄旧址占地面积 2056 平方米，坐东朝西，由 4 个大院共 92 间房屋组成。院落四周建有带垛口的高大堡墙。堡墙西壁正中辟拱形院门，宽 4 米、高 6 米，上端筑有阁楼。门内一条砖砌甬道贯通南北四个院落。甬道尽头是一座二层前出廊阁楼。甬道南侧院落为育才院、厨房院，北侧院落为掌柜院、账房院。其中育才院门脸是国内罕见的大型青石立体浮雕，是东西方建筑文化交融的代表作。2006 年被公布为全国重点文物保护单位（见图 2-8、图 2-9）。

图 2-8　长峪川茶庄印章（渠荣籙藏）①

（6）永聚祥茶庄。

永聚祥茶庄开设于清道光年间，由祁县何家独资创办经营。地址设在

---

① 图片来源：范维令编：万里茶道劲旅——祁县茶商，内部资料。渠荣籙为渠家大院最后的主人渠晋山的儿子。

图 2-9　长裕川茶庄"川"字牌砖茶（宋庆林藏）①

祁县城内东大街。资本 4.5 万两白银，分 10 股。历任经理有程绅、高锡钰、李如椿等。总号有从业人员 20 余人。分号设在汉口、西安、重庆、天津、省内大同及东（张家口）、西（呼和浩特）两口。在湖南安化酉州、湖北蒲圻羊楼洞设有兴隆茂茶厂，依托茶行，雇用当地的茶农就地加工成各种茶。主要品种有千两茶（三和茶）、砖茶、青茶、红茶、绿茶等。将加工好的茶叶先集中于汉口，然后由汉口长途运输，经东（张家口）、西（呼和浩特）两口远销内、外蒙古和俄国等地。同时也经各分庄销往内地。1947 年 5 月关闭歇业。设在湖南安化的兴隆茂茶厂，一直经营到新中国建立。旧址为清代建筑。占地面积 1821 平方米，坐北朝南，由临街铺面、巷道厢房和南北并列的三座四合院组成（见图 2-10、图 2-11）。

（7）大德诚茶庄。

大德诚茶庄位于祁县昭馀镇西大街。茶庄由乔家"在中堂"独资开办，资本 5 万两白银，分 10 股。股东是乔氏第三代乔锦堂，祁县设总号，在汉口、张家口、绥远、包头、天津等地设有分号，专营青砖茶、三和茶和贡尖茶。在湖北蒲圻羊楼洞咸宁柏墩，湖南临湘县的羊楼司、聂家市、

---

① 图片来源：范维令编：万里茶道劲旅——祁县茶商，内部资料。

图 2-10　永聚祥茶庄铺面

永聚祥茶庄茶叶包装纸(宋庆林藏)

千两茶(交城梁宗国珍藏)

图 2-11　永聚祥

安化占有茶山。据祁县明报 1925 年 8 月 6 日载："大德诚茶庄，历年贩售老茶，生意亦颇畅旺，闻此次开账，每份亦获利二千四百两。"1949年后，公私合营。旧址现存房屋为民国时期建筑，占地面积 763 平方米，坐北朝南，二进院带偏院布局。2003 年被公布为市级文物保护单位（见图2-12）。

图 2-12　大德诚茶庄旧址

八、茶商宅第

1. 渠家大院

渠家大院位于祁县昭馀镇新建南路社区居委会东大街 33 号。渠家是最早开始茶叶贸易的山西商人之一。嘉庆年间，渠氏增设长源川、长顺川两大茶庄，贩销西北，从事国际茶叶贸易。光绪年间长顺川更名为长峪川。长峪川茶庄是晋商中开设时间最长，规模最大的茶庄字号之一。渠家也因此积累了万贯家财，到鼎盛时，渠家共开有五家票号（百川通、三晋源、存义公、汇源涌、长盛川），四家茶庄（长峪川、长源川、长盛川、诚记茶号），三家绸缎、夏布庄，一家药店，一家古籍字画、文具店，一家点心食品店。渠家大院始建于清乾隆年间（1736～1795年），1925 年建成现在的规模。占地面积 5300 平方米，坐北朝南，由 8个大院，内套 19 个小院组成。主要院落有北院、统楼院、石雕栏杆院、戏台院、五进式穿堂院、书房院、牌楼院、轿车院，建筑有悬山顶、硬山顶、卷棚顶，均为砖木结构。大院外墙高耸如堡，上筑垛口，院内保存有精美华丽的砖雕、木雕构件。渠家大院是晋中商人发迹后在建筑、文化、习俗、审美、财力等方面的综合反映，是万里茶道晋中段的重要文物遗存。现辟为晋商文化博物馆，2006 年被公布为全国重点文物保护单位（见图 2-13）。

渠家大院牌楼院   石雕栏杆院

图 2-13　渠家大院

2. 何家大院

何家大院位于祁县古城内。何家为祁县晋商巨贾，创办的永聚祥茶庄为清代至民国时期盛极一时的茶庄之一。茶庄资本 4.5 万两白银，分 10 股。总号从业人员 20 余人。分号设在汉口、西安、重庆、天津、省内大同及东（张家口）、西（呼和浩特）两口。在湖南安化、湖北羊楼洞设有兴隆茂茶厂，依托茶行，雇用当地的茶农就地加工成各种茶。主要品种有千两茶（三和茶）、砖茶、青茶、红茶、绿茶等。何家大院现存三个院落，均为清代建筑，其中位于南大街 56、58 号的院落较为精致。1990 年被公布为县级文物保护单位（见图 2-14）。

南大街何家大院院门

南大街何家大院明楼

南大街何家大院窗台石雕

图 2-14　何家大院

第四节　万里茶道山西境内其余待选遗址点概述

一、晋城

1. 白陉遗迹

在 20 世纪以前，在太行山腹地可供行人进出往来的车马通道只有"太行八陉"。太行八陉从南往北第三陉称作"白陉"，白陉位于山西省陵川县与河南省辉县两地之间的崇山峻岭之中，是豫北与晋东南之间的交通孔道，总长 100 多公里。其中山西境内约有六十余里，而河谷即占三十余里。在这三十余里河谷两岸，矗立着五亿年前地壳拱起海水退却时切割而成的悬崖峭壁，形成了奇妙的自然景观，保留了众多人文遗迹。

白陉古道遗址是万里茶道的重要人文景观之一，是太行八陉至今为止保存最长的一段古道（马道、步道）。古道上发现多处马蹄印，印坑深几厘米到十几厘米。并有山神祠、茶亭、摩崖碑、石碑、驿站、关帝庙等遗址和遗物。

2. 陵邑会馆

附城镇是一个古老的集镇，是陵川县四大古镇之一。自古以来，商贾兴盛，物阜民丰，地理位置较为优越，在太行山之南，与河南毗邻，距焦作、新乡、郑州的商业都市较近，附城北面是潞州（长治市），西南是泽州（晋城），西北是高平市，是晋豫客商往来要冲，也是商品集散地。终日车马辐辏、人烟云集。三街店铺林立，列肆如栉，附城因而生意兴隆，当万里茶道繁荣之时，内蒙之皮货商、京津之洋货行、湖北的老河口、江苏的掘港，无人不知附庸（附城之旧称），也无人不知"附庸会馆"。

陵邑会馆的商会是重要的非物质文化遗存（见图 2-15、图 2-16）。每年的七月二十是会馆正宗的"商会"，它是由会馆商会专为各商家提供买卖平台的一年一次的物资交流大会。每逢商会，三街六巷布棚相连，甚是红火。附城"攒会"的规矩就是从七月二十会来的。因参会商家众多，百物齐全，吸引周边赶会的人，生意兴隆。因此商家都不愿意及早撤会，原定的三天会期总会一天天拖下去，这就造成了商与农的矛盾，极易耽误农时，影响秋收。因此，在赶够三五天会后村公所就要派出攒会人。攒会人手敲铜锣顺街攒会："各路商家，庄稼黄了，会该散了，攒会了！"在几次三番的催促下，才能清场。

陵邑会馆不仅仅是对附城商业起到重要作用，也是清代晋商万里茶道的重要组成部分。1996 年，附城村陵邑会馆旧址被陵川县人民政府公布为第一批县级文物保护单位。

图 2-15　会馆山门

图 2-16　会馆献厅

3. 良户古村

良户村被誉为一座活着的太行古村落，位于高平市西部，距县城 17 公里，北枕凤翅山、南耸双龙岭，因为地处偏僻，良户村的民间文化遗产至今得到了较为完整的留存和传承。从街道士、出旗山、擎神会、百子桥、送鬼王、晒龙王、散路灯、迎神赛会等民间活动，"好山育人杰，好水聚旺财"以及"砖包楼房狮子门，有女嫁到良户村"的诸多传说，都能看出此地是物质丰富、文化繁荣之地。

除了当地民居外，能体现良户茶道价值特征的主要建筑还有良户玉虚观和良户关帝庙。

良户玉虚观位于高平市原村乡良户村中，坐北朝南，占地面积 1650 平方米。据正殿台基记载，此观创建于金大定十八年（1178 年），明嘉靖三十年（1551 年）及清代均有补修。

良户关帝庙面宽三间，进深六椽，七檩前廊式构架，单檐悬山顶，柱头斗拱五踩双昂，琉璃脊饰。庙内现存清代创建碑 1 通。

二、长治

万里茶道在长治市经过长子、屯留、襄垣、沁县、武乡 5 个县，总长约 171.3 公里。万里茶道的商贸活动同时辐射长治县、郊区、城区、潞城等地区，对长治明清时期的经济和文化发展产生了重要影响。留下的万里茶道遗存主要有如下几处：

1. 申家大院

申家大院位于长治市郊区西白兔乡中村，申家大院原有二十四个院落，现存 7 个院落，是潞州商人申氏家族明末清初所建，也是明清时期潞商辉煌的实物见证，2007 年被长治市人民政府公布为市级文物保护单位（见图 2-17）。

申家当铺　　　　　　　　　　　　　申家进士院

图 2-17　申家院落

申氏家族的兴盛与万里茶道有着重要关联。申氏家族做醋起家，后经营食盐、粮食、茶叶贩运等，利用上党地处万里茶道的交通要道的便利，逐渐形成一个涉及贩运盐、铁、茶叶以及经营当铺、客栈的商业集团。中村府君庙石碑记载有商号十九个，如图 2-18 所示。

图 2-18 中村府君庙石碑记载商号十九个

申家贩运茶叶主要是从清乾隆年间开始的，当时贩运的主要是湖南的安化，湖北崇阳、咸宁等地的茶叶。生意最盛时，做到了全国十三个省份，南到浙江、福建沿海，北到内蒙、东北。申家在山西至河南沿途开设的当铺、客栈就有 32 家，申家商队出门有"出门不住旁人店"的说法。当时申家是商户中捐资（见图 2-19）较多的大户，可见申家的茶叶贸易规模还是比较大的。

修建开封山陕甘会馆（见图 2-20），申家兴盛号捐钱贰拾仟零柒佰贰；义合号捐钱拾仟零陆佰零四文，事迹刻于功德碑。

2. 长子九连环院

如图 2-21 所示，九连环院位于长子县慈林镇南张店村中，坐北朝南，现存建筑 27 栋，均为清代建筑，分为错落有致的九个院落。2007 年被公布为县级文物保护单位。九连环院原为村中李姓家族所有，因南张店村紧邻万里茶道的便利，李家在清代经营茶叶、布匹、日用品等，家境日渐殷实，于清乾隆年间建此宅院。李家老院的存在说明万里茶道当年深刻地影响了沿途人们的生活。

3. 长治县荫城古镇

荫城镇（见图 2-22）是古上党名镇之一，地处长治、壶关、高平、陵川的交界，上党盆地南边缘。自古以来，荫城有着"千年铁府""万里荫城""煤铁之乡"之称，荫城曾是中国古代最大的铁货交易集散地。明

图 2-19 南阳社旗山陕会馆石碑记载申家"三合号"捐银十两零七钱

图 2-20 开封山峡甘会馆

图 2-21　长子九连环院（大清乾隆二十年七月初四日建立）

万历《潞安府志》载"汉唐以来，（荫城）取当地所产，铸铁为钱"；《明史·食货志》《续文献通考》等典籍载：洪武五年（1372 年）全国置 13 个冶铁所，潞安府居其一；石炭峪村玉皇庙里清乾隆、嘉庆碑载："荫城铁水奔流全国"。镇内商铺、作坊的数量难以计数，《潞安府志》载"户有八百，经商五百"，实际数字可能远大于此。万里茶道是明、清时期荫城铁货行销全国和出口的重要贸易通道。自元末明初至清代中期，潞安、泽州二府商人，以潞铁、潞绸为依托，依靠万里茶道的便利，开创了纵横海内、触及域外的商贸之旅，明代中期已成为"富豪大贾甲天下"的潞商。明人沈思孝在《晋录》说"平阳、泽、潞豪商大贾甲天下，非数十万不称富"。长治、晋城等地较大民居宅院的主人祖上多在荫城设立商铺，上面提到的申家在荫城就有多处商铺，荫城铁货由潞商商队经由万里茶道行销全国和海外。作为茶道重镇，荫城也留下了许多宝贵的遗存。为了货车进出方便，荫城的大门不设门槛，青石铺路，这一点证明了当年货运的繁忙。

石板路

商业建筑

图 2-22　荫城古镇

三、晋中

1. 大德玉票号旧址

清同治年间（1862~1874 年），榆次车辋常家的一支"北常"将茶庄、绸布庄改成票号，兼营茶叶买卖的结算，在北京、天津、沈阳、锦州、营口、归化、库伦、张家口、上海、苏州、汉口等全国重要城市设有分号，即大德玉票号。旧址位于太谷县明星镇白塔社区居委会钱隆巷 5 号、7 号院，坐西朝东，由北院、南院及南偏院组成，占地面积 986.8 平方米。旧址共有房屋 11 栋，55 间，廊庑 5 间，均为硬山顶砖木结构建筑，门窗装修部分改制（见图 2-23）。

2. 砺金德账庄旧址

砺金德账庄旧址位于太谷县明星镇白塔社区居委会西道街 67 号，是太谷曹家的产业。清乾隆年间，曹家在太谷城内设立砺金德账庄，最初资本为六万两，经咸丰、同治两代发展，到光绪年间号事鼎盛，账庄资本追加到三十万两白银。砺金德代表东家出资经营钱庄或开设商号，并进行业务

图 2-23　大德玉票号旧址北院正房及南北厢房

管理。管理范围为山西、京津、江南以及彩霞蔚下辖的张家口、库伦、伊尔库茨克等地锦泰亨分庄及小号，成为曹家资本经营的总参谋部。旧址属个人所有，现存为清代建筑。

太谷县现存茶道遗存点还有曹家会馆旧址、三晋川渊记钱庄旧址、王相卿宅院。

3. 祁县茶道文物的遗存情况

祁县古称"昭馀"，地当三晋要冲，自古有两条重要驿道：一条为盘陀驿，另一条为贾令驿。历来是兵家必争之地，亦是商贸物流动脉、万里茶道必经之地。祁县现存茶道遗存多为茶庄旧址、茶票庄、茶杂店、货栈、驿站等。其中茶庄 10 处，茶票庄 4 处，茶杂店 3 处，票号、银号 2 处，茶商宅第 5 处，其余货栈、驿道、民居、寺庙等共 7 处。

现存可以作为万里茶道价值特征的遗址有：祁县古城、明清晋商老街、祁县城内茶庄、票号、茶商宅第、古道古村等。

4. 大德通茶票庄

大德通茶票庄（见图 2-24）位于祁县城内小东街路北，其前身为大德兴茶庄，清光绪十年（1884 年）改名为"大德通"，起初是茶叶和借贷并营。改组时资本为 12 万两白银，财东是祁县乔家。在北京、天津、张家口、沈阳、营口、归化、包头、济南、周口、正阳关、三原、西安、汉口、沙市、上海、开封、常德、重庆、苏州等地设有分号20余处，是当时有名的茶票庄。1940年，大德通茶票庄东伙以集股的方式，将"大德通"票号改组为"大德通银号"，1951年歇业。

大德通茶票庄院面

大德通茶票庄主院后院

图 2-24　大德通茶票庄

5. 乔家大院

乔家大院（见图2-25）又名"在中堂"，位于祁县东观镇乔家堡村，是清代晋商的代表之一。从清乾隆年间在包头经商起家，经嘉庆、道光、咸丰、光绪、宣统，以至民国，兴盛历时200余年，经营范围涉及票号、钱庄、典当、茶叶运销等领域。鼎盛时期，商业金融总分号达200余家，经营的茶庄主要有大德兴、大德诚、谦和诚等，是包头城内最大商号"复盛公"的东家。民间广传"先有复盛公，后有包头城"的说法。大院始建于清乾隆年间（1736～1795年），民国初年建成，为全封闭的城堡式建筑群。坐西朝东，占地面积10642平方米，建筑面积4175平方米，共由6座大院，20进小院，313间房屋组成。高耸的门楼内一条东西向甬道将大院分为南北两部分，平面呈"囍"字形布局。院四周筑以堡墙，防御性与私密性极强，院内布局符合封建礼教与家族观念。北面为三进四合院连环相套，各进院落渐次升高，寓意"连升三级"。南面三座院落均为二进四合院，各院落于正房的制高点上建更楼及相应通道，从而把相对独立的院落连为整体。各院大门及主体建筑均为砖木混合结构，前设抱厦或垂花门，斗拱五踩或三踩，额枋、雀替镂空木雕并彩绘，屋顶有歇山、硬山、卷棚、平顶等形式。整座院落石雕、砖雕、木雕种类繁多，雕刻精美华丽，代表了人们的美好愿望与寄托。乔家大院集中体现了中国清代北方民居的独特风格，是万里茶道晋中段的重要文物遗存。1986 年辟为乔家大院民俗博物馆，在 2001 年被公布为全国重点文物保护单位。

图 2-25　乔家大院北院鸟瞰图

四、太原

根据《行商遗要》记载，万里茶道自沁州武乡之阴迪入太原府祁县境，向北五里至隆州谷北关、十里来远，十里团城，十里盘陀驿，二十里紫红镇；十五里团柏镇，又十五里白圭，北十五里，于西怀远入徐沟县境；经清德里清德铺、北内道，十五里由南关进徐沟城；出北关、十里同戈站；于南格入太原县境；经北格镇，三十里小店镇；又经嘉节、马村，北二十里于杨家堡入阳曲县境；五里老军营，三里小南关、大南关，过接官亭，二里进迎泽门，达太原城。经大南门街、南市街、活牛市街、麻市街，北至府前街，西行，于三桥街向北，经坡子街至城隍街，东行至大北门街，再北行，于镇远门出太原城；经上北关、十里铺，五里光社，五里新店，五里皇后园，五里阳曲镇，十里司土，十里青龙镇，十里黄土寨、十里城晋驿、三十里大盂镇，二十里过石岭关，入忻州境。

细数万里茶道在太原市所经之处，清徐、阳曲现存遗迹较多，小店、迎泽、杏花岭因近年来城市发展较快，保留遗迹较少。主要有：

1. 清徐县

西怀远村村内存铺里街（街名存，但街貌已改）、西怀远村圣母庙等遗迹；北内道村村内存北内道关帝庙等遗迹；徐沟镇西北坊村村内存徐沟文庙——城隍庙、魁星阁、奶奶庙等4处古建筑；大常村村内现存寿宁寺、龙王宫、吕祖阁、老爷庙、过街戏台、毕家宅院、秦家宅院、崔家宅院等16处古建筑；贾兆村内现存古民居27处；东于镇东于村宝梵寺内存碑一通，碑阴所刻功德主多为晋商票号。

2. 小店区

区内现存嘉节真武庙。

3. 晋源区

太山龙泉寺内存碑一通，碑阴所刻功德主多为晋商票号。

4. 尖草坪区

新店村，自古为省城经阳曲通往晋北、晋西北主要道口，村内店铺鳞次栉比，来往行人、驴马车辆常在此歇脚住宿，相传隋朝时名叫二十里铺，明朝改为新店村。现存新店永宁堡址。

5. 阳曲县

城晋驿村村内存城晋驿堡址、华严寺、东乐楼等遗迹；三畛村，村内存磐石堡1座、清代的三畛桥1座，（桥上条石砌筑桥面，车辙痕迹明显）、真武庙1座、古民居7处；南高庄村村内存南高庄村址、三教寺戏台、文殊寺戏台等遗迹；石岭关（又名白皮关，砌石全部为本地白皮石，故名），是太原府通往晋北古驿道的重要关口，地势险要，古驿道石条路面清晰可见，车辙痕，磨石印，历史遗迹跃然目中。

青龙镇又名青蒿嘴，西龙门寨，其地形地理赋予其重要的军事和商贸地位。全镇绵长五华里，平面布局状如龙形，该镇地形狭隘，夹古驿道而建，一直为交通咽喉要道，形成了交通、集贸、军事之重要之地。历史上发迹于明朝，鼎盛于清朝。青龙镇现存古民居、寺庙基本完善，烽火台、地道、雕楼、堡门、墙等军事遗迹随处可见，虽已残破，但仍能窥见其历史的繁华与重要。

五、忻州

祁县晋商文化研究所所长范维令发现的清光绪年间高则裕写的《杂记》，记叙了从太原阳曲出石岭关，三十五里至忻州城（今忻州老城），五十里至（忻州）新口（今忻口）（税），三十里至（崞县）原平镇，四十五里至崞县城（今崞阳镇），四十五里至（代州）阳明堡（税），三十里至（代州）南口，二十里至（代州）雁门关，出雁门关入朔州境。由此可见，万里茶道忻州段从石岭关入至雁门关出，涉及忻州市忻府区、原平市、代县三个地区。沿线茶路遗迹有忻州老城、崞阳古镇、雁门关等三个大点、十五个小点。

忻州老城（见图2-26）始建于东汉末年，历代皆有维修。明万历二十四年（1596年）至二十六年（1598年），将城墙扩建至周长两千一百九十丈、高四丈二尺，墙的外面建石基八尺，墙面砌砖，砖墙厚七尺。维修四城门楼，东曰"永丰门"，西曰"新兴门"，南曰"景贤门"，北曰"拱辰门"。各城楼上悬挂木制额匾，东为"双流合抱"，西为"九峰雄峙"，南为"三关总要"，北为"晋北锁钥"。

南城门瓮城　　　　　　　　　　　　　　北城门楼

图2-26　忻州老城

忻州老城内典型的茶道遗迹还有店铺、民居、庙宇、书院等。店铺有高脚店，民居有著名商人程化鹏宅院、郜家宅院等，庙宇有关帝庙、财神庙、泰山庙、太平兴国寺等，书院遗存有秀容书院。

忻州市原平市旧县城所在地为代州崞阳古镇，留有较多遗存。城门现存南门（景明门）、北门（宁远门）。重要遗址有普济桥、崞县县衙、泰山庙、城隍庙、关帝庙、崞阳文庙等。

六、朔州

西口古道（见图2-27）位于右玉县右卫镇杀虎堡西门外，古道呈西北至东南向，西北至通顺桥南端，东南至杀虎口堡南梁上。据《三云筹俎考》记载，杀虎堡筑于明嘉靖二十三年（1574年），西口古道随之铺筑，自此至民国时期，该古道就成为走西口和晋商到内蒙古、乌兰巴托以及俄国等地经商的必经之路。古道全长约1500米，宽5.5~7米，分布面积9000平方米。路面全部为块石铺砌，部分石块上有深约0.05米的车辙，是万里茶道最重要的历史遗存。

图 2-27　西口古道

七、大同

1. 华严寺

华严寺亦名大华严寺，位于大同城内清远街中段西侧，寺址依契丹族崇日习俗，坐西朝东，占地面积61865平方米。明成化、万历年间（1465~1620年）寺院一分为二，上寺居于西北侧，下寺偏东南，自成格局。华严寺始建于辽代，现存最早建筑为薄伽教藏殿，建于辽重熙七年（1038年），清宁八年（1062年）重建，当年并"奉安诸帝石像、铜像"，兼具皇室宗庙性质。保大二年（1122年）寺因兵火受损。大雄宝殿于金天眷三年（1140年）重建，元至大年间（1308~1311年）补葺，清代屡有修葺。2008 年，进行周边环境综合治理及华严寺辽金文化博物馆修建工程，渐成今日规模。寺内现存薄伽教藏殿和大雄宝殿为辽金建筑，其余均为明清时期建筑。

据历史资料记载，华严寺主持通悟大师、通辨大师经常举行一些茶宴，以茶会友，与文人共同饮茶吟诗，产生了一大批禅茶一味的诗词。但由于历史原因，这样的诗词保留甚少。寺院内设有"茶堂"，是禅僧讨论教义、招待施主和品茶之处。寺院内有数名"施茶僧"，施惠茶水。佛寺里的茶叶称作"寺院茶"，寺院茶按照佛教规制还有不少名目：每日在佛前、灵前供奉茶汤，称作"奠茶"。在华严寺薄伽教藏殿内经书批语中记载："毕诵圣号三称三拜显灵官土地咒封坛毕拜朝上九礼再拜经九礼回堂，下列上供式：……茶，蒙山茶忌鹿麟熏茶。"华严寺的茶大多来源于茶商捐赠的功德。华严寺历代都在修复维护，大清嘉庆二十二年《重修下华严寺碑记》后功德记载，茶商袁绪、袁维兄弟出资五两，为大同寺庙的修缮作了贡献。华严寺于 1961 年 3 月 4 日被公布为全国重点文物保护单位。

2. 古道路

从大同县二十里铺—三十里铺—周士庄—四十里铺（途经富德店、关帝庙）—巨乐堡进入阳高县境。

八、大西路①上与西路重合前的节点城市

根据对大西路线路的梳理，可以发现万里茶道山西段的节点城市还应该有介休、灵石、霍州、洪洞、临汾、曲沃、侯马、闻喜、夏县、平陆。以下对曲沃、夏县、平陆重点阐述，这也是出现在《行商遗要》里的三个地名。

1. 曲沃

曲沃史称晋国建都之地。两千多年前，称雄中原的春秋五霸之一晋文公，便是以此地为中心，建立起长达一个半世纪的辉煌霸业。以曲沃之名置县也有 1500 多年的历史。曲沃的晋国博物馆是山西省第一座集文物收

---

① 大西路指经赊旗镇沿陆路至洛阳再至茅津渡南岸的会兴镇，在此过黄河，沿汾河谷地至祁县，然后并入西路的沿线。在《行商遗要》中，有"赊旗镇发货至大西路底"的记载。

藏、研究、保护和展示为一体，完整展示"晋文化"风貌的专题性遗址类博物馆，也是全国唯一一处"晋文化"研究开发基地。现代汉语成语词典中，诞生于晋或与晋有关的成语典故有 1500 多条，直接产生于曲沃的有 300 多条。像公而忘私、志在四方、按兵不动、金口玉言、秦晋之好……这些耳熟能详的成语都是诞生于曲沃。

曲沃四牌楼，位于贡院街，始建于明万历四十三年（1615 年），清代以来多次修缮，属于楼阁与牌楼混合式建筑，三重檐十字歇山顶绿琉璃瓦顶。

高显古镇凭借西滨汾河湾，中通古驿道两大优势而成为有着"秦晋要扼、南北锁钥"之称的军事要塞，亦是商贸发达、经济繁荣之重镇。自古以来就是水陆交通枢纽，秦时高显就是"云蒲大道"① 的必经之地，是北达幽燕、南通秦蜀的古驰道上的一个重要隘口。曲沃商人是中国最早的商人，《国语》记载，"绛邑富商，其财足以金玉其车，文错其服，能行诸侯之贿"，近年来考古证实晋国的都城就在曲沃附近，而"绛邑"这一历史名称也专指曲沃。到了明、清之际，曲沃烟商崛起，高显更是成了山西中南部重要的货物中转和集散地之一。万里茶道大西路一段之所以在高显中转，与曲沃烟草的繁荣有很大关系。现在留存于村南的千年古驿道遗址，已经成为一道深深壕沟；村内许、田、韩、张四大烟商老宅院遗址，多为两进或三进四合院。院内有石狮、石阶、上马石、旗杆石，院内迎门有高大的照壁，每院都有正院、偏院、套院、跨院，每个院子有堂屋、客厅、厢房、过厅、书院、花园，随处可见精美的砖雕木雕，院内的屋檐、斗拱、照壁、吻兽，均造型精美。既有北方建筑的宏伟气势，又能看出南方建筑的精致风格。另外，高显十大烟坊现在还留存有一处遗址。

2. 夏县

夏县位于黄河之滨，三晋之南。夏县历史悠久、俊采星驰，嫘祖养蚕、大禹治水的传说源远流长；父子名相巫咸和巫贤、一代忠臣介子推、书法大师卫夫人、唐宋古文八大家之一的柳宗元、北宋名相司马光、名将

① 云蒲大道相当于现代的大运高速公路。

薛嵩、谏官阳城、教育家归阳、革命先烈嘉康杰等都曾在这块古老的黄土地上演绎出动人的故事。

根据明清古驿道考证，可以发现万里茶道在夏县水头镇与太原至蒲州的路线分道折向南行，而且水头镇这个地方也保存了不少历史古迹。著名的有三贤村，司马温公祠、堆云洞、禹王城遗址等。

（1）水头镇堆云洞。

堆云洞是一座道观，建筑始于元代，明清两代相继增建和扩建。布局严谨，设计巧妙，亭台阁楼，因地制宜，错落有致，规模宏大，气势壮观，清乾隆到咸丰时期是它的鼎盛期，保存有很多碑刻资料。

（2）裴介镇墙下村关帝庙。

墙下村关帝庙是山西省最大的村级关帝庙。始建于明代中期，造型别致、做工精美。建筑包括正殿、卷棚、献殿，也有看厅、舞楼，同时还建有东西配房、角房等。单从当时设置的功能来说，可与县级以上较大规模的关帝庙相提并论。在所有建筑中，看厅造型奇特，粗柱支撑、横梁讲究，有较高研究价值。

庙会是从古代严肃的宗庙祭祀和社祭及民间的信仰中孕育诞生。经过明、清的进一步完善发展，突出商贸功能，从而成为人们经济生活、精神生活和文化生活的重要组成部分。夏县至今还保存有各种古庙会，足以说明明清时期夏县经贸的繁荣情况。水头镇西下晁村古庙会、西阴村古庙会因为自古就具备的贸易功能备受瞩目；还有许多古庙会纪念大禹治水的功劳；也有专门的关帝庙会，如墙下村古庙会和中留村古庙会。

（3）夏县古庙会。

水头镇西下晁村古庙会是县内规模最大、时间最长的一次古庙会。相传西汉名相"晁错"曾在这里居住，村内原有一座大门横匾上书"晁错故里"。宰相晁错为了使家乡人互通有无，调剂余缺，就发布通告每年古历十一月初一至十五在西下晁进行集会。来自宁夏、甘肃、陕西、内蒙、河南、河北、山西七省区108县的商贾带来了各地的货物进行物资交流，为了纪念晁错，集会一直延续至今。

西阴村古庙会。相传西阴村系皇帝之妃嫘祖栽桑养蚕之地，因桑园茂密，遮阳成阴，改名阴村，又因该村在桑园的西边，故名为西阴村。在上古时期，华夏乃至世界蚕桑丝绸始祖——嫘祖在西陵氏一带（今西阴村），约定每年正月25日，日中为市组织民间举行一次丝绸交流，以物易物，互通往来，人们为感戴嫘祖之功德和纪念嫘祖生日，便把每年正月25日定为功德日，古庙会就此延续至今。该村遗址是国家重点文物保护单位。

墙下村古庙会。相传禹王建都时筑有城墙，墙下村在城墙外，因地势较低而得名。村中央的关帝庙气势宏伟。该村10月10日的集会，就是为纪念大禹和关公而立。

中留村古庙会。中留村曾于清乾隆年间建关帝庙并塑关帝像一尊，每年2月25日唱戏、集会意为念颂关公之功。

3. 平陆

平陆位于山西省南端，地处秦晋豫黄河金三角地带，北靠中条山与河东盆地相依，南临黄河与河南省三门峡市相望。平陆县在夏朝和周朝时，称为虞国；西汉时，被称为大（太）阳县；唐朝天宝元年始称平陆。

历史文化资源丰富，与平陆相关的历史典故有一百多条，"按图索骥""伯乐识马""唇亡齿寒""中流砥柱"等成语产生于平陆，巢父、许由、百里奚、傅说、"虞芮息讼"在平陆留下传说。平陆还是汉墓"枣园壁画"，名驹"三门马""赵家滑氏族公社"的遗址。

（1）虞坂古盐道。

平陆九龙山古盐道，是古时将运城盐池的盐运往中原及南方的必由之路。过去的盐商从这里翻过中条山，到达黄河的茅津渡口，把运城的优质盐运往全国各地。"伯乐相马""东郭先生与狼"的故事都发生在这里。穿过平陆县的古盐道"虞坂古道"留下许多遗迹，这条古道也是万里茶道经过的地方。虞坂现在遗存的长度当为从盐湖区东郭镇磨河村至平陆县张店镇卸牛坪村，总长为8公里。其中石质路面为3公里多。沿此路段向南即可到达茅津渡。据清·乾隆二十八年（1763年）版《平陆县志》说："虞坂，一名盐坂，在县东北七十里，《战国策》伯乐遇骐骥困盐车处。在清乾隆二十八年（1763年）版《解州全志·平陆县·古迹》上，留有一幅'虞坂图'。"

《水经注·河水》载：巅轸……中则筑以成道，指南北之路，谓之为转桥也……桥之东北曰虞原，原上道东有虞城，……其城北对长坂二十余里，谓之虞坂。清人余正西描绘更为详细：自虞坂以下依山凿径绵延百余里，扼关陕咽喉，由晋入豫者道必经。故皇华冠盖之络绎、仕宦商旅之辐辏，纷至沓来，不胜纪计。①

据《张御史治道记》云："自（青石）槽之南如陕州，中有曰张店、曰茅津者，凡六十里。"② 可知，古盐道的一段自虞坂南下经张店堡③折向西南至巅轸，再折向东南至茅津。据光绪庚辰年版《平陆县续志》上卷《赋役》载：平陆四面皆山，民不蓄车，惟茅津为豫盐过渡之区，磋商凿道运盐，此外并无车道。虞坂古道在明清时经过多次修缮，明武宗时期的修缮重点为虞坂及茅津一带，崔铣《张御史治道记》对此有详细记载。经过此次修缮，虞坂、茅津一带盐路艰险难行的状况有所改观。第二次修治是在清道光年间。重点修治虞坂以南地段，"遂使险巇之途顿化康达，前之车不容轨者，今可长驱并驾而无复窘步覆辙之虑"。④ 光绪六年（公元1880年）秋季，清朝政府又发放赈钱三百五十缗，由平陆县知县刘鸿达、县丞陆以耕督工修治茅津一带。此次修治历时四五载，从此"昔为险境，今成坦途。于是，挽盐车者、载杂货者、牵马牛者、任戴者以及官商士民遨游于晋、豫者，无不欣欣然而乐。"⑤ 根据这些记载，出中条山去茅津渡既然只有唯一的一条路，那么万里茶道从茅津渡上岸，走平陆，过夏县到曲沃也只能走这条唯一的道路了。

虞坂古道遗存有"古锁阳关"，还有元代山西籍诗人元好问在锁阳关留下的千古绝唱《虞坂行》。

（2）茅津渡。

茅津，位于今平陆县南，是古代平陆县最繁华之所。它"东连砥柱三

---

① 余正西：《重修大禹庙官道记》，《平陆县续志》卷下《艺文》，光绪庚辰年版。
② 崔铣：《张御史治道记》，转引自《山西通志》卷十六《山川》。
③ 《山西通志·山川》载：张店堡……虞城之外廓也。南扼巅轸，北控盐坂。
④ 余正西：《重修大禹庙官道记》，《平陆县续志》卷下《艺文》，光绪庚辰年版。
⑤ 刘鸿逮：《修茅津坡路记》，《平陆县续志》卷下《艺文》。

门,有西向临崖之路。"①"街内有南北路一条"。②而且是黄河中下游的重要渡口。早在春秋时期,秦军就曾自茅津渡河攻晋,《左传·文公三年》载:秦伯伐晋,济河焚舟,取王宫及郊。晋人不出,遂自茅津济,封殽尸而还。

黄河行至河南、山西交界处,多急滩险水。相形之下,自茅津渡河较为安全。因此,茅津就成为古代南北往来行人的首选津渡。只有当茅津受阻时,渡者方另谋它渡。③

（3）流庆寺。

流庆寺,"古晋八大寺"之一,保存有碑刻十余通。

平陆境内还有黄河古栈道傅相祠等古迹。

万里茶道大西路路段遗产点如表2-5所示:

表2-5 万里茶道大西路路段遗产点

地址	名称
平陆	古盐道、地窨院、黄河栈道、枣园壁画
夏县	文庙、上冯圣母庙
闻喜县	文庙、裴祠石刻、裴柏碑馆、保宁寺塔、宋相赵鼎故里、汤王山八景、镇风塔、郭家庄仇氏石牌坊及碑亭、后稷庙
曲沃	高显古驿道、曲沃十大烟坊之一、曲沃张家大院、韩家大院、田家大院、薛家大院、曲沃四牌楼、曲沃古城遗址、曲沃里村西沟遗址、曲沃县大悲院、曲沃东许三清庙、曲沃南林交龙泉寺
临汾市尧都区	尧陵、铁佛寺、女娲陵、王曲东岳庙、东羊后土庙、牛王庙戏台、碧霞圣母宫、洪洞泰云寺、仙洞沟碧岩寺、尧庙
洪洞	商山庙、关帝庙、净石宫、玉皇庙、广胜寺

----

① 《重修茅津官道水口记》,《平陆县续志》卷下《艺文》。
② 刘鸿逵:《修茅津坡路记》,《平陆县续志》卷下《艺文》。
③ 据《三国志·杜畿传》记载,东汉建安十年(公元205年),卫固等人举兵反叛,占河东,截断茅津,以阻曹操军队渡河。在此情况下,河东太守杜畿只得"诡道从浢津济"。

续表

地址	名称
霍州	霍州署、娲皇庙、观音庙、霍窑遗址、鼓楼、祝圣寺、韩壁遗址
灵石	后土庙、晋祠庙、资寿寺、静升镇
介休	二郎庙、绵山、五岳庙、回鸾寺、后土庙、张兰镇、张壁村、源神庙、城隍庙

第三章

万里茶道山西段晋商文化
产业开发的可行性研究

第一节　万里茶道山西段晋商文化产业开发的
历史资源条件

山西省是华夏文明发源地之一，万里茶道行经山西路段，由南至北，涵盖了山西晋城、长治、晋中、太原、忻州、朔州、大同等地，大西路由平陆登岸，又走过运城和临汾的一些地区，这些地区历史悠久、风光秀丽、文风鼎盛、名流辈出，其历史文化资源内容丰富、积淀深厚，可为山西区域文化产业的发展提供源源不断的创意、思路和不竭的动力。但一直以来人们对它所蕴藏的内涵不够重视。应当充分认识和挖掘山西区域文化资源的特色和优势，使之转化为区域文化产业的价值和实力，成为推进山西区域经济结构优化升级和促进山西区域经济发展的重要力量。以下对这些文化资源做一个简单梳理。

一、以明清晋商为代表的重商主义商业文化资源

山西商人的发展历史可以追溯到先秦时代。据《易·系辞》载，在晋南就开始了"日中为市，致天下之民，聚天下之货，交易而退，各得其所"的商业活动。晋文公称霸时，山西的榆次、安邑就是有名的商业集镇。秦汉时代，太原、平陆、平遥等地已成为重要的市场。隋唐五代泽州、太谷、大同等地又成为新兴的商业集镇。到宋代，山西商人与蜀商、南商同列为有名的地方商人。元朝时晋商的活动范围更加扩大，并获得了巨额的利润。据《马可·波罗行记》记载，"太原到平阳（临汾）这一带的商人遍及全国各地"。但真正使山西商人名扬天下的，是从明初到清末，在这期间，他们的活动范围不仅遍及国内，而且延伸到了欧洲、日本、东南亚和阿拉伯国家。晋商的经营项目也十分广泛，"上自绸缎，下至葱蒜"，无所不包。明清时期的晋商甚至可以和世界商业史上著名的威尼斯商人、犹太商人相媲美。在山西商人商品经营资本日渐充实的情况下，货

币经营资本也逐渐发展起来。山西货币经营资本的形式，最早的是当铺，以后又有印局、账局、钱庄、票号等。山西货币经营商人通过银钱兑换、货币保管、资金借贷、异地汇兑及过拨转账等货币技术性业务和信用活动，支配营养着成千上万个从事商品经营活动的大小商号，也分享着这些商号所获得的好处。清代日升昌票号创办后，款项汇通天下，山西商人竞相效仿，票号一业遂执全国金融业之牛耳。

我国历来是农业占据主导优势的国家，主流社会长期流行"士、农、工、商"的四民顺序。历代统治者视农为本商为末，"重本轻末""抑末厚本"的思想在我国古代经济思想领域影响极大。但自宋元以来，山西人逐渐形成了重商理念。明蒲州商人王文显说："夫商与士，异术而同心。故善商者，处财货之场，而修高明之行，是故虽利而不污。善士者引先王之经，而绝货利之途，是故必名而有成。故利以义制，名以清修，各守其业，天之鉴也。"可见晋商的心智素养是集儒贾相通、义利相通、谋略竞争、修身正己、科技应用、经世致用为一体的综合修养。清雍正皇帝在《朱批谕旨》中写道："山右大约商贾居首，其次者尤肯力农，再次者谋入营伍，最下者方令读书。"明清山西民间的重商观念表现为以商致财、用财守本的立业思想。晋中民谚有"生子有才可作商，不羡七品空堂皇，好好写字打算盘，将来住入茶票庄。"这颇能反映这种重商观念在民间的影响。明末清初山西大思想家傅山先生对重商观念的形成至关重要。傅山、顾炎武等帮助晋商建立"龙门账"，他们不仅与晋商有密切联系，而且是中国早期重商主义的提倡者，极力呼吁商人进入主流社会。傅山说："市井贱夫可以平治天下""生人之有为也，本以富生人。富生人，而治人者乃有为。"（《霜红龛集》）清中期后，一批研究历史地理的山西学者祁韵士、张穆、徐继畬等，不仅研究西北、蒙古地理商路，而且研究世界地理。徐继畬是重商主义的推动者，徐继畬说："欧罗巴诸国，皆善权子母，以商贾为本计，关有税而田无赋。航海贸迁，不辞险远，四海之内，遍设埠头，固由其善于操舟，亦因国计全在于此，不得不尽心而为之也。"（《瀛寰志略》）徐继畬曾盛赞华盛顿"气貌雄毅绝伦""不僭位号，不传子孙，而创为推举之法，几于天下为公"。浙江宁波府集徐继畬推崇华盛顿文，镌碑赠送美国华盛顿纪念塔，砌于第十级内壁，保存至今。徐继畬二次罢官后 61 岁，被平遥官绅聘任超山书院山长，从事教育与研究 10 年，直至清政府再次被启用。曾任山西巡抚的张之洞、胡聘之等，既是重商主义的推动者，也是洋务派的带头人物。

在传统社会以农为本的主流思潮下，晋商的重商主义观点可谓独树一帜，令人耳目一新，对后世产生了极为深远的影响。它所主张的诚信义利、注重功利、重视商业、革新权变等思想已经成为山西商人优良传统中极其重要的方面，构成了山西人特有的文化基因。

山西的商业文化资源积淀深厚，除重商思想外，还包括晋商大家族的商业活动和实践，昭馀古城、榆次老城、平遥古城等历史商业街区，"双合成""六味斋"等百年老店和中华老字号，茶庄、票号等近代商业建筑旧址，正月社火、学徒请进、年节唱戏等历史商业习俗，以及重商立业、艰苦奋斗的创业思想的精神内涵，企业组织、商业技术、平色折合、票据转让、转账结算、银行密押、财务核算等制度文化；川字茶，红梅香烟的品牌故事；申树楷、雷履泰等杰出商业奇才的人物传奇等。

二、以"古道""庙宇""大院""古城"为代表的人文景观文化资源

万里茶道山西段的晋商文化资源除了前文介绍的古道遗存外，晋中等地也有许多古建筑及其他人文景观资源。山西省被列入国家级文物保护单位名录的文化资源有 452 项，省级重点保护单位 309 项。主要是古建筑、古遗址，以及一些近现代重点史迹及现代化建筑、石窟石刻等。从行政区域划分来看，近现代重要史迹基本位于太原、大同、长治及晋中市。它们大部分分布在茶道区域。比较著名的有祁县乔家大院、渠家大院，灵石王家大院，太谷曹家大院，还有平遥古城，以及散落于山西各地的寺庙、古塔、石桥、牌楼、桥梁、亭台、教堂等。在这些国家级文物保护单位中，位于晋中市的古建筑有平遥县的平遥城墙、镇国寺、双林寺、平遥文庙、平遥城隍庙、日昇昌旧址；祁县的乔家大院、兴梵寺、渠家大院；太谷县的孔家大院、新村妙觉寺、范村圆智寺、无边寺。位于运城市夏县的有禹王城遗址、夏县文庙大成殿等；此外临汾市的曲沃县也有不少文化遗存资

源，曲村—天马遗址、大悲院、羊舌墓地、东许三清殿献庙、南林交龙泉寺等。此外还有众多的古建筑、古遗迹等历史文化资源零散地分布于山西省各个行政地级市、县。

上述列举的部分古建筑、古遗迹等人文景观文化资源在山西悠久的历史文化资源中占据了重要地位。溯古至今，一代又一代的三晋儿女受其荫蔽，奋发有为地开拓事业，书写了隽永的三晋风采，成就了晋商在明清时的商业地位。

三、非物质文化遗产

山西是华夏文明的发源地，经过几千年的历史沉淀，留下了丰富的非物质文化遗产。2006 年 6 月发布的 518 项全国首批非物质文化遗产中，山西省就占据了 30 项，接近各省平均水平的 2 倍，可见山西省非物质文化遗产的丰富，而以上 30 项仅仅是山西省非物质文化遗产中的一小部分，更多的非物质文化遗产在随后的几年中被源源不断地发掘出来。时至今日，在三批次国家级、四批次省级以及相应的候补批次的非物质文化遗产名录中，山西省的非物质文化遗产均有相应的占比。

耳熟能详的大禹治水、嫘祖养蚕、精卫填海、愚公移山、按图索骥、伯乐识马、唇亡齿寒、中流砥柱、公而忘私、志在四方、按兵不动、金口玉言、秦晋之好等成语均诞生在山西这条古道上，《诗经》中的很多民歌在这块土地上传唱过，丰富多彩的民间文化诞生在这里。

民间传说有运城市的董永传说"鹿车载父""卖身葬父"与"天女适嫁""助君偿债"；还有民间传唱史诗《杨家将》、万荣的笑话、阳泉的"赵氏孤儿"传说，在我国广泛流传，成为两千多年来故事嬗变和文学移植的母本，对后世影响深远。在音乐方面还有晋中的左权开花调、河曲民歌、五台山佛乐、晋南的威风锣鼓、长治上党八音会、临县大唢呐等形成了独特的三晋风味。民间舞蹈更热闹，有临汾市襄汾县的天塔狮舞、运城稷山县的走兽高跷、吕梁临县的伞头秧歌、阳泉平定的武迓鼓、晋中的背铁棍（抬阁、挠阁）、榆社霸王鞭，等等，是民间重要的欢庆节日和祭祀的活动。戏剧文化也是品类繁多，有晋剧、蒲州梆子、北路梆子、上党梆子、河曲二人台、上党落子、孝义木偶戏、晋城上党二簧等。这些戏曲极大地丰富了人们的文化生活，也有利于相关历史文化的传承和发展。

饮食文化技艺也多种多样，山西面食种类繁多，一般家庭主妇能用小麦粉、高粱面、豆面、荞面、莜面做几十种不同的花样，如刀削面、拉面、圪培面、推窝窝、灌肠等。到了厨师手里，更是花样翻新，目不暇接，达到了一面百样、一面百味的境界。据查，面食在山西按照制作工艺来讲，可分为蒸制面食、煮制面食、烹制面食三大类，有据可查的面食在山西就有 280 种之多，其中尤以刀削面名扬海内外，被誉为中国著名的五大面食之一。其他如大拉面、刀拨面、拨鱼、剔尖、河捞、猫耳朵等，蒸、煎、烤、炒、烩、煨、炸、烂、贴、摊、拌、蘸、烧等制作手法名目繁多，让人目不暇接。除面食外，其他菜品也有特色。不仅有柳林碗托、汾州八大碗、晋城高平的白起豆腐等小吃，也有"八八六十四席""晋商四小碗""晋商八大碗"这样的宴饮菜系。

传统体育、游艺与杂技也十分丰富，有太谷的形意拳、文水绵拳、洪洞通背缠拳、永和县的打瓦游戏、乡宁县的动物棋、翼城的打虎上山，等等。

丰富多样的非物质文化遗产，是三晋儿女扎根热土、积极开拓、创造幸福生活的生动写照，这一过程中形成的非物质文化遗产已经成为历史性文化资源开发中重要的来源和现实基础。

四、历史文化名人

万里茶道山西段西路从晋城入晋，经过长治、晋中，北上忻州、朔州、大同；大西路从运城入晋，经过临汾、晋中与西路合二为一，所经之处都是山西历史上风流俊杰云集之地，有非常丰富的名人文化资源。

唐代以前，山西大地上诞生的俊杰名流不可胜数，随手拈来都是曾令风云变色的人物。而到唐季五代，山西的地位尤其重要，五代的开国君主几乎都有担任河东节度使的经历，在山西经略筹划，最后篡位，所以山西一直被称作"龙兴之地"。隋唐时期，山西出现了许多书香望族，如裴、薛、柳、王等，既有高官巨宦，也有文人诗家，杰出的代表如裴度、薛收、柳宗元、王维等，在隋唐历史上光芒四射。

先秦诸子，纵横一时，而三晋则为"法家之渊薮"。战国时期，法家人物层出不穷，李悝变法使法家思想登上政治舞台，韩国的韩非子为法家之集大成者，后世统治者治国，无不以"儒表法里"为基本方略。政治家有傅说、百里奚、介子推、豫让、荀子、蔺相如，提起这些名字，马上会令人想到"天降大任""割股奉君""将相和"这些典故。武将卫青、霍去病、关羽、张辽，豪情风流各展宏图。

闻喜裴家，学术世家，裴松之注《三国志》，其子裴骃，则以《史记集解》名世。闻喜人裴顾"善谈名理""深患时俗放荡，不尊儒术"，提出了反对贵无论的"崇有"理论，著有《崇有论》。中国的地图，在方法上始终未能超出裴秀的"制图六体"。山西还诞生了佛教史上划时代的大师慧远、法显、昙鸾；书法史上有王羲之的老师卫铄以及她的父亲、祖父，他们的作品、理论和培养出的杰出弟子深刻地影响了中国书法史。

唐代以后，山西境内文宗武将继续书写传奇。文学史上名家辈出，著名的有薛道衡、宋之问、王通、王勃、王绩、王维、王之涣、王昌龄、王翰、柳宗元。而且半部《全唐诗》的作者都是山西人。政治家前后相继，著名的有狄仁杰、文彦博、赵鼎等。祁县温彦博、温大雅、温大有，父子兄弟，为将为相，号称"温氏三杰"。北宋临汾孙复是卓越的教育家，因长期居泰山讲学，人称"泰山先生"。夏县司马光，以修《资治通鉴》与司马迁并称为"两司马"。戏剧家关汉卿、白朴、郑光祖，元曲四大家有三人是山西人。直到清代，山西地面的文化巨子仍然层出不穷。

这些名人的事迹、传说、著述，或者他们的故里、故居遗迹都是非常丰富的文化资源。具体到晋商文化领域，明清之际产生的商业巨子、大家族也留下了丰富的故事、传说、名人故里和故居。比较有名的有：祁县乔氏、祁县渠氏、平阳亢氏、平遥李氏、榆次常氏、太谷曹氏、介休范氏、介休侯氏、灵石王氏、介休冀氏、蒲州张氏、蒲州王氏等。相对应的历史文化资源有乔家大院、渠家大院、扬州瘦西湖、日升昌、常家庄园、太谷三多堂、绵山、蔚泰厚票号、王家大院等，有一些大家族没有留下大院等实物遗存，但有家谱、族谱等资料留存，这些都是很丰富的资源。著名的商人有乔致庸、渠本翘、申树楷、李宏龄、雷履泰、贾继英等。这些大商人有事迹、故居存世，是非常宝贵的文化资源。

第二节　万里茶道山西段晋商文化产业开发的现实基础

一、晋商文化产业现状

1. 文化产业已有成就

"十二五"期间，山西省在文化建设方面成就斐然，包括以下八个方面：文化体制改革持续深入；文化设施建设扎实推进；文艺创作生产持续繁荣；文化遗产保护成果丰硕；文化服务能力显著提升；文化产业实力明显增强；文化市场管理健康有序；文化交流工作取得新成效。其中涉及文化产业部分需要详细说明。"十二五"期间，山西组建九大国有文化产业集团，培育国家级文化产业示范基地 9 家、省级文化产业示范基地 41 家。太原高新区被认定为国家级科技与文化融合示范基地。山西文化保税区等重大项目启动建设。设立文化产业发展基金。一批文化企业入选国家重点出口企业。全省文化产品及服务出口比"十一五"末成倍增长，文化产业增加值使全省 GDP 比重大幅度提升。这一段记载来源于山西省"十二五"报告，说明山西文化产业取得了一定的成果，在这段时期里也产生了一些行业典范，具体如下：

山西省的第一批、第二批、第三批、第四批国家级文化产业示范基地均榜上有名。比如山西灵石县民居艺术馆，通过"点式"突破，以"精"突围，走出了一条扩散的传统观光旅游路径。山西宇达集团通过战略先行，构建"5+1"式文化企业提高了企业核心竞争力；中国广灵剪纸文化产业园通过打造"4+3"式文化产业园区取胜；皇城相府集团实业有限公司以"线式"拉动形成文化产业链，以"链"制胜；山西晋阳嫦娥文化艺术有限公司"双管齐下"出击戏曲表演市场；云冈旅游景区管委会依托大景区，全面营造云冈文化产业，走产业链发展之路。

　　传统的出版、传媒等文化事业单位也加大了产业化步伐。山西出版传媒集团有限责任公司走的是战略跟进，项目突破的道路；山西日报报业集团经过体制改革，加快了报业发展；山西广播电视咨询服务中心成为山西新媒体产业的"领跑者"；还有明星企业《英语周报》社有限公司、《语文报》社有限公司，通过构建品牌金字塔，实现了品牌大飞跃，稳稳占领了中小学教辅市场。

　　传统技艺也经过产业化开发获得了生机。定襄晟龙木雕模型艺术有限公司在传承与创新中得到发展；山西雪恩集团从高位入手，构建大文化产业格局；山西平定古窑陶艺有限公司通过文化管理开启民间技艺的产业化之路；山西唐人居古典家居文化有限公司秉承传统，创意文化促进产业发展；临汾市尧都区土圪塔手工布艺有限公司通过"陀螺模式"让乡镇企业涅槃重生；稷山翟店印刷包装文化产业发展服务中心走的是政企合力之路；山西省新绛县绛州澄泥砚研制所以"产、学、研"一体式发展模式获得了生机。

　　创意文化产业也有了发展，典型案例就是山西本命年文化创意有限公司，该公司在运作中注重创意，真正做到了"创意为魂，策划为王"。

　　传统餐饮与文化结合的案例有山西会馆餐饮文化有限公司，通过与晋商文化的结合完美演绎"1+1>2"模式。

　　综上所述，可以看出，山西的文化产业虽然起步晚、规模小，但还是有许多可取之处的，尤其是与山西地域文化传统息息相关的产业，其可复制性不强，因此，极具竞争力。但与文化产业发达省份相比还差距甚远，尤其是落脚到晋商文化产业方面，除了文化旅游外乏善可陈。

　　2. 晋商文化产业现存的问题

　　(1) 缺乏生态性发展思路。

　　文化生态可持续性发展是文化资源产业开发的重要原则，文化资源开发的最佳状态应是可再生的活态资源能够作为不间断的源泉为文化产业发展提供动力。这是精神文化中的历史传统文化资源在产业化开发过程中普遍存在的难点。聚焦万里茶道，由于晋商文化资源本身蕴含着文化、美学、民俗、建筑、历史价值。妥善开发将文化资源转化为文化产品,再向文化产业推进宏观上的引导布局就尤为重要,一旦缺乏文化生态的眼光,文化资源转化过程会充满商业性铜臭味,破坏丧失其原本的特色。但定位始终在旅游上,这本身就是一大局限,即总是站在如何把消费者吸引来山西本地的角度,缺少了对如何让本土化文化产品"走出去"的思考。市场是文化资源产业化的重要助力之一,本地企业追求短期效益,对文化生态发展的参与度不高,目前尚未形成完整的产业链条,上游的原创研发、中游的生产制造、下游的销售发行,三处没有形成合力。

李克强总理在考察山西时指出,晋商的精髓在于"无中生有"。王一新副省长对"无中生有"进一步阐释,什么是无中生有?就是不靠资源靠头脑。晋商前辈们资源和市场两头在外,能称雄商界五百年,靠的就是头脑。

资源市场两头在外的特点在开拓万里茶道的晋商前辈身上得到了很好的诠释。山西并不产茶,也不是茶叶的主要消费区,但是晋商前辈远赴福建、湖北、湖南等南方茶产区,在当地开辟茶山、种植茶树、修建茶厂,最后成品包装,分销各地。成品茶经过艰难的水陆转运北上,途经闽、赣、湘、鄂、豫、晋、冀、蒙八省区,经蒙古国,最终到达俄国的圣彼得堡,全长13000多公里。在万里茶道晋商文化产业开发中运用资源市场两头在外的原则也是可行的。

(2)文化特色及其魅力尚未充分挖掘。

文化内涵及特色是区域发展文化产业的生命和源泉,具有地域特色的文化产品已成为一个国家、一个地区或一个景区的标识。这个标识便是魅力所在,是宣传传播的精华,是人们感观认识的第一印象,直接影响人们是否选择深入了解体验。晋商文化旅游集中于晋中的大院,景区门口的少数旅游纪念品商铺主要销售红枣、核桃等山西特产,以及诸如木雕、算盘、葫芦丝、钥匙挂件等小商品,普遍缺乏地域文化特征,缺乏设计感和创意。历年晋商文化节中反响比较大的具体开展的活动有文艺演出、专家论坛、书法创作鉴赏、摄影作品展等。这些活动的特征以公益性、娱乐性、观赏性为主,晋商文化的深层含义及特色与地方历史文脉的融合度较低，文化内涵与活动结合不够紧密，尚未诞生出具有震撼人心的文化产品，实际能够转化成文化消费品的能力较低，导致客源匮乏，市场竞争力低。

（3）本地文化市场影响小、档次不高。

目前，山西旅游市场上大部分是小摊小贩的经营方式，为了降低成本，通常会选择质量低劣、品种单一的文化产品，文化产品生产粗放，品牌质量意识欠缺。专门从事文化产品的设计师寥若晨星，普通生产者为了追求经济效益，往往凭主观臆断或直接仿制大众产品。经营者缺乏从文化产业整体规划发展的意识，主动性不强，销售产品档次低，一般都在小摊小店销售或者个体当街兜售。这种渠道分销的格局，导致同一质量的商品在不同销售点会有差价，市场管理缺乏有效性和权威性。往往设计精良的文创产品，经过小作坊粗制滥造的仿制已变得面目全非，而后经小摊小贩的随性售卖，对于游客来说吸引力大打折扣。

此外，长期依赖原有人文景观，囿于晋商文化，对文化资源的挖掘和开发的能力有所欠缺。虽然在政府的规划引导下，很多新兴文化产业项目入驻山西晋商文化市场，但多层次、多方位的文化产业发展的格局尚未成熟。

对于文化产品的设计未注重市场调查研究，文创开拓力量不足，未结合文化特色及其内涵，定位不明确，高、中、低档位搭配不合理，导致文化产品不能充分满足各个阶层的不同需要。多数文化产品的品位不高、实用性不强、缺乏创新和民族特色，做工略显粗糙，不便于携带等问题亟待完善。另外，还有非物质文化产品本真性被破坏的现象也比较严重，有两方面的原因造成这种后果。第一，简单产业化不重质量；第二，文化传承人未能深刻理解文化内涵，创新性地加入一些现代因素，对文化资源造成了破坏，不利于文化传统的薪火相继。

就晋商文化产业开发来讲，目前集中在旅游行业。但晋商文化资源本身的同质化现象，也影响了各地的旅游发展。因为各地仅仅局限于观光游，再加上品牌力度不大，缺乏有效的宣传，配套设施、硬件环境差，很难吸引游客去深入了解晋商文化。

二、万里茶道晋商文化产业开发的相关政策保障

从国家层面来看，"文化强国"是国家的战略决策。早在 1998 年，我们国家文化部就设置了文化产业司，在政府职能中将"促进文化产业发展"纳入其中。从此以后，文化产业政策开始密集出台，层次也越来越高，文化产业逐渐上升到国家战略的层面。随着我国文化体制改革的日益深入，政府对文化产业的管理由"直接管理"向"间接管理转变"，国家开始培育具有发展后劲的文化产业，并出台多项政策来促进文化产业的发展。党的十八大以来，我国又出台了一系列政策，推动文化产业的发展。包括文化产业综合政策、文化与相关产业融合发展政策、文化产业资金扶持政策、文化产业税收优惠政策、文化产业园区（集聚区）认定关系相关政策、动漫企业认定管理相关政策等。

《中华人民共和国国民经济和社会发展第十三个五年规划纲要》中明确提出："要坚守中华文化立场，坚持客观科学礼敬的态度，扬弃继承，转化创新，推动中华文化现代化。首先，要梳理文化的历史渊源、发展脉络和时代影响，厘清文化内涵，赋予文化新时代下的新内涵。其次，通过举办文化讲坛、专题展览等活动加强文化宣传，运用互联网技术推动文化图书音像版权资源共享。此外，还要扶持民族民间文化社团组织发展，将民间文化融入新型城镇化建设，旨在打造有历史记忆、地域特色、民族特点的美丽城镇。"

国务院办公厅印发《国家"十三五"时期文化发展改革规划纲要》中的第五部分繁荣文化产品创作生产中的专栏 11 文化精品创作生产；第七部分完善现代文化市场体系和现代文化产业体系中的专栏 16 重大文化产业工程；第八部分传承弘扬中华优秀传统文化中的专栏 18 文化遗产保护工程、专栏 19 文化遗产传承工程均是对万里茶道晋商文化产业化的相关政策保障。

文化部发布的《"十三五"时期文化发展改革规划》中对文物保护利用、非物质文化遗产保护传承、文化产业发展、现代文化市场体系建设等内容开设专栏进行了介绍。

文化部印发的《文化部"十三五"时期文化科技创新规划》中提出了文化创新工程、文化科技成果转化工程有利于推动文化创新与相关科技成果的转化。此外,文化部关于推动数字文化产业创新发展的指导意见中明确提出的要引导数字文化产业发展方向、着力发展数字文化产业重点领域、建设数字文化产业创新生态体系、加大数字文化产业政策保障力度等政策,对于万里茶道晋商文化产业化的数字化方向发展奠定了坚实的基础。

从地方层面来看,国家的"文化强国"战略一出,各个相关省市也提出了相应的文化强省战略。山西省早在2003年,就出台了《山西省建设文化强省发展规划纲要(2003—2010年)》,近期出台的《"十三五"文化强省规划》对未来文化产业的发展作了具体规划。

《山西省"十三五"文化强省规划》中指出,坚持各级政府财政投入为主导,坚持共建共享原则,实施基础文化设施全覆盖工程,对省级、市级、县级文化设施示范工程提出新要求,并对艺术院校、文化建设拓展工程及戏曲博物馆建设工程提出新规划。为了提高公共文化服务能力,大力推进文化数字化建设,实施应急广播工程,实行公共文化机构互联互通。同时,扩大公益性文化服务覆盖面,鼓励出版适应群众购买能力的图书期刊,鼓励开发更多低收费业务,为公众提供优惠或免费的公益性文化服务。此外,深入开展全民阅读、全民艺术普及和全民科普文化活动,以鼓励和引导社会力量参与。政府大力推进"华夏古中国,山西好风光""五千年文明看山西"活动,挖掘文化底蕴,打造文化精品和文化产品,推动文化与旅游融合发展。

在省委省政府发展文化产业的精神指导下,山西各市纷纷行动起来,在文化产业开发方面都有新举措。尤其是文化资源比较丰富、文化产业开发比较早的地市尤其明显。比如晋中、长治、晋城等市。

晋中市秉持双效统一、共建共享的原则,大力弘扬社会主义县级文化,繁荣地方优秀传统文化。紧紧围绕"全民文化行动"的建设战略,建立健全四级公共文化服务网络,提升文化整体实力,促进文化产业升级提速。在构建公共文化服务系统方面,不断加强网络建设,在此基础上提升文化服务能力，在市、县两级推行文化服务"一卡通"，即各类博物馆、公共图书馆、文化馆等设施向社会免费开放，并运用有线、无线、卫星等多种覆盖手段，到2020年，实现农村偏远地区"户户通"。为了提供文化服务产品，政府推进文化下乡、群众文化、"阳光文化"关爱工程、"书香晋中"阅读推广等活动，以深挖文化资源，打造文化品牌。

长治市把握融合发展机遇，促进文化和旅游共同发展。一要坚持推进"文化+""旅游+"发展，策划包装一批影响力大、带动性强、综合效益好的文旅融合示范项目，完善全市文化旅游项目库。二要推动非遗和演艺进景区，鼓励和支持旅游景区与文艺院团合作，推出精品旅游演艺剧目。大力发展文化产业，坚持创造性转化、创新性发展，打造一批文化产业基地。三要以全域旅游示范区创建单位验收为突破口，推进壶关、平顺、武乡、黎城创建达标，发挥示范引领作用，带动提升全市文化旅游产业发展整体水平。此外，还要深入开展旅游推广和文化交流，全方位开展文化旅游主题形象宣传推广，鼓励和支持文艺院团广泛开拓国内、国际演艺市场，传播优秀传统文化。为了加快转型发展，全面推进"文旅兴县"战略，长治市举办了首届"金山银山文化旅游节"，该活动以寻古赏春文化旅游活动为主线，通过举办系列文化、赛事、健身、美食等活动，探寻历史文化之源，展示长治绿色生态风土人情之美。

为弘扬太行精神，整合利用旅游文化资源，发展文化旅游产业，晋城市将于2019年5月13日举办第五届太行山文化旅游节，这有利于城市文化的宣传，可进一步扩大城市影响力。太原市每年一届举办的"一园一品"迎泽公园文化节，旨在弘扬园林文化，满足市民精神和文化需求。2019年中国（山西）国际房车露营博览会上，杏花岭区文物旅游局以旅游产品为引领，以促进非遗文化和旅游产品融合发展为目标，向民众展示了杏花岭区悠久的历史文化和丰富的文化旅游资源，为文旅融合发展搭建了一个良好的宣传平台。朔州市以提升公共文化服务效能为重点，不断完善公共文化设施网络，加强文化服务效能建设，推进"送戏下乡"等文化惠民工程和文化信息扶贫专项行动，并以项目建设和大型体育赛事活动推进文化体育产业的发展，促进文化体育与旅游产业的融合发展。

典型案例

《人说山西好风光》助力山西省文化产业发展①

　　山西卫视开播的官员真人秀节目《人说山西好风光》，由山西省 11 个地市的市委书记、市长登台宣传各地，介绍旅游资源。节目一经播出立即引起强烈反响，很多观众对第一次在电视上看到这么多市领导"同台 PK"表示惊喜，这档节目不仅让人们见识到了不一样的山西和"接地气"的市领导，更带出了一系列文化的新气象。

　　节目"形式新"。《人说山西好风光》是第一档由市委书记市长出面 PK 的真人秀栏目，目的是评选第二届山西旅游发展大会主办城市，票数由场内评委、观众和所有场外观众共同决定。这种节目设置，乍看与我们熟悉的"好声音"等选秀节目类似，但最大的区别就是其他节目都是由演艺明星表演，而这次在台上进行"激烈角逐"的却是一方"父母官"。此次节目在形式上的创新，让官员一改严肃形象，走出办公大楼，走上舞台，不仅让观众看到了山西别样的魅力，也让老百姓看到了更真实、更风趣的领导。

　　节目"内容新"。制作之初，节目组要求各参赛城市，绝不能将领导的现场演说变成政府工作汇报。于是临汾副市长王振宇抛弃了最大的景区卖点壶口瀑布，古从文化脉络说起，现实则带大家玩起了 VR 体验，让旅游者足不出户体验美景。忻州市长郑连生不避忌五台山景区出现的不文明现象，表示政府还有很多空间需要提升。真诚而直面问题的勇气，为了推介自己城市殚精竭力的苦心和努力，取得了非常好的传播效果。

　　节目"立足点新"。《人说山西好风光》蕴含着政府的施政理念。从城市风光片、名人推荐、文艺节目表演的环节设置中可见一斑，加入大量传统元素来展示各地的历史和文化：大同的飞天舞，临汾的剪纸之乡，吕梁的《凤点头》，充分展现了山西众多的文化"遗珠"，取得了社会效益与文

---

① 《人说山西好风光》带出文化新气象——中国文明网，http://www.wenming.cn/wmpl_pd/yczl/201606/t20160614_3440076.shtml。

化效益的双赢。

《人说山西好风光》是一档具有突破性的节目，比"收视率""点击率"有更高的追求，不同于以往真人秀设置的千篇一律，娱乐化倾向重；不同于有着政府背景节目的呆板严肃，它让我们看到了新的经济发展形势下，文化复兴之路的一个可能，也收获了老百姓心底大写的"赞"。

第三节　万里茶道山西段晋商文化产业开发的影响因素

一、人力资源是文化产业发展的关键

1. 人力资源的定义与分类①

人力资源，又称劳动力资源或劳动力，是指能够推动经济和社会发展、具有劳动能力的人口总和，曾被经济学家称为第一资源。因为文化产品、文化产业经营的特殊性，文化产业与其他产业有区别的人力资源也应有所区别。文化产品是以文化为内涵、创意为核心的产品，文化产业人力资源相应地可以分为创意人才、创作人才、策划人才、制作人才、传播人才；但是文化产业不能狭隘地拘泥于生产领域，活跃于流通领域的各类人才也属于文化产业人力资源。比如参与文化产品的生产和销售的人力资源，以及参与文化资本运作的人力资源，就可以有相应的生产人才、销售人才、文化金融人才的分类；就大类来讲，还有参与文化产业的管理方面的人才，可以分为文化产业专业人才、文化产业政策人才和法律人才。

2. 文化产业人力资源的特点

人本身所具有的生物性、能动性、智力性和社会性，决定了人力资源具有以下特点：智力性、能动性、资本性、高增值性、再生性。由于文化产业人才要依靠大量的创意活动引发、控制、带动其他资源的活动，是唯

---

① https：//baike. sogou. com/v113143. htm？fromTitle =% E4% BA% BA% E5% 8A% 9B% E8% B5%84%E6%BA%90。

一起创造作用的因素，是文化产业存在、发展、创新的动力，因此文化产业的人力资源具有智力性、能动性；由于文化产业人才需要投入大量的时间和财富进行专业的教育或培训，在某段时间内又能源源不断地带来收益，因此文化产业的人力资源具有资本性；由于劳动力市场的价格不断上升，文化产业人才的投资收益率也在不断上升，因此文化产业的人力资源具有高增值性；由于人口的再生产，因此文化产业人才就具有再生性。此外，文化产业的人力资源还具有两重性、时效性、社会性、消耗性等特点。①

山西历史上曾经人才济济，推动了多家文化的发展，更有"华夏文明看山西"的美誉。但是，计划经济时代结束后，山西文化产业的发展与它厚重的文化底蕴不太相称，导致人才大量流失。如今，人才、资金倾向大城市汇聚，人才匮乏是中小城市发展文化产业的通病。近年来，山西省积极推进人才强省战略，制定了一系列吸引、留住人才的政策，加大对人才的资金扶持和金融担保的政策支持力度。对非遗传承人采取扶持保护的方式，鼓励传承人参加比赛积极为传承人宣传推广，利用工艺技艺的资源条件打造特色文化产品。将非遗传承人分地区纳入文化馆管理，面向大众进行开课授学，大力推动非遗传承，通过一系列的举措弥补人力资源不足的短板。

二、可进入性是文化资源开发中的重要支持体系

可进入性是文化资源开发系统工程中一个重要的支持体系，可从交通状况、区域位置、基础设施三个方面入手。

文化产业的发展是我国目前较重视的一个板块，在推动文化产业成为国民经济支柱性产业的形势下，2015 年提出的"供给侧改革"使文化资源的产业化开发再次成为全社会关注的焦点。山西省作为中华民族的发祥地之一，享有"华夏文明摇篮"美誉之称，在文化资源开发的战略中具有相对的优势。首先，山西处于黄河经济区的中心位置，环渤海经济圈，市场

---

① 蔡尚伟，车南林. 文化产业精要读本 [M]. 南京：江苏人民出版社，2015.

潜力巨大。晋豫陕、晋冀豫、晋冀蒙三个"三角地带"是山西省与周邻诸省（区）加强文化产业协作的桥梁。其次，山西省在地理上联结两大国家级城市群——中原城市群和关中平原城市群。中原城市群是我国人口最密集、规模最大的城市群，涵盖山西省的晋城市、长治市和运城市，是万里茶道的行经之地，也是我国东西部产业转移的枢纽与中心；关中平原城市群中心区域是关天经济区和黄河金三角示范区的叠加，涵盖了山西省的临汾市和运城市，这样的地理优势，在促进晋商文化的发展中发挥着重要作用。再次，山西省在全国率先实现农村交通"两通一硬化""三纵十一横十一环"高速公路网的建立实现了县县通高速，部分万里茶道路段已经建设为现代公路，便利的交通条件是城市文化旅游的经济命脉，为市场的开拓提供了有力的保证。最后，2017 年第五届中蒙俄万里茶道的市长峰会在平遥古城的成功开幕，不仅扩大了山西省的影响力和知名度，结识到了友好的合作伙伴，促进了旅游业的发展，也为文化产业的发展奠定了基础。山西作为万里茶道的核心区域，各方面的优势为晋商文化的发展提供了可能性，也为文化资源的产业化开发提供了支撑。

三、经济水平与社会发展状况是文化产业发展主要的制约力量

一个地区的经济发展水平和社会发展状况是制约和影响当地文化产业发展的重要因素。只有经济发展水平提上去，满足当地民众的基本物质需求后，才有能力去大力发展精神享受层次的文化事业。此外社会发展状况也会影响当地文化产业的发展。当地民众对于文化的认知性、认可度等均是影响该地区文化产业发展的重要因子。但是，文化产业的发展会导致该地区经济结构发生变化，伴随着经济结构的变化，社会发展状况也会有所改变。这体现为民众对于经济增长的模式由传统的依赖自然资源型发展向依托文化资源的发展理念的变化。这一变化的直接影响就是，文化发展水平、经济增长水平、社会发展状况三者形成一个良性发展的闭环。彼此之间相互推动、共同促进、协同发展。

对于山西万里茶道晋商文化产业开发来说，从宏观层次来讲，有助于实现经济增长模式由传统的依托煤炭行业的黑色发展模式向依托文化产业

开发的绿色发展模式的转变。从微观层面来讲，有助于提升当地民众对于本土文化的认知度，加深对本土文化的理解，更加热爱家乡的同时也能有效地增强地域性特色文化的文化自豪感。

四、共同的情感认同是文化传播的基础

考验历史文化资源是否对现代人具有吸引力，需要得到群众的支持和认可。只有共同的情感认同做基础，本地民众才更容易接受，从而成为更好的传播者。在进行万里茶道晋商文化产业开发时，以共同的情感认同为纽带，当地人才能齐心合力积极推进，实现万里茶道晋商文化产业突破性发展。

当前，正值国家大力提倡讲好中国故事，提升文化软实力，向世界发出中国声音的大背景，民众对于文化强国的观念深入人心。山西正处于转型跨越的战略阶段和旅游转型升级阶段，山西省政府高度重视文化产业问题，在2011年中共中央发布《中共中央关于深化文化体制改革推动社会主义文化大发展大繁荣若干重大问题的决定》后，山西省委随后发布加快建设文化强省的意见，明确指出要深度挖掘"晋商文化"的文化底蕴，实施文化精品战略。在政府的规划引导及驱动下，一批学者展开了对晋商文化产业发展的研究，不少学者从文化创意产品、品牌建设、文化旅游等方面进行深入探讨，充实了晋商文化的理论研究层面。同时，一些商家把这种理论应用于实践，大量的茶产区种植业与加工业、旅游业、建筑装饰艺术业等贸易发展与繁荣引发了深刻的产业连带效应，促进了实体经济的发展，打通了商业贸易通道，实现文化精品战略的传播。随着《乔家大院》《龙票》《走西口》等影视剧的热播，山西晋中旅游不断升温，逐渐成为新的经济增长点，同时借助网络新媒体的传播途径，既加快了文化的传播速度，也能够让人设身处地地感受到浓浓的晋商文化气息。

晋商文化作为一种历史文化，是山西商人在五百年经商历程中不断发展、积累和总结而成的，是"仁、义、礼、智、信"渗透的精神文化，在这种文化氛围的熏陶下，每一个山西人都将是一个很好的传播者！

第四章

万里茶道山西段晋商文化
资源产业化开发的路径选择

第一节　万里茶道山西段晋商文化资源形态

　　文化资源产业的典型特征——依赖性，在地方性文化资源产业中体现得尤为明显。资源型文化产业是利用文化产业上的比较优势形成文化产业的主导门类和产业类型，其特点是投入少、风险低、回报快，并且同旅游业形成相互带动的关系，比较符合地方文化产业发展的需要。① 要拓宽传统文化资源产业开发的思路，不能只局限于历史文化遗址，至少还应该细分为以下几类重要的形态。②

　　历史文献形态。山西作为一个历经五千年文明传承的文化大省，从古至今，流传并保存下了许多的文献资料，蕴含着山西的历史发展脉络，人们的生活形态和山西人骨子里勤劳、勇敢、自强不息的品质，对这个巨大的文化宝库的研究与开发，有利于打造富有特色的文化产品。几千年来厚重的历史文化积淀作为重要基石对于推动中国文化产业开发起到了极大的促进作用：四大名著之一的《三国演义》的作者罗贯中，据研究考证正是山西太原市祁县人士；北宋画家郭若虚的《图画见闻录》以及我国第一本刻本大藏经《开宝藏》有三件在山西，并且十分具有代表性；收录于山西省图书馆的北宋雍熙三年绛州刻本《佛说北斗七星经》是佛教典籍收藏的重要组成部分；伪齐阜昌八年刻本《成唯识论了义灯钞科文》等都是海内外的孤本，有着极高的文献学研究价值。为了更好地保护和开发这些文献古籍，山西省建立了山西省图书馆、山西大学图书馆、山西师范大学图书馆、山西博物院、太原市图书馆和祁县图书馆六家古籍文献重点保护单位。

　　艺术表演形态。长期的文化积淀和生活方式的趋于统一，形成了富有

---

　　① 张胜冰. 从区域文化资源利用看地方文化产业发展观——以中国为例 [J]. 中国海洋大学学报（社会科学版），2012（1）：81-85.
　　② 钱光培. 传统文化资源的形态与开发 [J]. 人民论坛，2005（5）：46.

山西省特色的艺术形式。张艺谋执导的电影《大红灯笼高高挂》让乔家大院进入人们的视野，而电视剧《走西口》《乔家大院》，又激发出了全国文学研究者的兴趣，使全国出现了一波山西省"文化复兴"的小高潮。近年来为了推动旅游，山西省晋中市推出的大型实景演艺项目《又见平遥》便是山西历史文化挖掘的生动反映。除此以外，话剧《立秋》、舞剧《一把酸枣》等多样化艺术形式把晋商文化生动地展现在世人面前，这便是历史文化资源在影视业中展现的鲜明写照。许多传统民间艺术知名度不高，但也十分具有开发意义，例如："花腔鼓"是襄汾县赵雄村一带流行范围很窄但又影响广泛的民间鼓乐；临猗县地台戏也称"故事戏"，是临猗县角怀乡吉家村一种传统的戏剧演出形式，戏曲表演部分几乎全部为武戏，由于传男不传女的传统，并且只在本地流传，长期不为外人所知，很大程度上限制了开发利用；新中国成立后，襄汾县文化馆多次对当地四句秧歌剧种进行调查、挖掘、搜集整理。四句秧歌的剧词通俗易懂，以方言为主，音调干练流畅，节奏鲜明，结构严谨。据传，四句秧歌剧剧目是丰富的，但是因为不重视保护，现在只搜集到不足二十个剧本，有《白玉赞》《拾万金》《清风亭》《三围堂》等；再如形成于清道光年间的汾西地灯秧歌，是用于在年节时恭贺新喜的一种歌舞形式。山西省文化资源产业开发中的艺术表演形态的开发尤为重要，它不仅能保存下来濒临失传的表演艺术，更对山西的旅游业增加了更多的区域特色，形成独特的文化环境。近年来为了推动旅游山西省晋中市推出的大型实景演艺项目《又见平遥》便是山西历史文化挖掘的生动反映。这种彰显人文情怀的体验式大型情景剧便是紧紧抓住了文化资源产业开发的关键点。这种可持续性的营运及保护方式在充分挖掘历史文化资源的基础上满足当代人精神需求的同时也将厚重的历史以鲜明、生动的形式传承下去。

技能技艺形态。几千年的生活经历，山西人以其勤劳勇敢的品质、善于钻研的求知精神广受好评，并逐步形成了独特的技能技艺。东汉蔡伦改造的造纸术中的苎麻造纸技艺被认为已经失传，然而忻州市在普查中发现，在定襄蒋村乡还幸存着这种技艺；乡宁县位于山西省临汾市西南端，在山西省非物质文化遗产普查中在乡宁县发现了一种独特的植物油提炼方法——翅果油熬制。据统计，翅果油树是与恐龙同时代的树种，目前在全球范围内仅存于山西临汾、吕梁一带。山西人爱吃醋是众所周知的，山西人更加精通醋的酿造工艺。制醋的工艺步骤繁杂，从选择水源、选取原料、加工、发酵时间到最后的包装都要层层把控，有着自己一套独特的制作技法。闻名遐迩的山西老陈醋就是山西文化瑰宝中人民独创的宝贵财富，成为我国精湛技艺的一颗明珠。[1] 皮影艺术作为中华民族灿烂文化的瑰宝，已经收入世界非物质文化遗产名录，而富有山西省文化特色的皮影艺术则是其中一个重要的分支。山西省皮影艺术以孝义、晋中和晋南地区最具代表性。民国以后七大影系渐渐凋零，就山西本地而言皮影戏的表演活动基本消失。由于掌握皮影戏表演的艺人渐渐老去，又缺乏继承人，使现在想看到一次正宗的山西皮影戏难如登天；除此之外，由于皮影制品不易保存，现在还懂得制作工艺的人更是寥寥无几；老一辈的皮影表演艺术家收入微薄，难以开门授业，虽然近年来受国家政策扶持，有很多年轻人也加入到皮影表演艺术的学习和培训中，但是大多忍受不了枯燥的学习过程，浅尝辄止，未能学到真正的技艺，皮影艺术的保护与开发仍然面临较大的困难。山西的民间刺绣以其精湛的制作工艺受到海内外刺绣爱好者的热烈追捧。一直以来在古老文化的熏陶和沉淀下，民间刺绣内容自然也丰富地展现出了山西风土人情的特色。[2] 山西的民间刺绣集中反映在佛教建筑中，山西五台县和大同的云冈石窟就有好多绣花图案，这些独有的图案成为山西刺绣区别于蜀绣、粤绣、苏绣等刺绣的重要标志，刺绣作品有了佛教文化的加持，更加具有研究意义。除此之外，中阳县的剪纸、平阳木版画，还有极具特色的民居砖雕艺术都是山西省文化资源开发中技能技艺形态的重要组成部分。

器物形态。一般来说，器物形态包括当地的建筑、园林、传统服饰和陈设物品等。山西文化传承历史悠久，所留下来的器物形态文化资源十分丰富。园林建筑中，乔家大院、王家大院、常家庄园等作为华夏民居的精华一直以来享誉中外。大院园林建筑实质上是晋商文化的生动体现，庞大

---

① 颜景宗，颜丹.传统山西老陈醋酿造工艺［J］.中国调味品，2004（7）.

② 马瑞.山西民间刺绣的传承保护与发展［D］.天津：天津科技大学，2016.

的院落可以反映出当年晋商在万里茶路上举足轻重的地位，也是山西人民勤劳、智慧的最好证明；相比于这些大院文化，许多佛教建筑也十分具有研究意义。位于山西省五台县的佛光寺东大殿，建于唐大中十一年，是我国现存最大最完整的唐代木结构古建筑；太原市西南区的晋祠，以雕塑、壁画闻名；建于辽代，重建于金代的华严寺的建筑风格也是非常少见的。以五台山为例，作为五大佛教名山之一，每年前往的游人络绎不绝，但是大都以拜佛为目的，而往往忽略了山上近128座寺院的古建筑。自东汉永平年间开始，历代在此修建的庙宇佛塔鳞次栉比，显通寺、塔院寺、菩萨顶、广济寺、万佛阁等最为著名，以木质结构为主，寺内的雕塑巧夺天工，各种石刻、壁画、书法更是件件精品，有很高的艺术价值。山西晋南的珐华釉陶，是一种独特的低温釉陶，在工艺和技法上与琉璃颇为相近。山西服饰是山西历代各族劳动人民创造的既有的丰富物质成果，是体现着民族性格、精神风采和时代特征的珍贵文化资源，有着极鲜明的文化特征。① 山西省长期以来以汉文化为主，服饰也以汉服为特征。长期的历史发展中，形成了肚兜、马甲、围嘴等符合黄河流域和黄土高原地域形态的服饰，服饰颜色方面，以朴素的黑白灰为主，与人们脚下的黄土地相得益彰，反映出山西人骨子里艰苦朴素的性格。秧歌在山西传统文艺表演形态中占据重要的历史地位，表演者的服饰特色是秧歌表演中最直观的感受，长期以来也形成了富有山西特色的服饰文化，不同环境和不同的表演角色，服饰也不尽相同。另外，山西的晋剧表演者的服饰特征也是区别于其他剧种的重要标志。

节庆活动形态。节庆活动也是历史文化资源开发形态中重要的一环，在研究晋商文化和万里茶路山西段的文化时，我们必须对其进行更加详尽的研究。晋中地区的晋商社火节是为祈求富有、吉祥的传统民间娱乐活动，舞龙、高跷、旱船、晋剧在每年的腊月二十八至正月十八像一台台好戏逐一上演，社火节成为了民间艺术的大熔炉；明朝时进行了我国历史上规模最大、最有组织、最有计划的移民活动，洪洞县是一个较大的集散

---

① 张繁荣，刘锋，卢致文．山西服饰文化资源的旅游价值及开发策略［J］．江南大学学报（人文社会科学版），2009，8（3）：121-124.

地，当时人口集散的办公场所有一棵大槐树，后来迁移出去的人们就普遍将"大槐树"当作寄托乡愁之地，也流传开"问我祖先何处住，山西洪洞大槐树"的俗语。每年的 4 月 1~10 日，在洪洞大槐树都会举办寻根祭祖的活动，许多游人也络绎不绝地来到这里，更加体现出"五千年文明看山西"这句话绝不是简单的一句话，而是承载了华夏文明的根基，影响着中国文化的发展、传承脉络，使万里茶道山西段的研究更具有意义。添仓节是山西特有的节日，每年农家会在旧历正月二十五日的这一天往自家的粮仓里添加新粮，寄托了人们对来年有一个好收成的愿望，中国人自古在重大节日时，便会给饭桌上添一道鱼，与添仓节一样预示着年年有余的美好祝愿。中国人耳熟能详、口口相传的传说——牛郎织女，起源于山西和顺，从 2007 年开始举办的和顺牛郎织女旅游文化节受到人们的喜爱。除此之外，太原的双塔寺牡丹花艺术节、晋城的太行山国际旅游文化节、尧庙正月庙会等也是山西特有的节庆活动。

山西省以几千年来的厚重历史文化积淀作为重要基石，对于推动中国文化产业开发与中国旅游业快速发展起到了极大的促进作用，而古代的遗迹、遗址和独特的民俗习惯便是其中重要的一环，文化历史资源也越来越多地以多种形态的方式展现在世人面前。山西只是万里茶路的一小部分，从所占比重来看，似乎没那么重要，但正是由于山西省作为华夏文明的发源地，它能成为我国文化中最具代表性的文化群落。山西省内的各种历史文化形态相互渗透，各类风俗习惯在岁月的积淀中早已融为一体，尽管本文主要研究晋商文化在万里茶道中的代表性作用，但是仍需要以其他的文化层次来进行研究，将山西省的文化内涵完整地呈现出来，不仅为了证明山西路段的重要性，对于山西历史文化资源的深层次研究和推广也有重大意义。

第二节 文化资源产业化的一般路径

文化资源依据其形态可以分为有形与无形两种，依据开发程度可以划分为充分开发、一般开发、初步开发和尚未开发四种类型。对于产业化的传统文化资源，可以依据其产业化程度再进行进一步的细分，如划分为产业化程度较高、产业化程度中等、产业化程度较低、未产业化等类型。根据文化资源的类型划分决定了其产业化路径也不相同。

根据以上分类与现实中传统文化资源开发的实践，可以将文化资源产业化的路径分为以下几种：

一、同心圆式扩散路径

同心圆扩散方式可以理解为两个层面，一个是从文化资源所处地域空间上的扩散方式，另一个是指文化企业开发时业务范畴上的扩散。由于文化资源实现产业化的最终结果是要有规模效益，规模可理解为具有较大数量、形成区域集聚、实现经济规模。这与所处的区域空间范围有着极大关系，这种扩散路径既与产业化的地理范围［见图4-1（a）］有关，也与产业化的业务范围［见图4-1（b）］有关。

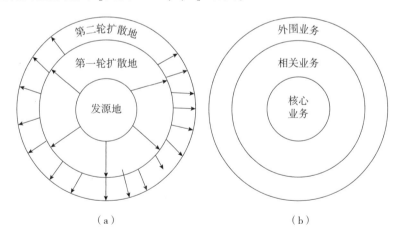

（a）　　　　　　　　　　　　（b）

图4-1　同心圆式扩散路径

区域空间上的路径方式第一层含义是指挖掘利用区域内部的资源优势形成有机的相互联动的关系。在全国各大城市都存在着这样的文化空间，比如西安回民街、天津的五大道、福州的三坊七巷、成都的宽窄巷子等，甚至整个城镇本身资源保存完好，如云南大理、丽江、凤凰古城、平遥古城等。这些区域空间本身历史文化风貌优良并保存开发妥当，以文化旅游为核心产业吸引了世界各地的人们络绎不绝地前往。大批游客的到来形成了庞大的消费群体，同时也吸引了文创人才来此集聚促进地方文化产品的生产，为核心文化产品的创造营造空间氛围。

区域空间上的路径方式第二层含义则是实现本区域核心文化产品影响力从地理上进行扩散，并实现本区域与其他区域文化资源借势互动，形成良好的生态共生氛围。这种方式中区域文化资源开发已经形成了以某种文化形态为品牌特色的文化产品生产集聚区。传统文化资源开发者必须在地理扩散方面做出一定的努力，这可以通过有形扩散与无形扩散来实现。有形扩散可以通过产业与企业的布局来实现，如在发源地周边县市设点，通过稳步占领周边市场，逐步向中心城市与外围拓展。对于有些文化资源来说，难以实现有形扩散，此时可以考虑进行无形扩散。例如，物质文化遗产，诸如关帝庙、晋商大院等，由于不可移动，因而也就无法进行有形扩散。再如，一些民风民俗，如果离开了当地的语言、文化与地理环境，恐怕也会变成不可理解的东西。比如祁太秧歌、左权小花戏、"走西口"民歌。对于这一类资源还是选择无形扩散路径较为合适。无形扩散主要包括品牌扩散、广告扩散和网络扩散等方式。

二、交融重组呈现式扩散路径

一些无形文化资源难以直接产业化，如民风民俗、传说故事等仅仅间接地作用于人们的日常生活。对于这类文化资源，只有采取与其他产业融合发展的方式才能实现其文化与经济价值。正如 Throsby 所说，无形文化资产的价值较难评估[①]，但不能因此就否认它们的价值。因为通过将这些无形文化资源进行物化或与其他产业融入到一起，它们同样可以实现其经济价值。因此，从无形文化资源转化方式来看，由深及浅有三种类型：第一，将无形文化资源通过某种途径进行物化；第二，与第一产业和第二产业融合；第三，与服务业融合。酒店设计风格、交通标识、路边的路灯、

---

① David. Throsby, Economicsand Culture ［M］. NewYork: Cambridge University Press, 2001: 77-86.

垃圾桶都能将当地文化融入其中，从而使文化表现出它的价值。当代社会，随着文化产业升温，文化附加值日益受到重视，文化的影响力被越来越多的服务业、餐饮业、住宿业、农业、制造业等第一、第二、第三产业所吸收利用，提升了产品价值。比如，作为增加文化附加值的红色主题餐馆推出革命时期的菜系，服务员着装、店面装修、包间名称、背景音乐、主题活动等都还原时代背景。还有年代主题餐馆，通过一些元素营造80后、90后共同的记忆氛围，制造生活经历的共鸣点，比如一些当今不再流行的玩具、游戏卡带、CD，当年火爆的歌曲影视，提供一些个性化的定制服务。这些都是利用情怀来创造收益。

典型案例

四川麻辣空间特色餐饮的打造

四川麻辣空间餐饮管理有限公司创建于2005年9月，是一家集火锅底料开发、生产、销售和火锅经营于一体的大型产业化连锁餐饮企业。麻辣空间致力于打造中国清油火锅的领袖品牌，始终坚持"简约时尚、服务百姓"的经营理念，坚持"宁少务精、宁缺毋滥"的菜品出品原则，努力塑造"品质、品格、品味、品牌"形象，并将传统文化与现代文化、地域文化与特色文化相融合，打造特色餐饮。麻辣空间火锅在全行业首次把酒水超市概念以及儿童游乐园经营模式引入火锅店的经营中，既传承着火锅的精髓，又颠覆了传统火锅经营模式，开创了时尚潮流饮食和高附加值消费完美融合的崭新模式。

在元素与元素碰撞通过加法法则交融重组呈现的文化产品，通常能够唤醒人们对某类元素固有陈旧的认知，唤醒大众的情感。比如中国戏曲的传承，戏腔融入民谣，流行音乐中，古风盛行。戏曲的内容可以制作影视、动漫、游戏，比如巴黎时装周的以戏剧脸谱、中国红嫁衣为主题的大秀，以全新的样貌展现固有元素，实现文化资源旧时魅力的再生。

三、节点链接式扩散路径

节点链接式扩散指的是"文化要素"能够在不同属性及性质的事物发生跨界接触时充当节点实现链接。产生链接的可以是生产商、供应商、消费者、媒介平台、政府等不同主体部分，也可以在企业生产链、价值链、产业链等不同经济活动中发生链接。价值链最早是由迈克尔·波特提出的。波特指出，一定水平的价值链是企业在一个特定产业内从事设计、生产、营销、交货以及对产品起辅助作用的各种活动的组合。① 产业链概念的起源是不明确的，1958 年赫希曼在《经济发展战略》一书中从产业前后向联系的角度论述了产业链的概念。② 关于生产链的概念讨论的较少，比较有价值的定义是由丛屹、林芳给出的。生产链是指与完成最终商品有关的劳动与生产过程的一组网络。③ 关于供应链，有两个定义可以参考：①供应链是指供应商和协作单位、企业本身、销售网络以及客户等各个环节紧密相连、相互配合、相互依赖的类似于链状结构的系统；④ ②供应链是指从生产产品的物流供应到最终用户取得产品的过程中一系列的业务活动和相互关系构成的链状结构。⑤

文化资源产业化的运动过程往往涉及不同的行为主体，它们具有不同的属性和目的，站在各自的立场出发去开发文化资源，难免引发文化资源过度挖掘乃至造成毁坏的严重后果。通过节点链接可以为文化资源产业化营造可持续再生的生态系统，促进不同主体间和谐共生。文化本身是人类发挥智慧创造而诞生的，具有极强的渗透性。文化资源是不同主体共享资源，因受当代人们的需求喜好及消费认同的影响，文化资源的产业化需要文化价值的呈现及形式的创新。

对于文化企业来说，在其发展的不同阶段，需要制定适当的扩散战略。在扩散中，企业需要根据自身的实力选择适当的扩散方式。

---

① （美）迈克尔·波特. 竞争优势 ［M］. 陈小悦译. 北京：华夏出版社，1997.
② （美）艾伯特·赫希曼. 经济发展战略 ［M］. 曹征海等译. 北京：经济科学出版社，1991.
③ 丛屹，林芳. 生产链、全球生产系统与空间发展的理论 ［J］. 财经问题研究，2006（10）.
④ 卢新华. 我国企业实施 ERP 管理的风险因素分析 ［J］. 科技管理研究，2002（1）.
⑤ 何乃绍，刘航平. ERP 在企业管理中的应用及风险 ［J］. 商业研究，2005（12）.

五台山风景名胜区是世界文化景观遗产地，是中国佛教四大名山之首，是首批国家级风景名胜区、国家森林公园、国家地质公园、国家 5A 级旅游景区。五台山的核心文化是佛教文化。近年来五台山利用佛教文化这一核心，积极向外拓展，逐步由五台山佛教圣地的定位拓展为泛五台山旅游景区。在这一过程中，五台山充分利用独特的自然资源优势开发旅游市场，并向外扩展与芦芽山风景区积极融合，实现同心圆扩散式与节点链接式共同开发。在人文方面当地居民利用景区优势开发出"农家乐"，并利用当地自然资源开发出当地特产五台山台蘑。五台山实现了由佛教文化为核心逐步向外扩展，最终联通周边景区并改变当地居民增收模式，拉动地区经济增长的多重收益并举的局面。

典型案例

"智慧五台山"开启智慧旅游产业新模式①

2016 年 12 月 8 日，五台山风景区管委会与山西广电信息网络集团签署"智慧五台山"项目合作协议，双方将共同推进五台山信息化建设，进一步推动信息产业与旅游产业相互促进发展，探索山西省智慧旅游产业新模式。

根据国家旅游局《关于促进智慧旅游发展的指导意见》，到 2018 年，推动全国所有 5A 级景区建设成为智慧旅游景区；到 2020 年，推动全国所有 4A 级景区实现免费 Wi-Fi、智能导游、电子讲解、在线预订、信息推送等功能全覆盖。在此背景下，省网集团借助自身网络基础、业务平台、用户基础，与五台山风景名胜区管委会共同积极筹划、推进五台山信息化建设，携手打造"智慧五台山"项目。

"智慧五台山"是山西广电信息网络集团按照国家三网融合、宽带中国、"互联网+"等的产业发展要求与部署，在全力为全省广大用户提供

① http://www.ttacc.net/a/news/2016/1212/44763.html.

"视频+宽带"基础服务的同时，积极推进智慧城市、政府信息化发展，携手五台山风景名胜区管委会共同推进智慧旅游项目。作为省网集团在山西智慧城市、智慧景区建设的样板工程和示范工程，该项目一期计划投入450万元，将充分发挥山西省广电网络的技术优势和覆盖优势，向五台山景区游客提供免费的"视频+宽带"的Wi-Fi服务，完成智能导游、电子讲解、在线预订、信息推送等功能全覆盖，并整合升级景区现有各个独立的业务系统，搭建综合信息化管理服务平台，构建景区电子政务服务系统及大数据分析系统，充分挖掘景区内海量数据的优势，实现信息化平台外延服务的开发与利用。

项目的主要内容包括：

合作建设景区广电网络有线+无线全覆盖的网络传输平台。在山西广电信息网络集团五台山分公司现有景区全覆盖网络的基础上，搭建广电700MHz频段无线网络，实现景区广电网络有线+无线全覆盖的网络传输平台，为用户提供"视频+宽带"的服务，建设山西广电信息网络集团700GHz频段无线网络实验田，推进"山西下一代广播电视网络"（NGB）和"下一代广播电视无线网"（NGB-W）的建设、整合、运营。

建设"智慧五台山"综合信息化平台。双方充分发挥已有的信息化资源条件，整合升级景区现有的各个独立业务系统，搭建"智慧五台山"综合信息化管理服务平台。结合景区需求，构建景区电子政务服务系统、景区电子票务、景区旅游服务信息系统，探索山西广电信息网络集团在政府信息化建设的发展方向和运作模式。

综合信息平台外延服务。利用大数据分析技术，建设大数据分析系统，充分挖掘景区内海量数据的优势，将各类大数据分析数据推广到电子商务平台，将景区的特色旅游纪念品、旅游餐饮、酒店，在景区综合信息化平台的基础上，积极拓展新增长点，实现信息化平台外延服务的开发与利用。

打造山西人文建设宣传渠道。山西广电信息网络集团结合多年来的媒体宣传渠道和经验，充分利用广电云媒体平台，以"智慧五台山"为样板，打造山西文化推广宣传渠道，扩大山西人文、历史文化的影响力，实现文化旅游产业与信息产业深度融合和共同壮大。

第三节　万里茶道山西段晋商文化产业开发的路径选择

文化资源产业化开发的路径选择也适用于万里茶道晋商文化资源，本节将考察国内类似的历史文化，以资源丰富的案例进行分析，找出最适合万里茶道晋商文化产业开发的路径。万里茶道晋商文化资源类型的划分及相关的例子如表4-1所示。

表4-1　万里茶道晋商文化资源的类型划分

划分标准	形态	开发程度	产业化程度	例子
类型	有形	充分开发	较高	晋商大院
		一般开发	中等	古村落、名人故居
		初步开发	较低	平遥推光漆器
	无形	一般开发	中等	祁太秧歌、山西民歌、传统武术
		初步开发	较低	晋商文化
		尚未开发	没有	传说故事、民风民俗

一、国内相关案例

1. 山东曲阜大力开发孔子文化品牌

背景：山东曲阜历史文化悠久，文化资源丰富。先后诞生过轩辕黄帝、炎帝神农氏、少昊金天氏、周公、鲁公伯禽等古帝先贤，但真正让这里为世人所熟知的，还是儒家创始人孔子，儒家学派的重要代表人物孟子、颜子、子思也诞生在这里。数千年来，随着儒家思想逐渐成为中国封建社会正统思想，前往曲阜朝圣的帝王公卿络绎不绝，这些人都曾在曲阜留下丰富的文化遗存。曲阜虽然拥有丰富的文化资源，但由于长期以来缺乏市场观念，导致曲阜的文化产业并未得到深度开发。文化旅游项目仅停留在"观光游"层面，对于孔子遗迹，只是单纯地采取观光、住宿加吃饭的方式。而且市内各景点分散经营，无法形成大效应、大影响。

定位：以发展儒家文化为核心，带动相关产业发展。

规划：以一条中轴线向周边延伸的方式，带动散乱的古迹成为一个文化产业群。

主要举措：建设明故城文化产业群，包括孔庙、孔府、颜庙等；建设孔子研究院文化产业集群，包括杏坛剧场、孔子文化园、孔子博物馆等；建设孔子文化会展产业群；建设孔子出生地，包括孟母林、九龙山汉墓、文化城主要选址等；建设邹城三梦。

现状：已建成七个文化产业片区（明故城文化产业核心区、寿丘始祖文化旅游区、九龙山孟子故居文化区、高铁现代文化娱乐发展区、尼山孔子诞生地风景区、石门山体育休闲旅游区和九仙山农村观光旅游区）以及六个基地（会展基地、古玩交易基地、游客集散基地、孔子学院教育体验基地、传统书画培训交易基地、古籍图书出版交易基地）。

成果：形成了九大产业，包括孔子文化旅游、孔子文化餐饮服务、孔子文化会展、孔子文物复制、孔子文化商品、孔子书画、孔子文化图书出版印刷、孔子文化演艺和孔子文化节。孔子文化旅游业、孔府美食、节庆会展、孔子文化复仿制品业等已经成为曲阜的知名业态、城市名片。曲阜仅孔子元素商品的销售收入就已占整个旅游产业收入的35%以上。①

2. 云南腾冲和顺古镇保护与开发并重

背景：和顺是云南省腾冲县的一个边陲小镇。这里曾是马帮重镇、西南丝绸之路的必经之地，素有"华侨之乡""书香名里"的美名，历史厚重，文化底蕴深厚。1942年，日本侵略者占领了腾冲，西南丝绸之路中断，以后由于战乱和政治动荡，和顺渐渐在历史的尘埃中被淹没。

定位：和谐发展，保护与开发并重。

和顺镇以文化为灵魂，以保护为基础，以其独特的建筑风格、丰厚的

---

① 于少东，李季. 中国文化产业经典案例 [M]. 北京：中国建筑工业出版社，2014.

文化底蕴、优美的田园风光开展文化旅游，一跃成为云南著名的旅游胜地。

现状：2006 年，和顺古镇将入村主干道以下的土地全部征用，动工建设和顺小巷。工程对小巷里的古建筑进行了保护性重建，小巷内建筑气势恢宏，多角度、多层次地展示和顺当年"走夷方"的腾越文化。生活在小镇的 6000 多原住村民，既是古镇的主体，又是游客观光休闲游接触的客体，村民悠然自得的生活方式和田园牧歌式的传统耕作方式，和睦亲近的邻里关系和淳朴的乡土风俗，成为游客眼中流动的边地乡村民俗风情画，创造了一个活着的古镇。和顺古镇"保护风貌，浮现文化，适度配套，和谐发展"的十六字方针，被专家们誉为"和顺模式"。

成果：2005 年，和顺镇被评为 CCTV 中国十大魅力古镇之首。和顺还拥有国家环境优美乡镇、国家 AAAA 级景区、国家文化产业示范基地等称号。①

3. 西安曲江新区的文化资源产业开发

背景：盛唐文化。

开发方向：在文化旅游、影视演艺、会展创意、传媒出版等多个领域形成较为完善的产业链和产业集群。

特点：以"文化产业立区，文化旅游兴区"为宗旨，以盛唐文化为品牌，以资源整合为手段，实施重大文化项目带动战略。

开发举措：建成大唐芙蓉园、大雁塔北广场、曲江海洋馆、曲江国际会展中心等多项文化工程，开展了"曲江国际唐人文化艺术周""盛唐西安文化活动""曲江国际文化论坛""曲江国产电影新人新作展"等一系列重大文化活动。

成果："国家级文化产业示范园区"，城市区级行政辖区发展文化旅游产业的榜样，成为名副其实的西部旅游集散中心，跻身国际化旅游景区行列，形成了独特的曲江文化品牌。

---

① 于少东，李季. 中国文化产业经典案例［M］. 北京：中国建筑工业出版社，2014.

二、万里茶道山西段晋商文化资源产业化的路径选择

文化资源产业化开发的内涵是将文化资源作为一种经济发展要素，与其他经济发展要素充分结合的经济活动，进而催生文化传媒产业、文化创意、文娱产业、网络产业等新的文化经济现象和产业形态。①

（一）万里茶道晋商文化资源向文化产品转换的交融重组呈现式路径

通过前文对万里茶道晋商文化资源的梳理，以及在晋商文化资源产业化开发的评估分析中已经对其有了充分的了解。由于万里茶道本身能够链接山西诸多文化成为它们的共同基点，所以以万里茶道晋商文化为纽带，能够实现山西诸多文化资源的链接与优化整合。

1. 晋商文化元素的摄取实现产品的有机再生

对于传统历史文化资源，其文化基因承载着民族情感、价值观念与审美喜好，由于时过境迁发生弱化导致吸引力削弱，这类文化资源产业化路径无外乎要从文化资源自身精神内涵及特质进行把握，结合现代人的审美喜好与需求进行文化创作与解构，维持营造文化再生产的平衡状态。晋商文化是一个比较宽泛的概念，涉及民俗、饮食、建筑、金融、商业礼仪、商业文明等诸多范畴，有着很强的依附性、衍生力，可提供的晋商文化要素众多，包括晋商账簿文字、晋商故事题材、晋商建筑图案及相关工艺产品、晋商学徒礼仪，这些晋商文化元素有着极强的识别度，所涉及使用的范围广、关联性强，是晋商文化元素提取的重要前提与保障。这些元素如何进行选择与摄取，如何与其他文化要素、产业形态结合生产出新兴的满足当下大众审美需求的文化产品是晋商文化资源产业化开发的关键。

近年来山西整体经济稳中向好，综改示范区转型升级一直受到政府高度重视，地方文化产业发展氛围浓郁，并且吸引扶持了一批本土企业家、手工匠人及工作室，生产创作出具有本土特色的文化产品难度降低。虽然山西地区自身科研、设计、生产水平尚有欠缺，但山西本身属于中部地

---

① 严荔. 论文化资源产业化开发 [J]. 现代管理科学，2010（5）.

区，在物流快速发展的背景下，可将部分设计、生产工作外包出去。并且在信息化时代，充分利用媒体和互联网，开展有特色、有重点、有策略的宣传销售工作，在吸引更多的消费者来到山西的同时，提高晋商特色文化产品的品质，推动文化销售走出家门，甚至走出国门。

例如，可从产品的外观视觉上进行设计创新，包装设计可为产品添新貌，产品的外在形象是消费者在视觉感观上的第一印象，甚至能直接刺激影响消费者的消费欲望。外观的设计也尽量选取晋商文化元素来进行。

山西本地现有的农特产品、旅游纪念品、生活用品等能够与晋商产生关联，比如传统品牌"平遥的牛肉，太谷的饼"，以及《夸土产》中展现的其他土特产品，这些产品当年之所以有名，与晋商足迹遍天下的传播不无关系。如今，运用文化创意增加产品附加值，充分发挥原产品物质载体的美学空间，用原有文化元素进行产品设计创新一定能够让传统工艺再放光彩。

当今社会不乏文化创意与传统元素结合发挥出 1+1>2 的成功案例，比如故宫博物院文创产品福寿双全仿金漆工艺笔记本，产品从馆藏的清代紫檀嵌玉云龙纹宝座中提炼黑漆描金的线条以及云蝠环绕团寿字纹样，设计加工出样式精致手感细腻的记事本。又如仙寿吉祥便笺本，从皇后冬日便服"灵仙竹平金团寿字纹棉氅衣"，提取其鲜明的色彩和灵仙竹平金团寿字图案赋予笔记本新面貌。

相比故宫博物院，山西本土并没有出产如此高工艺水准有着皇家背景的文物，留存下来的晋商大院可称得上民居翘楚，砖雕、楹联、牌匾，文物数量大、种类多，但长期以来仅是静态地待在晋中大院里，等着游客来参观，没有发挥出自己的潜能。大院中的建筑工艺目前有待进行专门收录和评定。单一的楹联文字吸引力可能单薄，但与传统颜料色泽、传统故事图案进行融合重构可发挥较大力量，并把融合重构再生的晋商图案元素作为生产要素投入民间的生活物品中，做到取之于民，用之于民，比如在服饰、布料、桌椅、瓷器、摆件等日常生活用品上再创作，生产出大众喜闻乐见能够消费得起，拿得出手的晋商文化特色产品。

2. 融入不同产业形态中全方位开发多样化晋商文化产品

晋商文化也是受传统文化思维影响的文化，其最核心层的精神内涵是在中国传统天命观与人本位作用下产生的精神追求，这种精神追求直接影响了人的心态和行为方式，即在心态上追求一种完成。而这种心态间接诱发了行为方式，即建功立业的追求，自强不息的奋斗精神，它是生成山西人刚健有为气质的重要基因，直至当代人们仍然秉持着这种追求。通过将晋商文化资源从精神内涵上对其固有印象进行分解，把建功立业心态和生活方式与其他载体及产业进行融合重构，开拓晋商文化资源的产业链，提升价值增值空间。具体地，比如可以"重走万里茶道"为主题，推出"走千年古道，品悠悠茶香"的深度文旅体验产品。万里茶道山西段之太行山段本身有着"五月相呼度太行，摧轮不道羊肠苦"的说法，这里山川险峻，最能体现当年商旅之艰难，自然山水风光俊秀、群山林木苍郁，在山中探道，在学习思悟晋商行商之道的同时品尝农家饭、体验艰苦奋斗精神与自我完成相结合的深度体验的文旅产品，丰富山西现有文化产品层次。

（二）万里茶道晋商文化资源向文化产品转换的节点链接式路径

文化资源产业化，一方面要以文化资源为基本经济发展要素，通过挖掘、整合、创新等途径形成文化产品，然后进入市场，成为文化商品，参与到文化商品的生产、流通、交换、分配等基本环节中，在市场基本规律的作用下，遵循市场经济规律和文化产业标准，进而形成现代文化生产和运行方式；另一方面，作为文化资源产业化运行的结果是指文化生产规模化，以文化产业和文化产业群的兴起和形成为标志。

政府通过引导和规划，将现有产品及资源向晋商文化靠拢，以学习、创作为方式方法链接整合资源，可以开拓晋商文化资源的延展性。例如，祁县茶商之都与玻璃器皿之都两大称号看似并无关联，实则可以以晋商文化为主题依据，将玻璃器皿与晋商文化相结合，以晋商现有文物遗存为素材，对玻璃器皿在花纹、形状上进行设计创新，或者利用祁太秧歌、戴氏心意拳等姿势动作设计一套修身养性、健康长寿的运动操或者广场舞，生产具有浓郁的晋商文化特色的产物。

（三）晋商文化资源向文化产品转换的链接整合式路径

目前国内以中国传统精神文化中的某一文化元素为地方开发主旨的案

例并不多见，以晋商文化尤其是万里茶道的开拓进取精神为核心进行开发，可以使晋商文化作为"节点"与不同性质的文化项目、行为主体相互吸引从而实现链接。在文化资源向文化产品转化的链接整合式与融合再生式路径容易混淆的地方在于，融合再生指的是文化产品的生产过程中文化资源作为生产要素如何实现活态性生产，而链接整合式指的是文化产品面向市场与地方其他已有的产品间如何营造和谐共生的空间氛围。

1. 精心设计整合资源，积极引导孕育生长环境

文化作为节点实现链接整合通常有着明确的合作意向及双方共赢目标，资质平凡、习以为常的文化资源将价值最大化且做到极致，除了将某一特色产品做大做强以及开发产品的特色功能，还有整合资源的功能。晋商文化相关资源甚多，在地域上分布较广、资源零散，以往这些资源的开发局限于产业形态上，对于文化内涵的赋予与关注略显薄弱，需要从整体上进行高度设计，加强晋商文化资源产业开发的顶层设计。同时积极整合梳理文化资源，发挥文化的关联性和能动性，引导孕育一个有机的文化产品生长环境，从整体上促进万里茶道行经地区的产业发展。落实到万里茶道晋商文化产业布局上，要构建晋中、晋南、晋东南、晋北等不同板块，每一个板块的商业文化资源禀赋不同，各具特色，因此在发展文化产业时侧重点也要有所不同，避免同质化、重复建设。

能够从整体上对地区进行引导梳理的行为主体，一般以政府为主，地方企业自发形成的工商联、商会等组织也能起到部分作用。当前山西省正在积极行动。2018 年 4 月 14 日《山西晚报》的这篇报道就能说明山西省委、省政府的决心和行动。

典型案例

山西省旅游项目全面开工建设

本报 4 月 12 日讯（记者：赵丽娜）今日上午，山西省旅游项目开工季启动仪式在晋中市举行，标志着山西省旅游项目进入全面开工建设

阶段。

在 2017 年全省旅游发展大会上，楼阳生省长提出"举全省之力锻造黄河、长城、太行新的三大旅游板块"。围绕三大板块建设，省委、省政府决定 2018 年率先在全省启动公共服务提升和重点项目突破两大重点工作。

今年，全省将开工建设的旅游重点项目有 184 个，包括新建 85 个，续建 99 个，计划投资总额 2477 亿元，其中总投资额 100 亿元以上 4 个，10 亿元以上 43 个，全年要完成投资 380 亿元。特别是将投资额度大、示范效应强、影响范围广的 20 个重大项目作为省级挂牌督办项目，确保率先开工、率先见效，以此带动全省旅游项目的整体推进。

这 184 个项目包括基础设施类 79 个、康养旅游类 10 个、文化旅游村镇和乡村旅游类 52 个、旅游新业态类 43 个，覆盖了全省 11 个市和 90% 的县，涵盖了旅游产业的基本要素和主要业态。在 4~6 月的旅游项目开工季中，将有 159 个项目开工建设，其余 25 个项目正在办理项目前期手续，将在下半年开工建设。

省旅发委相关负责人表示，目前，省政府印发了《2018 年三大旅游板块突破性开局行动方案》，其中实施大项目建设行动是重中之重，"今日的启动仪式标志着我省旅游项目进入全面开工建设阶段，这是贯彻落实全省 2018 年转型项目建设年决策部署的具体体现，也是旅游行业全力打造文化旅游战略性支柱产业的务实之举"。

山西省目前正在建设和已经建成的文化项目有：山西省投资集团以"文化+"的理念建设的"文化+旅游"的山西省文化产业园、"文化+养老"的孟母养生健康城、"文化+农业"的山西省农产品国际交易中心、"文化+贸易"的山西文化保税区这四个重点文化旅游产业代表项目。"晋韵堂山西铁货"连锁加盟项目、晋韵堂高端定制项目以及匠人手作系列阳阿山房项目。祁县红海玻璃文化园、振东集团投资打造的神农中医药文化园文化旅游项目，太原酒厂投资建设的晋泉酒文化园区由，占地面积约 300 亩。项目总投资 5 亿元，将着力打造成为集白酒酿造、工艺研发、创意设计、酒文化展示、工业旅游于一体的综合文化园区。山西省陶研所的陶瓷创意园包括陶瓷创意文化园区、陶瓷 3D 打印技术项目、数字转印陶瓷创意项目、陶瓷艺术 DIY 体验教育培训等项目，以及最新设计开发的瓷板画、屏风等陶瓷文化创意产品和个性化定制产品。

山西粤投文化旅游有限公司投资建设的平遥古城生态旅游文化产业园——中国天鹭湖，以旅游、文化、环保、传媒、航空、金融六大产业定位，承托省市经济转型升级、"旅游业+"产业融合发展为使命，将建设为山西省旅游集散中心、休闲度假目的地、创新产业基地与绿色人居社区为一体的配套新型生态文旅城镇。

山西梦飞动漫文化有限公司的梦飞动漫文化园、"晋源文化"动漫电影两个重点项目以及"晋源文化""阿梦虎"创意动漫艺术系列衍生产品。巴克创奇梦工厂是山西省首家融合科技体验及观赏娱乐为一体的大型室内主题乐园，有《叹为观纸》《鲁班巧工坊》和《青少年创客工场》项目等。

早在 2012 年，山西省就提出重点组织实施"七大文化建设工程"的口号，也在一步步地实施完成。其中三大工程与万里茶道晋商文化产业有关。包括：

"产业集聚"工程。促进文化产业转型升级，促进文化与旅游、科技、体育、信息、休闲等行业的融合，打造品牌，培育晋酒、晋醋、晋药、晋做家具等 100 个左右具有特色优势的文化产业集群和 20 个晋字号品牌文化产品，打造 10 个左右社会影响大、综合效益高的文化会展和节庆活动。打造黄河风情线、魅力太行线、塞北神韵线、晋商万里茶路线、雁门五台线五条文化旅游线路。

"五大引导示范"工程。重点打造山西省国家级非物质文化遗产保护展示园、山西文化产业创意示范园等五大园区。

"标杆旅游演艺"工程。重点开发五台山、云冈、平遥、运城、太原等一批有影响力的文化旅游基地、旅游演艺项目，配套文艺团队、完善演艺场馆，重点提升和打造十余台旅游文化剧（节）目。

以上山西省正在建设的生态文化旅游项目，以及特色文化消费区的建设，为山西整体的文化旅游营造了良好氛围。这些项目本身涉及的内容有晋商文化、生态休闲观光、养老养生等，相互之间关联性弱且分布较为分散，文化资源优势未发挥到极致，具有核心竞争力和带动引擎的强势文化产品未成形。那么，现有及建设中项目之间有何关联呢？以万里茶道为轴线，打造晋商文化发展的全产业链对现有建设项目能起到较强的链接作用。

2. 以"情感"为节点，实现文化内容、活动与流行的融合

晋商当年创造了辉煌的商业成就，尤其是开辟万里茶道不畏艰难的精神，在历史的发展过程中已深入族群体内成为文化基因，虽然在近现代随着晋商的衰败、转型及经济技术的迅猛发展改变了人们的生活方式，晋商文化基因沉入深部。如今，民族文化复兴趋势浓郁，诗歌、书法、戏曲、汉服、二十四节气等民族传统文化瑰宝的复苏，使人们的文化自信意识愈加增强。当年晋中一带，俊秀子弟皆入商旅一途，见面打招呼都在互相问候"顶了几厘生意"，儿童都在唱着重商的童谣，如今我们亟待唤醒人们对晋商文化的情感，形成文化内容与人民群众、文化产品与消费者之间的情感共筑，而不仅是将其成为留存在记忆中的一个概念。晋商文化有其情感的部分，可以将"建功立业的人生追求"作为晋商文化情感的节点之一，把人与人之间的祝福对方有所建树的情感，人对自身生命珍视与关爱的情愫作为链接节点，唤醒人们对晋商文化的情感，激活晋商文化内容的创作，并融合时下流行的方式及审美，组织活动使人们在参与感受中领略晋商文化的魅力。

第五章

万里茶道山西段晋商文化产业开发的重点

前文对文化资源产业化进行定义，分析总结了产业化的一般路径，并针对万里茶道晋商文化资源向文化产品转化进行了具体分析。文化产品的形成是文化资源走向产业化的重要基础，而产业化从结果来看是形成了一定规模的产业集群，是由诸多行为主体各出其力共同推动形成的。而后者才是万里茶道晋商文化产业开发的重点所在。

第一节　万里茶道山西段晋商文化产业集群形成的基础

一、我国的文化产业基本层次

我国的文化产业分成几个不同层次，鉴于这些层次在产值、经济总量、发展步伐方面不一样，我们把它分成三个层次：

第一层次，以旅游为龙头的文化产业发展方式，这是较为初级或低级的发展方式。这种方式简单、门槛低、入门方便，依托于本地资源，容易掌控，所需的初步资金不多。在整体的管理和操作形式上也处于较低层面，所以中国各地，尤其是西部、中部城市，总是先采取旅游，或者叫人文旅游的方式来发展文化产业。

第二层次，目前我国在各地占据主导地位的文化产业发展模式，就是国有的广电集团、电影集团、广播电视集团、新闻出版集团、演出集团等，在国家层面上有中演集团、中国电影公司、中国广电集团等，还有其他的电视台、广播电台等。除了东部一些省份，它们在文化产业总量上占据着非常重要的地位。这些产业是通过体制改革转型获得的，有几个特点：第一，它们是国有化的；第二，发展过程中不需要第一桶金，因为它们的资产是划拨式；第三，它们有一些国有的、垄断的资源，如果其他人要办电视台、广播电台、出版社，或对外演出的公司，还是有相当多的限制。从这个意义上来讲，这是我们目前国内的第二个层次，总量上占据主导地位，发展模式上是文化体制改革的成功产物。但是，因为过去作为国有的文化单位、事业单位，整体上还有很大包袱。这些年它们一方面要完成国家在整体意识形态方面的任务，另一方面也要承担公共文化服务的任务。

第三层次，在东部一些地区，包括西部和中部的省份，已经开始意识到文化产业发展的高端形态是创意产业。创意产业的最大特点是以高科技为支撑，以全球化为背景。它们要上市就是去纳斯达克、纽交所、伦敦交易所上市，有全球背景。整个发展过程中，采取现代金融制度下允许的一些方式，它的投融资方式、上市的方式是国际化的。在发展的过程中，它要以全球的需求为目标，其实要解决中国文化走出去的一系列问题，也要以这个为目标。这样就会看到第三层次的文化产业，体现了文化产业中的高端形态，它是我们产业转型中真正的目标形态。这种形态的特点是：在经济总量上达到相当大的程度，我们国内一大批这一类的企业获得了很大的发展。比如腾讯、阿里巴巴、新浪、百度、网易、搜狐，以及优酷、当当这样一大批企业，它们发展速度快，上市之后规模扩张也快。这个产业是通过利用现代投融资方式、上市的方式获得国际化的背景，运用天使基金、风险投资的方式迅速壮大的，这些都跟过去有所不同。这是一种新的、越来越占据文化产业总量，或者叫作推动文化创意产业成为我国未来支柱型产业的一条最重要的通道。

二、万里茶道晋商文化产业集群形成的动力机理分析

文化资源作为文化生产要素之一，需要精神智慧创新、行为主体或产业组织等生产要素共同作用形成文化产品。而文化产品的形成是文化资源走向产业化的重要基础，产业化从结果来看是形成了一定规模的产业集群，是由诸多行为主体各出其力所推动形成的。综合来看，晋商文化资源

产业化发展必然涉及众多行为主体和利益群体。这些性质不同、形态各异的行为主体该如何建立协调发展的关系？以区域品牌效应为动力因子来促进产业化是合理的选择。

区域品牌指在某个地理空间范围形成的具有相当规模和较强生产能力、较高市场占有率和影响力的产业产品，该产品在市场上具有较高的知名度和美誉度。区域品牌一般以"产地名+特性+产品"的格式，给某个地域的特定产品进行定性，并且这种定性通常得到广泛认可。例如，山西临县的"开阳金丝大母枣"，其甜度高与个头大的特点在名字中就能体现出来。区位品牌一旦形成，就会形成品牌效应，为该区域内的企业带来好处，如节约营销费用、降低市场开拓成本等。产业集群一旦形成，出于自身发展的需要，集群企业在应对市场竞争的过程中会共同推动集群产品形成集群区位品牌效应。晋商文化资源产业化过程中面对性质不同、形态各异的行为主体在受到利益驱使的同时找到共通点是促进他们共同发力的重要筹码，而拥有悠久文化积淀的晋商文化资源如何发挥利用便是以往的观光旅游业升级转型的重要突破口。

典型案例

云南的丽江已形成长久的集群区位品牌效应

由于独特的地理位置，丽江古城、东巴文化、纳西古乐等民族文化资源在丽江得以保留和传承至今。依托这些独特的民族文化资源，丽江古城、"三江并流"和"东巴文献古籍"先后获批成为世界文化遗产、自然遗产和记忆遗产，丽江成为中国唯一一个拥有三项世界遗产"桂冠"的城市。2003年，丽江被列为全国文化体制改革综合试点城市后，逐渐形成以世界遗产文化、东巴文化为核心层，以文化旅游及旅游相关产业为中间层，以现场表演、东巴文化产品创作、生产、销售为外围层的产业化运作体系，形成各类文化企业集群发展的现象。丽江也打造出丽江古城、东巴文化、纳西古乐、《丽水金沙》、茶马古道、《印象丽江》等民族文化精品，民族文化产品跃升为民族文化品牌，并产生品牌效应，使丽江成为中国西部极具吸引力的文化品牌和享誉海内外的旅游目的地。在实践和探索民族文化产业发展之路的基础上，丽江逐步形成了保护、继承、利用、开发良性循环的"丽江经验"①，并于2001年5月在丽江召开的第五届亚太地区世界遗产年会上被中外专家誉为"丽江模式"，在亚太地区推广。丽江民族文化产业集群的品牌效应得以不断彰显，形成了集群内外的良性互动，推动着集群不断发展壮大。

三、万里茶道晋商文化产业集群发展相关对策

（一）政府对策

1. 为文化产业发展营造良好的政策环境

文化产业发展离不开政府的支持，对一个新兴产业而言，政府不仅要在初期发展阶段提供资金支持，更重要的是提供发展引导和政策保障，以帮助产业发展壮大。从世界文化的发展情况来看，每一个做大做强的文化企业，文化品牌都离不开政府的支持。

2. 为文化企业提供人才是重中之重

文化产业是一个人才高度密集的产业，但产业发展的初始阶段，由于各方面因素的制约，企业往往很难在人才的市场竞争中占据优势地位，也很难靠企业实现优势资本的积累。这就要求政府采取一定的措施，为企业发展提供人力资本支持，为企业输送人才，特别是在人才发展战略中，适度向文化产业倾斜。

3. 为文化企业营造一种开放包容的发展环境

开放包容的发展环境对文化企业发展有至关重要的作用，企业发展应在一个开放与包容的文化环境里，其作用主要体现在为本地文化发展集聚人才，引进人才推动本地文化产业发展有两个极为明显的优势：一是可以在短时间内解决本地人才短缺问题，二是可以为本地节约培养成本并借助

---

① 袁瑛. 论西部民族地区特色经济发展 [J]. 特区经济，2007（5）：199.

多元文化打开相关市场。

此外，营造一种包容的文化发展环境要从以下几方面努力：

（1）营造一种开放、包容的社会发展环境。

（2）创造开放、包容的文化产业发展环境就是要为不同文化背景的人才提供一个发展的平台。

（3）为多元文化提供一个展示平台。多元文化的共存，不仅能够使不同的文化体系在共存中反思自身文化发展所面临的问题，也能够使不同文化在比较中学习其他文化长处，以弥补自身不足。

4. 形成多方投资的制度

文化资源的开发离不开基础设施的建设，而基础设施投资过大，难以充分调动地方政府和群众的积极性，因此必须建立以国家投入为主的投资机制，吸引多方投资。政府要连续不断地投入大量资金，用于保护文化资源，以及文化资源的创新开发，如果建立起了多元化、多方参与的投资机制，出台一系列鼓励进行文化产业投资的税收、价格外汇和建设用地等优惠政策，那么就可以减轻政府的负担。具体做法：遗产地可以按一定比例配套部分资金；对于文化资源的治理和开发项目采用国家贴息贷款方式鼓励企业参与，多渠道筹集资金；坚持"谁投资，谁受益"的原则，培育多元化投资主体，鼓励社会各方面力量投资开发，并以市场为基础，积极引导旅游投资融资主体多元化、领域多元化、方式多样化。

（二）企业对策

1. "文化+科技"战略是提升文化产业的必然选择

文化产业是文化和经济相结合的产物，科技在文化产业发展中居于优先地位。科技与文化的紧密结合，将极大地拓展文化产业的领域和范围。科技进步是促进文化产业实现跨越式大发展的关键因素之一。比如文化旅游开发，可以使用"互联网+"模式来全方位全天候展示，打造数字博物馆。开发自助讲解软件，让游客在手机上可以根据实时定位听到景点讲解。利用新媒体，开发公众号，提升旅游品牌知名度。相较自然山水，历史人文景观的受众相对较窄，想让悠久历史发挥光彩，就必须用一些较易于大众接受的方法将其表达，而大型的实景演出能带给观众不一样的新鲜体验，身临其境的感受也是游客所追寻的乐趣。

2. 产业链问题与文化产业发展方式转型

文化产业核心层成交量放大，一方面说明市场对自主创新的重视及对知识产权的尊重；另一方面也说明文化产业中文化创意产业发展的难度。文化产业核心层的艰难要求我们一方面重视文化创意产业的发展，尽可能多地获得自主知识产权以做大做强文化产业核心层；另一方面也要求我们必须高度重视文化产业核心层的辐射作用，重视文化产业核心层对文化产业外围层，特别是相关层的带动作用。通过延伸产业文化链条，实现文化产业核心层利益空间拓展最大化。例如，万里茶道节点城市可以与邻县、兄弟省份进行合作，比如同为晋商故里的榆次、太谷、平遥等地，可以形成产业联盟，实现资源共享。比如同为万里茶道的节点城市，可以共建"万里茶道文化旅游服务总部"。依托"万里茶道文化博物馆"，建设中蒙俄万里茶道文化旅游服务总部，充分利用网络平台，串珠式整合万里茶道沿线旅游资源，共同打造万里茶道"旅游黄金带"。也可以共建"万里茶道国际文化节"，筹备万里茶道国际文化节成为万里茶道文化国际交流的稳定平台。

相对于文化产业发达地区而言，晋商文化资源并没有与会展、影视、传媒、网络、动漫等产业有机结合。晋商文化资源的产业化开发，需要跳出晋商甚至文化产业本身，从更宏大的背景中去把握晋商文化的未来发展趋势。也就是说，晋商文化产业的发展，要与相关产业和支持性产业相结合，晋商文化产业的前向关联产业是指使用晋商文化产品作为生产要素的产业，包括文化产品制造业和旅游业，后向关联产业是指为晋商文化产业提供生产要素的产业，包括教育产业、建筑业和房地产业等。晋商文化产业的发展与相关产业联系密切，需要促进其与金融、科技、农业、教育、建筑业、旅游业、工业融合发展。

3. "拿来主义"与文化产业发展方式转型

创新是文化发展的关键，但创新也是文化产业发展难度最大的一环。如何以最小的投入获得文化产品的创意？"拿来主义"也是文化产业发展过程中企业常用的一种初级创意模式，以增强文化的可参观性。

晋商文化产业发展方式转型，可以从以下方面着手：一是与旅游业相融合，发展文化旅游，改变单一的门票景点经营模式，注重开发体验和参与式的旅游产品。二是与科技相融合，提升文化产品的科技含量，如广誉远药业，可通过历史故事、绿色环保的健康意识宣传以及高端科技新产品的开发，提升晋商老字号的人文价值和科技含量，从而实现产业结构的升级。三是与影视传媒相融合，挖掘晋商文化和晋商历史名人，以及晋商诚信义利的经营理念，打造优秀的影视作品和大型实景演出节目等，提升晋商在海内外的知名度。四是抓住万里茶道"申遗"的良好发展契机，创新保护方式，建设非物质文化遗产主题公园。立足于非物质文化遗产，采用高科技表现手法，结合传统民间传说、民间舞蹈、民俗年节礼仪、民族武术、民间音乐等区域文化特色，策划一个大型主题公园项目，深度开发、传承推广"非遗"，集中展现"非遗"，也可以在主题公园切入演艺行业，打造顶级的主题演艺项目。此外，还可以开发以展现 300 多年来茶商发展为主题的万里茶道主题公园。五是建立多元化复合式文化体验教育体系、针对不同年龄群体设计不同的深度体验活动。比如利用珠算博物馆进行国际珠算大赛，利用万里古茶道进行登山比赛，或者骑行、自驾比赛，这一点，同是国家历史文化名城的山西代县推出的"代县雁门关国际骑游大会"可以作为借鉴。比如开放田地，打造私家农场，让客户承包小块土地进行耕种，体验传统农耕文化。

（三）群众对策

文化传承方面，可以设置乡土课程，编制一系列乡土教材，让本土文化进校园，增加受众人数。整理汇编历史文化资料，分类展示，编辑出版。开办文化传授班，义务教授，传承万里茶道晋商文化。

四、万里茶道晋商文化产业集群形成的理论基础

（一）商业生态系统

文化资源产业化路径是由文化资源向文化产品转化过程和形成商业生

态系统这一产业集群的结果两大部分构成。文化资源转向文化产品由同心圆式、融合再生式、节点链接式这三种一般路径构成，三者之间可协同作用共同促进文化精品诞生。在文化产品产生以后就需要由处于相同文化资源链上的众多企业、机构、组织等行为主体构建一个共同进步、相互作用的商业生态系统，这是实现区域内行为主体共生，推进文化资源活态发展的重要方式。以大型企业和文化精品项目充当系统核心，促进、刺激整个生态系统健康活力发展，增进其生产率、强健性和填充市场创造能力。由政府及相关部门担当指挥引导者，明确文化资源在全局经济发展中所处的位置和所占分量，明确文化资源产业化发展的思路与基调，并制定相应的保障措施，保障中小企业发挥专长，积极创造价值提升生态系统的活力。

虽然万里茶道山西段所经之处蕴含着丰富的文化资源，如今这些地域分别属于黄河文化、根祖文化、红色文化、晋商文化、佛教文化等不同的旅游区，但仅从名称看就给人凌乱之感，如何将这些丰富的文化遗存转化为实实在在的生产力，需要以文化优势为突破口，打造一批特色文化品牌。而且必须准确定位，确定一条主线。通过相关调研可以确定以万里茶道贯穿晋商文化资源，围绕万里茶道和晋商文化品牌，通过产业集群的发展促进旅游开发与文化开发的同步进行。

约瑟夫·熊彼特最早将生态学原理应用到经济学研究中。1986 年起，美国学者詹姆斯·弗·穆尔致力于"新竞争生态学"①，把自然生态系统与企业商业环境进行比拟，提出了"商业生态系统"理念，启示了商业生态系统中的企业与竞争对手一同共进。随后在 1996 年出版《竞争的衰亡：商业生态系统时代的领导与战略》，在其著作中论述了商业生态系统是如何构建经济联合体的，初步建立了商业生态系统的理论框架，这种观念引进生态学思维范式来思考市场价值链关系，意图开阔市场运作视野。他认为："商业生态系统是商业世界的有机体相互作用、完善、补充的经济联合体，是客户、供应商、主要生产厂商以及其他有关人员相互配合以生产

---

① （美）James F. Moore. 捕食者与被捕食者：竞争的新生态学 [J]. 哈佛商业评论，1993 (6)：75-86.

商品和服务而组成的群体。"① 这些群体相互链接组成网络，将物资、能量、信息作为传递元素在经济联合体中流通。之后，穆尔详细分析了商业生态系统的结构及其进化规律，为各类行为主体的战略发展给予建议。1998 年，穆尔更深入地指出商业生态系统的动态和共生性的要求，这对于思考文化资源产业化中各行为主体的运作同样起到借鉴作用。在这些理论指导下，人们主要从商业生态系统的逻辑概念出发，按照企业的内部结构分为核心型企业、主宰型企业和缝隙型企业三个角色。2006 年马克·扬西蒂（Marco Lansiti）和罗伊·莱温（Roy Levien）对商业生态系统的发展和建立模式进行了细致分析，从价值创造、价值占有、侧重点及挑战等方面，在核心型、主宰型和缝隙型以外又加了一种坐收其利型，并对这四种战略类型的构建、整合及其影响展开讨论。② 与此同时，国内外研究者就商业生态系统中各主体如何链接、创造价值、和谐发展进行探究，该理论的应用面愈加宽广。

商业生态系统理论强调处于商业生态系统中的企业、组织、机构等行为主体在相互关系上具有有机性、共生性、适应性等特征。以往对商业生态系统理论的研究多是放在零售业、娱乐业、汽车业、通信业等传统行业，鲜少关注文化产业，文化资源作为生产要素有着极强的延伸性和依附性，能够使不同性质的行业、行为主体产生关联，改善原本孤立、错综复杂的环境，平衡产业化与文化化的冲突矛盾。万里茶道晋商文化产业化的商业生态系统构建涉及当地政府、中小企业、手工技艺传承人、工商联、现有文化旅游产品、新建项目等。这些项目及行为主体在商业生态系统中应充当以下角色。

首先，以大型企业及文化精品项目充当系统核心。

系统核心者关注的重点是促进、刺激整个生态系统健康活力发展，增进其生产率、强健性和缝隙市场创造能力。通过使负责任务简化，并使其

---

① （美）James F. Moore. 竞争的衰亡·商业生态系统时代的领导与战略 [M]. 梁骏，杨飞雪，李丽娜译. 北京：北京出版社，1999.

② （美）马尔科·扬西蒂，罗伊·莱维恩. 共赢：商业生态系统对企业战略、创新和持续性的影响 [M]. 王凤彬，王保伦等译. 北京：商务印书馆，2006.

有效地进行新产品的创造的措施来实现创造价值和共享价值两个重要任务。在晋商文化产业化的过程中，大型企业与项目主办方将充当整个生态系统的网络核心，是因为能够有选择地确定其支配主宰的领域，即对文化内容拥有管理权、控制权，在保证生产率和稳定性的同时，不妨碍其他成员的创作，实现生态系统的多样性。

文化资源的产业化开发意味着以市场为导向进行开发生产，文化项目拥有最强的整合能力，是联合中小企业、手工艺人、组织机构发挥能力和才华的重要平台，大型企业有着雄厚的资金实力、商业运作能力和造血能力，是建构文化精品项目的工程师。在晋商文化产业化的商业生态系统建构里，其网络核心应具有国际性、品牌性、包容性的文化活动项目，比如以太原晋商文化艺术节为主要载体，每一届举办文化艺术节活动时可以围绕特定主题内容不断创新，刺激晋商文化元素与文创产品结合，朝着多元化发展。以文艺创作、文化活动为主体，赋予实物内涵意义，促进"晋商文化"这一生态网络节点体量不断扩大，并对生态系统的生产率、多样性、稳定性负责。核心企业需要鼓励改善生态系统中各成员的成长机会和自我价值实现，促进各成员共同发展，确保收益的持续增长实现共赢。

其次，由政府及相关部门担当指挥引导者。

指挥引导者是战略家，站在宏观整体的视角进行规划布局，指挥引导者的高度极大影响了产业发展的宽度和视野，由于文化本身具有弘扬传播的属性，使文化市场不同于一般经济市场，需要国家政府来把控引导文化市场积极健康发展，如果没有指挥引导者，文化资源市场化将杂乱无章，商业生态系统的构建将寸步难行。政府及相关部门作为指挥引导者应明确文化资源在全局经济发展中的所处位置和所占分量，应明确文化资源产业化发展的思路与基调，并配套相应的保障措施，这是缝隙型角色的依靠与保证，它直接影响了缝隙型角色依附的数量和质量。

晋商文化资源的生产与开发是需要文化空间与创作氛围的，晋商文化产品的传播与销售应是线上与线下相互结合，在生产和消费上应是引进来和走出去双向渠道。政府出台一定的营销奖励办法可以激励带动晋商文化旅游区与全国诸多大型 OTA 企业签订旅游营销线上与线下协作。这一奖励办法同样适用于晋商文化资源的开发与创作，本土缺乏文化管理、文创设计人才，可以通过奖励办法吸引外界优质人才参与开发创作。此外，山西现有的文化项目与文化资源之间的协调合作发展也需要指挥引导者疏通协作障碍。

再次，由各中小企业充盈商业生态系统的缝隙。

缝隙型是生态系统中数量最多的一类参与者，它们着眼于开发或增强其专长的能力，以使自己区别于网络其他成员。其成功关键在于专业化，借助于与其他成员的共生关系实现产品和服务的有机整合。这种角色更具有游击性，它们的个体化能力更强，通过产品差异化形成自身品牌，增加自身附加价值，并与其他供应品形成有益的支持和补充。缝隙型战略有四个关键要素，分别是价值创造、价值分享与风险管理、创新与缝隙市场的演化、逐步提升生态系统的复杂性。

万里茶道山西段所经地区长久以来是以旅游业为主导产业，形成了一批围绕旅游观光市场需求匹配生产的景区运营、旅行社、住宿、餐饮、旅游纪念品等中小企业，这些数量众多的缝隙型参与者体现了商业生态系统的活力，作为传统业态经营者需要吸收文化价值为自身增值，同时也美化了整个区域商业生态系统环境。在价值创造方面，一个健康的生态系统能支持大量缝隙型企业取得长久、持续的生存。要求缝隙型企业自身持续创新，推动能力上的专业化，并利用合作机会实现互补性整合。在价值分享与风险管理方面，关键在于处理好自身与其他企业互动中的耦合强度，耦合强度越高，资产专用性越强，而松散的耦合更带有灵活性与流动性，促进链接关系产生。

最后，本地居民及消费者充当受益者并积极回应。

晋商文化资源产业化是否成功关键在于消费者的反应和是否喜爱，当代人的生活方式和审美品位发生了巨大变化，传统文化能否与现代人发生共鸣并强烈吸引，是传统文化资源产业化开发的共同困境。在迎合现代人审美喜好的同时，能够活化传统文化，以中华民族特有的文化生活方式勾起现代人的生活美学，真正让物态化、历史化的传统文明鲜活起来，这类角色会最先接受并反应促进其他角色生产改进。

（二）晋商文化商业生态系统构建的重点

1. 积极申遗，统一标识

在全国范围内与万里茶道相关的地方为数不多但一脉相承，应当以知名地点开发为切入点，完善线路体系。当前万里茶道沿线八省区正联合申遗，在申遗过程中，各地文物部门应统一认识，对万里茶道所经古道、节点城市、文物遗存进行有万里茶道统一标识的命名工作，以维护万里茶道晋商文化特色。

另外，万里茶道沿线各省应该设计一个万里茶道的旅游形象，经过准确的研究定位和策划，打出能够代表自己形象、简明扼要、富有吸引力的旗帜和品牌。比如云南的旅游形象是"七彩云南，奇山异水，民族风情"；山东的旅游形象是"走近孔子，扬帆青岛"；大连的旅游形象是"浪漫之都"。

2. 文化精品的生产其重要性高过宣传语传播

以观光旅游为主的活动内容已经远远不能满足现代人的需求，在积极转型旅游业的同时，应借助大型文化项目的生产运营促进文化精品诞生，文化精品是地方文化发展水平的标识，是外界认知了解的直接方式和口碑相传的要物，是山西转型升级的当务之急。以政府为主的指挥引导者应该采取相应行之有效的措施，通过多种形式，并要充分调动多方面的力量。如定期邀请文化工作者到各文化资源的产业化开发现场来参观、体验，从而获得强烈的创作灵感，进而生产出一些体现万里茶道晋商历史文化底蕴的具备高艺术度、思想度和观赏度的作品。以大型企业为主体的系统核心深入开展专业性文化活动，可以带动相关企业、产业的整体发展，活跃文化氛围，推动社会主义精神文明建设。

3. 积极整合实现平台跨界跨越发展

山西拥有多元的文化资源，整合文化资源优势，转变其固有形态，拓宽其文化生产形式本身就是一个难题。落实到晋商文化资源产业化开发方面，山西本土缺乏经验，没有成熟的经营管理团队，缺少国家级高精尖文创人才是牵制文化产业开发的一个短板。可以将晋商文化资源作为生产要素，融入成熟的文化项目中，作为文化亮点借助成熟的文化项目拓展名声和魅力，比如当下流行的真人秀节目《向往的生活》《奔跑吧》《青春有你》等，邀请制作团队来古茶道录制节目，在节目中的衣食住行、游戏方式等诸多方面展示晋商文化魅力。也可在例如《极限挑战》《二十四小时》《武林大会》《少林英雄》等创作竞技节目中作为题材和元素发挥其价值创造新产品。

4. 增强文化品位与附加值意识促进中小企业共生

晋商文化资源的挖掘、开发与生产涉及诸多中小企业，不仅有砖雕、刺绣、陶瓷、编织、灯笼等手工艺工作室，也有小米、苦荞茶、醋、壶瓶枣、麻油、平遥牛肉、灵石香菇、五台山藜麦、吉县苹果、蒲县核桃油、长子青椒等农特产品生产商，还有省内大小特色餐饮、民宿等中小企业，都能够吸收晋商文化要素结合自身产品形式增添文化内容和价值，引导刺激中小企业健康共生，促进山西整体的晋商文化浓郁氛围，令山西整体无论是文化旅游项目、文化活动、实体企业都极具特色，区别于其他旅游城市。

万里茶道晋商文化产业开发可以从文化旅游、演艺与艺术、出版业、创意型产业等几个方面入手。

第二节　万里茶道山西段晋商文化旅游产业深度开发

作为文化遗产的产业化开发最重要的宗旨就是必须坚持保护性开发，文化旅游产业开发也不例外。保护性旅游开发的成功有赖于两个不同但彼此相关的领域：一是规划技术因素；二是公共参与因素。成功的关键是将这两者变成一个整体。资源保护和旅游发展之间的关系始终是旅游规划和管理所面临的矛盾，也是旅游资源实现可持续发展所需解决的核心问题。

一、旅游线路设计的基本原则

旅游线路的设计原则是由旅游产品和旅游需求的特点所决定的。旅游线路的设计要考虑以下几点：一是"旅短游长"，要重点考虑交通状况；二是要将高等级的景点作为核心；三是同一区的景点安排尽量要多，使游客游有所值；四是要将观光与其他类型的内容相结合。因此，不同的学者提出了一些旅游线路设计的原则，如：①市场导向、适应需求的原则；②符合审美和愉悦要求的原则；③突出特色、层次鲜明原则；④空间距离接近原则；⑤游览方式灵活的原则①。也有学者认为旅游线路设计的基本原则由以下几条构成②：①市场导向原则；②科学合理的时空布局原则；③资源类型合理搭配原则。此外，2008 年 10 月 4 日国际古迹遗址理事会第 16 届大会（加拿大魁北克）通过的国际古迹遗址理事会（ICOMOS）《文化线路宪章》中还提到关于文化旅游线路的说明，具体表述如下：

（1）可持续利用与旅游活动的关系。

考虑到文化线路的使用，它可以被用于促进社会和经济效益的活动，这对于稳定发展具有非凡的意义。特别要注意避免将旅游线路（包括有文化意义的旅游线路）和文化线路相混淆。但也应承认文化线路是一个对增强地方凝聚力和可持续发展有重要意义的现实。因此，应当在加强对文化线路认识的同时，适当和可持续地发展旅游，并采取措施规避风险。为此，保护和发展文化线路，既应为旅游活动、参观路线、信息咨询、阐述和展示等建设配套基础设施，又要做到不危害文化线路历史价值的内涵、真实性和完整性，这些是要传达给参观者的最基本信息。

应以环境影响评估结果，以及公众使用和社区参与规划为依据，采取旨在遏止旅游负面影响的控制和监督措施，合理管理旅游参观活动。以发展旅游为目的的文化线路开发，在任何情况下必须优先考虑当地社区参与

---

① 梁雪松. 遗产廊道区域旅游合作开发战略研究——以丝绸之路中国段为例 [D]. 西安：陕西师范大学，2007.

② 祁晓庆. 基于文化价值挖掘的丝绸之路文化旅游线路规划策略研究 [J]. 丝绸之路，2016（8）：37-39.

和当地及该地区的旅游公司。应尽力防止国际大公司和沿线较发达国家大公司的垄断。鉴于文化线路是合作与理解的工具，能全面呈现组成线路的文化和文明之间的互动与交流，我们也不应忽视文化线路各部分所具有的独立的重要性，而任一部分的积极发展都能提升公众对整个文化线路的兴趣，使其他部分同样受益。

（2）管理。

"理解文化线路的意义"是文化线路保护的基本原则。这意味着必须以协调、和谐的方式来开展所有文化线路的研究、评估及社会传播活动。同时也要求全面的协调，确保文化线路的保护、保存、地区组织、可持续发展、使用和旅游等相关政策的整合。因此，必须形成联合项目，确保国家范围（在省级、地区、当地）和国际范围内的可持续发展，同时要研发改进管理手段以保护线路免受自然灾害的影响，并规避其他各种可能影响文化线路完整性和真实性的风险。

（3）公众参与。

文化线路的保存、保护、宣传和管理，需要激发公众意识以及沿线社区居民的参与。国际合作有许多历史路径途经多个国家的文化线路的例子。因此，国际合作对于研究、评估和保护国际文化线路遗产非常重要。当文化线路存在于经济发达程度不同的国家时，建议较发达的国家提供经济、技术手段和合作组织准备，以及信息、经验和专家交流方面的援助。强烈建议联合国教科文组织和其他国际组织建立（财政、技术和物流方面的）合作机制来帮助发展和实施涉及多国利益的文化线路项目。文化线路应当被看成民族团结的象征。沿着文化线路不同的民族曾经分享特定价值和知识，这条历史的纽带，也应该能够促进今天民族和社区间新的合作项目的开展。

基于以上观点我们认为旅游线路的设计原则应以市场为导向，在充分尊重游客需求的前提下，合理布局空间资源，并通过有机的管理模式充分调动旅游地当地居民的参与热情，让消费的提供者与需求者以及管理者三者之间达到一个良性互动的循环模式。

二、旅游发展定位——文化带动旅游

旅游既是一种经济现象，又是一种社会文化现象。文化是旅游的灵魂，只有把文化融入其中，旅游才有灵魂和生命力，旅游只有借助文化的内涵方能更具魅力。现代旅游是一种大规模的文化交流，真正吸引游客的并不仅仅是外在的建筑和名胜、古城等，深厚的文化底蕴才是吸引游客的重要因素。

现代旅游业具有文化的属性。在发展旅游业的过程中，应该把旅游文化作为旅游核心竞争力加以提升，才能建设完全意义上的"旅游"。旅游活动是文化的载体，是不同文化、民族和社会群体的交融过程。文化是人类社会发展过程中所创造的物质财富和精神财富的总和，文化是旅游产生和发展的基础，在旅游经济活动的整个过程及内容中，旅游与文化始终相随。

（一）旅游与文化之间的影响及作用

1. 旅游与文化之间的相互影响及作用

21世纪以来，旅游目的地之间、旅游企业之间的竞争已经上升为文化的竞争，文化在旅游发展中具有不可替代的重要作用。旅游的竞争就是文化的竞争，在旅游市场竞争中，文化竞争力最具持久性。旅游的发展可使许多趋于衰退或消失的民族优秀的传统文化得到发掘、复活、继承并发扬光大，从而增强民族文化对旅游者的吸引力。

2. 旅游是对文化资源的利用

文化的争夺，实际是对文化资源的争夺，在文化资源的运作被纳入经济资源运作的今天，各种文化资源的争夺会越来越激烈。旅游，就是对文化资源的利用。一个有特色的文化旅游地会带动衣食住行及购物等一大批相关产业，因此，古代文化资源所散发出来的巨大魅力早已投射在经济上。在现代社会，旅游已经越来越明显地表现着人们的一种精神需要。

（二）万里茶道文化主线的确立

万里茶道面临着景点景区分散的问题，大量的旅游景点犹如散落的珠子，缺乏一根主线将其串起来。因此，有必要用文化这根主线来统领其旅游的整体发展。

所谓文化主线，就是旅游发展的灵魂，能用来统一其旅游产品、要素，也是未来旅游产品设计、产业布局、目标市场定位、市场营销等各项工作的指针。万里茶道如何确立文化主线，确定什么样的文化主线等问题，既需要考虑本地的历史文脉，更需要研究现实的旅游需求；既需要寻找相关文化要素的共性主题，也需要凸显地域文化的独特个性。在文化主线的确立方面，可以将万里茶道文化作为其旅游发展的文化主线。在文化内涵上，既包括一般意义上的兼容性、开放性、开拓性，也包括以品牌、宗教、节庆、建筑、民俗等为支撑的丰富内涵和组成。

三、旅游开发空间结构布局——城市带动旅游业发展举措

1. 按城市圈组织带动区域旅游发展

城市圈应发挥中心城市在旅游发展中创新能力强、经济效益好、经济能量高、带动能力强的优势，真正成为区域旅游发展的"增长极"。运城和大同在进一步扩大省内作用范围的同时，分别向南北两个方向拓展，与西安、郑州、京津冀、呼和浩特等形成一定程度的互补关系。同时，要大力发展区域内的中小城市，逐步形成布局合理、功能互补的城市体系，为圈域内旅游产业和技术创新的扩散创造条件。

2. 加快对万里茶道山西境内沿线地区旅游中心城市的培育

大同和运城是万里茶道山西段南北两翼地区的旅游中心城市，但关键问题是目前的城市旅游规模和经济总量小，旅游产业和科技、信息等方面的带动力弱。从全区域城市圈旅游经济发展的需要来看，在两翼各培育一个中心城市是十分必要和迫切的，随后联动发展相应形成两个次级城市圈。就可把两翼绝大部分的旅游经济总量纳入各级城市圈范围内了。

3. 正确认识太原、大同、运城都市圈的影响力

万里茶道山西省内各地区、各城市要依托和利用太原、大同、运城的优势，把着力点放到增强自身的接受能力上，主动接受太原、大同、运城的辐射，成为太原、大同、运城都市旅游经济圈发展的腹地。具体来说，

一是以大同、朔州为先导地区，逐步打破行政区划的界限，促进与京津冀的旅游一体化进程；二是山西、陕西、河南三省区相互覆盖地区，充分利用万里茶道中三个中心城市的旅游产业辐射与转移，培育能够发挥共同优势的旅游经济区和产业带，打造旅游城市圈（带）；三是研究切实可行的对策，促进太原、榆次等中心城市与石家庄等各节点城市的交融和携手发展。

4. 协调好城市圈的重叠地带和重视圈（带）外地区城市发展

在城市圈经济发展中，不同城市圈共同作用的范围应受到特别的关注，根据实证分析，这些地区是培育省域优势产业带和大城市带的良好区域。一方面，要通过提高不同层级的旅游中心城市的辐射能力，构筑新的次层级旅游中心城市，尽可能把其纳入城市圈发展之内，如忻州的五台山佛教基地、吕梁兴县、长治武乡红色革命基地等。另一方面，对圈外地区逐个分析，采取有针对性的扶持政策，大力发展其旅游特色，缩短其与中心城市的经济距离，促进区域旅游经济协调发展。

5. 抓好旅游城镇与景区建设

国内外旅游业发展的实践都证明，生态环境良好的特色旅游城镇是游客集散地和消费中心，本身也是旅游吸引物。旅游景区所依托的城镇是景区的后方和基地，承担着为景区旅游提供"食、住、行、游、购、娱"等配套设施和配套服务的责任。万里茶道山西境内各地区在景区规划、建设或提升的同时，要把相关特色旅游城镇建设纳入其中，使旅游城镇与景区建设良性互动，不断完善和提升城镇的旅游服务功能，使优势旅游资源与特色旅游城镇吸引力产生叠加，在旅游者和当地居民的相互作用中推动旅游小镇的繁荣，使游客在游览景区之余，能够享受到优质的"一条龙"服务。

四、打造万里茶道精品旅游带

万里茶道这一文化线路如果作为发展主线，可以将山西省内散落的景点串联起来。"西路""大西路"在山西境内形成了"人"字形的商贸通道，具体到"西路"路段，从晋城开始由南向北逐步串联，跨越长治，经行太行山区抵达晋商故里祁、太、平。进而继续北上，过忻州、穿雁门关、抵达雁北地区。然后分别由右玉、大同县出山西境进入河北与内蒙古；具体到"大西路"路段，从茅津渡登岸进入山西，走过虞坂古道，由南向北一路行来，经过虞国故地平陆，华夏第一都夏县，进入晋国故都曲沃，出曲沃与古驿道重合，沿驿道北上，经尧都临汾、洪洞、赵城、霍州、灵石、介休、平遥，抵达祁县与西路重合。这样一来，历史与文化相交织的万里茶道主线将南部的皇城相府、碗子城、大阳城、良户古居，中部的晋商故里以及山西北部的杀虎口等知名景点有机地整合到一起。将原有的分散的景点通过文化整合，使其具备了新的文化内涵与历史意义。有机地盘活了山西境内的各个景点。也将现在山西已经成熟的几个旅游文化区域包含其中（晋北佛教文化区、晋中晋商文化区、晋南黄河根祖文化区、晋东南太行红色文化区）。可以整合成特色鲜明的精品文化旅游带。

同时，由于万里茶道文化资源跨越了广阔的地理空间，沿途有风格迥异的风光与民俗，所以在文化旅游的开发中，不仅要开发观光旅游，还要注意对体验式旅游资源与体育休闲旅游资源的开发。

随着旅游产业的发展，人们旅游消费的观念也日益成熟。越来越多的人注重旅游的质量，除了观赏目的，对于旅游过程的情感体验、参与性、亲历性，旅游的教育意义、心灵净化等功能的要求也日益强烈。体验式旅游，关注游客对个性化、情感化、体验化的需求。凭借这一独特性，可以使旅游产业增进对游客的深入了解，从而使目标市场具体化，为消费者提供更好的产品和服务。在自然旅游资源上，山西省有山川、河流、溶洞、清泉、湖泊、瀑布、盐池、万年冰洞、火山群等，可以考虑加强游客的审美体验和娱乐体验。在人文旅游资源上，山西有着"五千年中国看山西"的美誉，这就可以在游客与旅游服务的互动间实现教育功能、享受功能等。

目前，文化产业与体育的对接与融合尚属萌芽期，随着公众生活水平的提升，人们在进行文化消费的同时也开始关注自身亚健康的问题，因此如何将体育与休闲文化创意有机结合使其发挥出 1+1>2 的效果，目前来说是一个具有挑战性和创新性的课题。2018 年以来，央视 6 套电影频道，通过众多主持人的联合推介行动，以助力扶贫为主题，结合健步行的方式共同推介山西隰县扶贫竞走活动。这一体育与休闲旅游的创意活动，对于山西晋商文化资源与文化资源型城市的地理要素的有机结合进而实现文化创意与体育健身的双重收益具有良好的启迪作用。

五、万里茶道山西段旅游线路设计

（一）"丰"字形空间布局

万里茶道文化线路山西段的旅游线路设计的总体规划布局是形成以万里茶道为运茶主线路的纵向的延伸，以及以大同、太原、运城三条横向拓展线路相结合的"丰"字形空间规划。

首先"一纵"主要以大西高铁、大运高速这两条贯穿山西省南北的铁路、公路主干道为依托，纵向地将各个景点串联到一起。从整体上使其具备万里茶道文化线路旅游开发的完整性。其次是"三横"的规划，如果说"丰"字的那一竖是联通南北的重要途径，那么接下来的三横则是全景展现万里茶道风土人情的重要手段。位于山西北部大同地区的第一横可以联系河北张家口、内蒙古呼和浩特，书写万里茶道中的民族风情篇章。着力发展万里茶道发展史中的各民族文化、习俗等方面的交流情况，并利用其特殊的区位优势着力吸引来自京津冀方向的游客群体；位于山西省中部的晋中地区的第二条横线可以通过高铁线路联通石家庄，在发展方面则是紧紧依托现有的祁、太、平三地晋商大院文化，并在此基础上进行文化主题的升级，形成万里茶道晋商故里的产业文化群，将过去孤立的各个大院进行有机整合。以晋商精神为核心，注重晋商精神与万里茶道的关联性，以精神类文化旅游线路的开发与设计作为第二条横线的主要发力点。第三条横线则是以运城、晋城为核心南联河南，西接西安，以晋城万里茶道遗迹为核心，联通三地万里茶道文化资源。以差异化的旅游资源为卖点，深入挖掘万里茶道在三地间的差异性，以此展现万里茶道文化多元性的特点。

以上就是关于万里茶道总体空间布局的旅游线路设计的梗概，此外，作为联通性要素，可以在大同—太原，太原—运城这两个跨度较大的地区间穿插次级的旅行地。比如北部的忻州、南部的长治、中东部的阳泉等地级市，在万里茶道的发展史中均有相应的历史遗迹留存至今。因此发展次级旅游城市对于联通三横间的耦合度具有极大的作用，同时也成为了隐性的第二条纵轴线。无论对于当地经济的发展还是全省文化资源的全面发展而言均是大有裨益的。

（二）线路规划

短途路线：

北部：打造以大同城区为核心的辐射状的短途一日游

具体线路：

大同—右玉杀虎口

大同—天镇

大同—呼和浩特

中部：打造以晋中市为核心的短途一日游，并积极利用太原交通发达的优势。

具体线路：

太原—祁县

太原—平遥

太原—太谷

南部：打造以晋城市为核心的短途一日游，并积极利用运城市及河南省的地理区位优势。大力利用信义文化精神打造线路。

运城—皇城相府

运城—良户古镇

运城—大阳城

中程线路：

积极利用短程线路核心凝聚力的优势，向外延伸，拓展中程线路。

北部：将大同与忻州的佛教文化相联通打造大同—五台山的中程路线。

中部：利用晋中晋商文化区密集的优势，打造平—太—祁的中程路线。

同时积极发扬根祖文化，开发晋中—洪洞的中程线路。

此外，借助大西高铁太原—原平段打造太原—五台山旅游线路。

南部：利用山西、陕西、河南三省相交的区位特点，分别向东、西延伸打造一条中程线。

文化旅游产业是对旅游市场中的文化价值进行挖掘创造，并反哺推动旅游产业的一种模式。近年来，随着人民生活水平和消费水平的提高，旅游成为人们休闲消费的热门选择。然而，当前的旅游行业所开发的项目大多是对旅游景区的初级开发，即使涉及文化因素也是浅尝辄止，没有进一步地发掘出文化价值背后的巨大商机。也就是说，目前的旅游多为观光性旅游，这一点是无法满足人民日益增长的精神文化需求的。文化旅游产业通过对景区周边文化的发掘、再创造、宣传营销，增强了景区的独特性，实现了旅游产业的盈利增值，也对提高景区影响力以及景区所在省市的软实力发挥重要作用。文化产业化，无疑是旅游产业转型升级的一大推动力。

第三节 万里茶道山西段晋商文化演艺与艺术业深度开发

一、历史文化演艺设计

2019年1月9日，由中国社会科学院财经战略研究院、中国社会科学院旅游研究中心与社会科学文献出版社共同举办的《旅游绿皮书：2018～2019年中国旅游发展分析与预测》发布暨研讨会在北京举行。道略演艺产业研究院院长毛修炳在会上作《中国旅游演艺的现状与趋势》的报告。毛修炳在报告中指出，当前旅游演出分类主要分为实景旅游演出、主题公园旅游演出以及独立剧场旅游演出三种类型。

实景旅游演出是指以旅游地山水实景为依托打造的，将当地的民俗文化与著名的山水景点紧密结合的旅游演出。如《印象·刘三姐》《印象·丽江》《印象·大红袍》《封禅大典》《长恨歌》等。主题公园旅游演出是指在主题公园内打造演出剧目，通过演出与游园优势互补、共同打造的复合旅游演出项目。如《金面王朝》《天府蜀运》《神游华夏》等。独立剧场旅游演出是指在剧场内主要针对旅游人群所打造的旅游演出产品，演出剧目以展示当地文化特色的歌舞、戏剧、曲艺、杂技等演出形式的综合晚会。如《功夫传奇》《时空之旅》《云南映象》《丽水金沙》①等。

全国旅游演出市场形成长三角、珠三角、西南地区三大旅游演艺圈。马太效应初步体现，品牌机构强者越强，旅游演出市场基本形成"1+3+N"的格局。其中比较出名的品牌有长隆系列、山水系列、印象（又见）系列、千古情系列等。与此同时，长尾效应也体现明显，具体表现为独立剧场演出规模小、数量多的特点。演艺形态逐步升级，由最初的剧场演艺模式1.0、华侨城模式2.0，逐步过渡为实景演出3.0、主题公园演出4.0，向Show Park5.0发展。品牌战略逐步成为发展的核心竞争力。

近年来，山西省内关于历史文化演艺项目中，最为著名的当属王潮歌的《又见平遥》与《又见五台山》的大型实景文艺演出。《又见平遥》大型实景演艺项目是印象系列演艺在我国北方地区的第一个项目，是山西省在"十二五"期间由能源大省向文化大省转型跨越的重要旅游发展项目之一，《又见五台山》是国内首部佛教主题大型情景剧。以上两个山西省内的关于历史文艺演出的典型案例，对山西省历史文化演艺项目的设计有很好的示范作用。

二、推动传统文化与现代文化的交融

文化产业要做的就是弘扬优秀传统文化，并与当下的时代要求相结合，利用现代文明传播方式发展文化产业。山西有着丰厚的历史底蕴，而晋剧就是山西历史文化的很好体现。我们可以根据晋剧的唱腔与流行音乐

---

① 毛修炳. 中国旅游演艺的现状与趋势［R］. 旅游绿皮书：2018~2019年中国旅游发展分析与预测，2019-01-09.

相结合，提高其流传度和影响力；可以将晋剧题材与影视、动漫相结合，增强群众的理解；可以利用网络平台拓宽晋剧的流传渠道。这一切都可以在文化旅游产业的产品和服务设计中得以体现。尝试写下戏剧的新意化表达。当然可以开发的文化资源不仅晋剧一项，万里茶道上可供开发的历史文化资源还有很多，比如夏县的千年古会，在时间的冲刷中传统内容已经被作为封建糟粕抛弃了，反而充斥着很多低俗的内容。事实上，传统的酬神等活动包含着许多人类学、民俗学的积极内容，正是需要加以发扬的传统，如何让传统与现代结合并不失其本真意味正是当前文化工作者的重要任务。

三、深入推进文化资源影视化，打造地域文化特色视觉传媒

当今世界，视觉体验已成为众多传播媒介中十分重要的一环，几年前央视纪录频道的纪录片《茶叶之路》开启了人民对于茶叶的全新认识，也激发了万里茶道文化线路的相关学术研究。而一部《乔家大院》引发了公众对于晋商文化的认知，可以说《乔家大院》的成功不仅仅是影视剧的创收，对于晋商文化的传播也起到了十分重要的作用，因此大力推进历史文化资源型城市历史文化资源的影视化开发，对于山西文化资源的发掘有极大的推动作用。

由于电影与电视具有专业的兼容性和相关性，电影、电视生产与营销的一体化已成了不争的事实，目前，影视剧生产已成为不少地区广播电视产业化发展新的经济增长点。榆次老城、常家庄园、皇城相府都曾经迎接过多家摄制组的拍摄，有条件打造成为影视产业的主题公园。

山西电视台的体制改革也为文化资源的演艺开发助力。为了实行事业与产业分离、宣传与经营分离、制作与播出分离、统筹广电事业和产业协调发展、提高山西省广电产业规模化水平，省委、省政府决定在重组山西广播电视台的同时，组建山西广播电视传媒（集团）有限责任公司。随着网络技术的开发，广播电视的固态化、自动化、虚拟化、网络化、硬盘化和计算机化成为大势所趋，广播电视涉足网络市场开发得天独厚。山西广电系统解放思想、抢抓机遇、适应市场、深化改革，以网络整合为突破

口，围绕公益性文化事业，放手发展经营性文化产业，以内容生产、节目集成、品牌打造为核心，面向市场，着力推进内容产业扩展；以新兴媒体拓展为主线，着力推进新媒体与传统媒体融合发展；以数字传媒市场化为着力点，着力推进延伸广电产业链；以房地产、教育培训、旅游会展等集约化、多元化经营为路径，着力推进多种经营，全面提升山西省广电产业规模化、集群化、专业化水平，力争3~5年实现集团或子公司上市。

第四节　万里茶道山西段晋商文化出版业深度开发

原国家新闻出版总署柳斌杰署长在给吴培华的文集《出版问道十五年》（2010年）的序言中这样写道："出版业是人民精神文化的搜集、整理、加工、传播行业，需要知识和智慧，做好出版工作需要思考。"

典型案例

中国出版业现状堪忧

三联书店总经理李昕在一次演讲中说了这样一番话："中国出版业现在也已经走上这样一条不归路：书种越来越多，而单品种效益越来越低，图书上架的周期越来越短，退货越来越严重，而人工成本却越来越高，使得出版社不增加新书品种就无法维持生计，于是就拼命扩大规模。但是我以为，如果大家都只是依靠增加品种去做大规模，彼此模仿、彼此抄袭、彼此重复，由此很容易陷入恶性竞争。我最感叹的是，在这种情况下，很多很多的好书被淹没了。就像金融市场常常讲的一句话，叫作劣币驱逐良币……在这种图书泛滥的情况下，好书被淹没在里面，就造成了好书的价值很难凸显。好书因为成本高，竞争不过一些乱七八糟的文化垃圾似的杂书。"

出版业两位业界专业人士分别从正面和负面对现状做出了评价。通过以上评价我们可以看出现阶段中国出版业在经济这一指挥棒下呈现出畸形发展的态势。正因如此，出版一批具有历史文化价值的高质量的书籍无论对于出版业本身的发展还是晋商文化的弘扬都是具有重大意义的。

万里茶道晋商文化产业化开发的起点是需要坚实的晋商文化史实作为支撑的。在这一过程中不仅可以将与研究晋商文化的相关研究成果推向社会、走向大众，而且相关研究成果的面世，对于万里茶道晋商文化产业化的开发也具有积极的推动作用。

2019 年，山西出版传媒集团在年度工作会议中表示，要努力实施"六个新突破"，一是实现体制机制改革新突破，实施分配制度改革，积极落实中宣部社会效益评价考核办法的相关要求，实施分类分级考核制度；二是实现人才队伍建设新突破，配齐领导班子，制定出台《特殊人才贡献奖励办法》，做好"四力"教育实践工作；三是实现数字转型新突破，针对集团数字转型投入不足、产品带动性不强的问题，围绕已有专业优势，做好传统主业的数字化提升，做好已有品牌，拓展数字化产品，同时做好传统出版的流程再造等基础性工作；四是实现品牌建设新突破，营造品牌生成环境，实施"一企一品"工程，加强品牌运营维护；五是实现市场营销新突破，大力强化主动营销，分类分步化解库存，积极引领阅读需求；六是实现项目带动新突破，强化项目规划指导，创新项目生成机制，推进已有项目建设。

早在 2011 年，山西省就开展了文化体制改革和文化产业发展的一系列活动，通过组建山西广电信息网络（集团）有限公司、山西演艺（集团）有限公司、山西广电传媒（集团）有限公司、山西影视（集团）有限公司、山西日报传媒（集团）有限公司等来助力山西文化产业的崛起。政府与企业一起发力，山西文化产业的崛起大有希望。从这些条件中可以看到：作为一个文化资源大省山西人完全有能力将自己的文化优势发挥出来，承担起由"文化大省"向"文化强省"转变的重任。

第五节　万里茶道山西段晋商文化创意型
产业开发模式全面发力

一、文化创意产业概念

文化创意产业（Cultural and Creative Industries），是一种在经济全球化背景下产生的以创造力为核心的新兴产业，强调一种主体文化或文化因素依靠个人（团队）通过技术、创意和产业化的方式开发、营销知识产权的行业。文化创意产业主要包括广播影视、动漫、音像、传媒、视觉艺术、表演艺术、工艺与设计、雕塑、环境艺术、广告装潢、服装设计、软件和计算机服务等方面的创意群体。① 中国近几年文化艺术市场蓬勃发展、公共展演场地加大建设（如国家大剧院、798艺术区）等，除在既有制造业的优势下寻找出路外，也开始重视文化创意产业的发展。

二、文化创意产业类型

对于文化产业的分类不同的国家有不同的标准，具有典型代表性的有美国、英国、加拿大、中国台湾、日本、韩国等。国家统计局于2018年颁布了《文化及相关产业分类（2018）》②。此次新分类是在已有分类基础上进行的再次修订，并从2017年统计年报和2018年定期统计报表开始实施。

此次修订是根据2017年6月颁布的新的《国民经济行业分类》，在《文化及相关产业分类（2012）》的基础上，为适应以"互联网+"为依托的文化新业态不断涌现、迅猛发展，日益成为文化产业新的增长

---

① 　https：//baike. sogou. com/m/fullLemma? lid = 347594&fromTitle = % E6% 96% 87% E5% 8C% 96%E5%88%9B%E6%84% 8F%E4%BA%A7%E4%B8%9A。

② 　中国图书馆网，http：//www. chnlib. com/wenhuadongtai/ 2018-04/ 588936. html。

点的新形势而进行的。在修订中,原有的定义、分类原则保持不变,新增加了符合文化及相关产业定义的活动小类,重点是调整了分类类别结构。

新修订的分类依然分为文化核心领域和文化相关领域,共设置九个大类,分别是新闻信息服务、内容创作生产、创意设计服务、文化传播渠道、文化投资运营、文化娱乐休闲服务、文化辅助生产和中介服务、文化装备生产、文化消费终端生产,在大类下设有 43 个中类、146 个小类。

在此我们将关于文化创意的相关目录列示,如表 5-1 所示。

表 5-1　文化及相关产业分类

大类	中类	小类	服务名称	定义
03			创意设计服务	
	031		广告服务	
		0311	互联网广告服务	指提供互联网广告设计、制作、发布及其他互联网广告服务。包括网络电视、网络手机等各种互联网终端的广告服务
		0312	其他广告服务	指除互联网广告以外的广告服务
	031		设计服务	
		0321	建筑设计服务	仅包括房屋建筑工程,体育、休闲娱乐工程,室内装饰和风景园林工程专项设计服务。该小类包含在工程设计活动行业小类中
		0322	工业设计服务	指独立于生产企业的工业产品和生产工艺设计,不包括工业产品生产环境设计、产品传播设计、产品设计管理等活动
		0323	专业设计服务	包括时装、包装装潢、多媒体、动漫及衍生产品、饰物装饰、美术图案、展台、模型和其他专业设计服务

典型案例

历史文化资源型城市文化产业创意典型案例
——故宫文创

故宫文创始于 2008 年，作为历史文化资源的典范，故宫见证了明清两朝历代帝王的辉煌。故宫文创的工作人员都是清一色的"80 后"，起初他们步入故宫时，故宫的文化宣传与现阶段全国绝大多数的景点宣传一样，依靠传统的展板媒介。故宫文创的工作人员凭借年轻人新奇的想法，将庄重的故宫文化进行创意化改造。成功打造了一系列文化创意产品。从台北故宫的"朕知道了"纸胶带、翠玉白菜伞，到北京故宫的朝珠耳机、雍正皇帝 PS 版耍宝卖萌，再到 VR 版的《清宫美人图》，这些"萌萌哒"的创意设计正在消弭曾经横亘在博物馆与民众之间的鸿沟。

经过院藏文物清理，25 大类 180 余万件文物藏品得以呈现，成为文化创意研发最宝贵的文化资源。截至目前，故宫博物院已研发了 9170 种文创产品，每年的销售额超过 10 亿元。[①]

目前故宫文创已形成了一定的规模，从故宫文创的官方网址到借助互联网经济与天猫旗舰店的一系列合作的成功实践，对于故宫文化产品的推广起到了巨大的促进作用。有网友对于故宫文创与故宫两者的关系的评价说"故宫文创负责赚钱养家，故宫文化则负责貌美如花"以上评价清晰地界定了故宫文创在故宫文化体系中的地位。可以说故宫文创以独特的角度诠释庄重肃穆的故宫文化，在向广大公众传播故宫文化的同时实现了经济收入与文化传播的双赢效果。现如今故宫文创通过天猫电商平台将种类繁多的故宫文创产品推向广大公众。此外对于宫廷文化的宣传方面，近几年来随着影视产品《甄嬛传》和今年的《延禧攻略》的热播也刺激了广大公众对故宫文创产品的需求。今年面对《延禧攻略》的热播，故宫文创团队以灵敏的嗅觉独特的视角，适时推出了 2018 中秋限量月饼"桂彩中秋特

---

① 故宫文创一年卖出 10 个亿，文化大 IP 的创意设计究竟有多重要，https://m.sohu.com/a/206377890_368367。

地圆",主题出自宋徽宗赵佶瘦金书法《闰中秋月》诗帖,礼盒整体以宋朝汝窑天青色为主调,缀以冰裂暗纹;月饼图案均来源于宋徽宗绘制花鸟画。现如今,样式独特的故宫文创产品对于迎合追求新奇感与注重品质享受的年轻受众来说无疑是绝佳的选择。

三、万里茶道山西段晋商文化创意产业设计构想

1. 打造景区专题式特色化纪念品

现阶段,绝大多数旅游景区的景点文化纪念品多是与该景区主题相关度不高的文化产品,折射出文化旅游产业链建设的不成熟。例如大同的云冈石窟景区,其文化街内售卖的纪念品多是与云冈石窟佛教性质关联度弱的标准化的佛事用品以及反映地区特色的以煤矸石为基材的简单的雕塑。基本上没有反映云冈石窟文化特色的专题纪念品。与此形成对比的是西安古城墙景区的文化产品,在西安古城墙的纪念品售卖店里虽然一部分还是具有一般性的旅游纪念产品,但是也有一部分主题突出着重反映三秦文化以及古城墙特色的文化产品,产品种类涉及办公、学习用品,居家装饰物等。因此西安的做法与前文提及的故宫文创对于山西文化创意产业关于创意产品的开发具有极强的借鉴意义。

2. 积极发掘"互联网+"模式

当前"互联网+"模式已成为带动产业发展的巨大引擎,为此对于传统文化资源型城市而言,积极利用"互联网+"模式无疑是实现经济收入再增收的突破口。以平遥古城为例,可以依托现有的实体文化资源要素进行 3D 虚拟化景区的开发,让游客可以足不出户游平遥,不仅实现了电子门票的收入,对于游客而言,实现了低碳消费的同时也免去了游客舟车劳顿的痛苦,同时随着实际游客量的减少,对于平遥古城的保护也是大有裨益的,最后也可以提升游客的游览品质。

3. 青少年体验式 ERP 沙盘模拟活动

山西省在晋商文化资源方面具有得天独厚的优势,因此在青少年中开展体验式的 ERP 沙盘模拟活动,让青少年实体感受商业运作模式,体验式

学习商业经营活动，对间接传承晋商文化精髓等方面都有极大的益处。此外山西财经大学作为全省唯一一所以财经为特色的专业型高校，以及其ERP实训基地等实体要素，对于ERP沙盘模拟活动的实施等方面具有成熟的经验。

对于青少年而言，体验式ERP沙盘模拟活动可以满足其年龄需求，对于少儿来说，受年龄与心智等方面的限制，无法进行ERP活动，因此可以针对性地进行合龙门珠算体验活动。珠算作为我国财政金融业的根基，其自身具备丰富的历史与文化内涵。面对少儿进行珠算活动，不仅可以了解珠算文化，而且对于小学低年级的口心算能力的培养也大有帮助。

4. 网页化建设

现在丽江旅游在网页建设方面已经颇有建树，但是山西众多历史文化资源型城市对于景点的介绍尚处于网友的帖子分享，尚未建立起一套系统化的能代表山西文化资源特色的官方宣传网站。因此尽早建立一套体系完善，功能完备的官方宣传媒介对于山西省文化产业发展来说极具现实与战略意义。

5. 加强与电商合作

故宫文创的成功，大部分的贡献来自于电商的推介与宣传。因此对于山西文化资源的开发方面，充分利用电商平台，积极推动山西文化产品走向省外迫在眉睫。山西文化产品电商化的同时也有助于文化产品品质的整体提升和整个文化产业的转型升级发展。因为文化创意人才的缺乏，许多有文化资源的地方都寻找同一家设计公司或者设计团队，这就不可避免地造成创意的重复，所以对人才的培养也相当重要。

6. 在多地设立青少年晋商文化教育基地

晋商文化的传承对于山西文化的传承来说也是十分重要的一环，因此，设立青少年晋商文化教育基地对于传承与发扬晋商文化来说具有重要的意义。为此可以考虑在山西省会太原以及晋商文化资源集中地设立青少年晋商文化教育基地，比如依托山西财经大学晋商研究院现有的晋商票号博物馆可以拓展青少年对晋商文化的了解程度。同时也可以激发青少年对晋商文化的兴趣，为将来晋商文化遗产研究人才的储备奠定基础。

7. 注重软件设计与文化相结合

有人说 21 世纪是互联网的时代，的确，当今绝大多数"00 后"基本是网虫，青少年对于网络游戏的依恋程度显著上升，如何准确把握与有效利用这一商机对于山西文化资源产业开发而言是一个值得深思的问题。在微信表情包充斥于人们的聊天记录的同时，结合山西文化资源，恰如其分地打造一批移动终端输入法皮肤和表情包，不仅对于弘扬厚重的山西文化，而且对于加深公众对于山西文化资源的理解来说都是大有裨益的。

第六章

万里茶道山西段晋商文化产业开发的个案设计

第一节　祁县文化产业品牌营造的基础①

一、厚重的历史文化积淀

祁县，古称"昭馀"，为国家历史文化名城之一，因古时有"昭余祁泽薮"（长杂草的积水地带）而得名。祁县位于山西省中部，太岳山北麓，太原盆地南部，汾河东岸，山川秀丽，景色万千。祁县历史悠久，文化厚重，其历史可以追溯到新石器时代，梁村古文化遗址考证，早在距今五千年以前的母系氏族公社时期，先民们就在祁县这块土地上繁衍生息。春秋时为晋国大夫祁奚的食邑。公元前514年设祁县，迄今已有2500余年的历史。历史悠久，文化厚重。

祁县还是清代中国的金融中心之一，晋商云集之所。从目前发现的万里茶道的信息来看，晋中商人的记载较多，其中祁县商人更为详细。作为万里茶道的重要节点城市，2015年12月，中国商业史学会授予祁县"茶商之都"的称号。

二、长期的民间艺术积累

1. 教育兴旺

祁县素以文风著称，历来注重教育。创办于金代大定年间的学宫及后建之昭馀书院，至今遗址犹存。1905年，渠本翘首倡创办祁县中学校，是山西省最早的县办中学之一。1909年，孟步云力排众议，创办女子小学，开女子教育之先河。尊师重教相习成风，藏书、出版亦很可观。祁县图书馆现有藏书11.7万册，其中古籍图书5.03万册，善本图书3万余册，数量之多、版本之精，为县级图书馆少有。宋版书《昌黎先生集考异》系海

---

① 本节内容根据祁县人民政府网站资料编写。

内孤本，被誉为"国宝"。祁县文物管理所馆藏文物达 4600 多件，其中古字画 1000 多件。历代名家如南宋管道升、明唐寅、仇英、蓝瑛、董其昌、清傅山、何绍基、钱载等的真迹，均有所藏。

2. 晋剧繁荣

祁县为晋剧主要发祥地。同治七年（1868 年）创办的上下梨园，是较早的晋剧班社。张庄的荣升班也培养了众多的晋剧艺徒。晋剧爱好者还组织了许多技艺高超的票庄社。对晋剧的形成和发展起了积极的推动作用。

3. 祁太秧歌

祁县是祁太秧歌的发源地之一，祁太秧歌是群众喜闻乐见的地方小戏曲，拥有剧目 300 多个。宋、元朝以来，乡间流传之词调俚曲甚广，因其曲调优美，易学易记，由明及清，代代传袭。因受流传区域内方言音韵的影响，逐渐形成以祁县、太谷为中心，流行于一定地域范围内的地方剧种，初无剧种专名，笼统地称之为"秧歌"，1951 年榆次专署在祁县成立"祁太秧歌研改社"，组织各县艺人作秧歌研改，后录入《中国戏曲辞典》，正式定名为《祁太秧歌》。还派生出一个新的艺术品种——"祁县武秧歌"，其表演方式以武打为主，采用传统武术套路，真刀真枪，独具风格。

4. 绘画

祁县人有绘画艺术之禀赋，王维以诗著名，而开文人画之先河，温庭筠以词闻世，亦善绘事。综观古建栏壁，器皿装饰，居室悬挂，或彩粉、或著漆、或瓷绘、或挂壁，界画工笔，线描写意，无处不包含民族气息，令人赏心悦目。

5. 书法

祁县人历来注重书法。书法古时为出仕必修，清中叶以来，多为从商实用。书法风格分两大流派，或端庄遒劲，或清秀娟丽，时人称之为"买卖人字"。清代，收藏墨迹为一大时尚，最尊傅山、刘镛等名家。晚清以祁隽藻、赵子谦楹幅最多。商界炫耀自己实力者以悬李鸿章、左宗棠条幅为荣，国民时期常赞春、赵昌燮等近代书法名家手迹遍见于各大商绅楹壁。社会各阶层长于书法者有韩定中、杨芳、渠本翘、乔思远、刘奋熙、乔尚谦、乔佑谦、高锡华、赵维基、高叙宾、渠晋山、阎永年、贾家骧、范叙宾之 6 幅条屏"石壕吏"存于民俗博物馆。

6. 社火

祁县是晋商社火发源地之一。社火是祁县人民宣泄欢快情绪的一种街头表演艺术，自娱自乐，粗犷豪放，集音乐、舞、美、技巧、武术于一体，贴近生活，经久不衰，成为盛世元宵节期间不可或缺的主要文化。具体形式有龙灯、背棍、撅棍、顶杆帆、火流星、抬扛箱、高跷、狮子舞、二鬼摔跤、张瓮背张婆、竹马、牛斗虎、旱船、刘三推车、抬轿、刀舞、棍舞、打花棍、踩街、月明和尚逗柳翠、扑蝴蝶、钻钱鬼、红鞋前程、彩车等。

7. 武术

有着"中国武术之乡"之称的祁县，自古乡民有习武强身的传统，在明、清、民初尤盛。新中国建立后，县体委不断组织各门派拳师进行表演、比赛、切磋技艺，并对县境内流传的武术门派、拳师、功法等进行了挖掘整理，使武术这一文化遗产得以继承、发扬。祁县武术中最有名者当推戴氏心意拳。戴氏心意拳为清乾隆年间，祁县小韩村人戴龙邦（1720~1809 年）所创。戴氏为祁县望族，明末清初历代为官。戴龙邦从小嗜好武术，青年时已成为很有名的武术师，其以精湛的武术才能，在河南赊旗镇开设镖局，后来编创了具有独特功法的戴氏心意拳。

8. 祁县民居建筑

祁县县城始建于北魏时期，以十字街为中心，纵横交错三十二条道路，目前格局基本保存完好。街道、民居、商铺、寺庙等均保持了明清风貌。

祁县民居集实用、艺术于一体，实现了二者和谐统一，具有鲜明的地方特色，被中央电视台列入《中国民居精华》系列片，已介绍到国外。祁县古城明风清韵，古色古香。全城共有古院落 1000 多所，明清建筑风格的房屋 2 万多间。民居代表作乔家大院和渠家大院，被誉为"双璧"。乔家大院占地 8724 平方米，建筑面积 3870 平方米，分 6 个大院，含 20 个小院，是一组规模宏大的砖木结构建筑群。张艺谋的《大红灯笼高高挂》及多部电影都曾在此拍摄。县城东部还有渠家大院，内设戏台，现已建为晋商文化博物馆。

三、强劲的旅游产业支撑

古老的人文历史、灿烂的文化以及绮丽的风光，使祁县成为人们向往的旅游胜地，其中，古城24景、乔家大院36景、渠家大院30景，构成一条山西中部独特的旅游热线。有蜚声海内外的国家重点文物保护单位、4A级景区、山西省十佳旅游景点分别为乔家大院民俗博物馆、乔家民俗园、乔家葫芦园；有晋商豪宅——渠家大院晋商文化博物馆；有度量衡博物馆和晋商老街及千处民宅；有中国唯一的珠算博物馆；有长裕川茶庄博物馆、晋商镖局、雨楼明清家具博物馆；有黄土风情园的九沟风景区；还有新开发的罗贯中纪念馆、戴隆邦故居、延寿寺信仰博物馆。

四、政府相关政策的强力支持

在文化产业方面，《山西省"十三五"文化改革发展规划》中提到实施"艺术精品创作工程"。[①] 措施如下：加大对文艺精品创作的扶持力度，立足地方特色，挖掘本土资源，围绕建党、建军、建国等重要时间节点和山西重点历史文化资源进行宣传，立足人民中心导向，努力将资源优势转化为艺术创作优势，将再现党史、国史和山西历史上的重大事件、重要人物与挖掘凡人小事中蕴藏的真善美结合起来，不断推出思想精深、艺术精湛、制作精良、群众喜爱、体现山西特色的精品力作。建立文艺精品推广机制，扩大山西文艺精品影响力。引导创作一批成本小、影响力大的小剧（节）目，适应现代文化消费节奏，满足群众多样化文化需求。完善艺术创作工作机制，建立健全艺术创作联席会议制度、新剧目报送制度和首演剧目报送制度，及时交流创作经验，形成创作合力。

《山西省推进文化创意和设计服务与相关产业融合发展行动计划》中提到，应该提升旅游发展文化内涵与文化产业整体实力，坚持健康、文

---

① 山西省"十三五"文化改革发展规划_国研网，http：//sso. lib. sx. cn/interlibSSO/goto/15/=c9cqbmds9bnl9bm/eDRCnet. common. web/docview. aspx？chnid = 5263&leafid = 20577&docid = 4600352&uid = 7420&version = culture。

明、安全、环保的旅游休闲理念，并以文化提升旅游的内涵质量，以旅游扩大文化的传播消费。比如推选"山西旅游业百佳休闲旅游产品"，推出一批包括旅游小镇、旅游街区、旅游特色食品、主题酒店等在内的旅游与文化相结合的旅游产品；广泛开展非物质文化遗产进景区活动；鼓励新闻出版广播影视创意设计服务进入旅游业；提升文化旅游产品开发和服务设计水平；大力推进各类旅游演艺活动，打造一批优秀旅游演艺节目；积极鼓励文化创意、工艺美术与旅游资源相结合，开发具有山西特色的旅游商品。还应该立足山西丰厚的文化资源，坚持交互融合的大设计理念，全面推动创意设计与三晋文化有机结合，与现代生产生活和消费需求对接，将创意设计融入社会生产生活的各方面，突出地域特色和原创特征，推动文化产业结构优化升级。比如以太原国家级文化与科技融合示范基地建设为龙头，推动各地建立文化科技创新服务体系。推动舞美设计、舞台布景创意和舞台技术装备创新，丰富舞台艺术表现形式。支持艺术家深入群众、深入生活，支持多种艺术形式、艺术风格、艺术流派创新发展，鼓励创作更多思想性、艺术性、观赏性俱佳的艺术品。支持博物馆利用数字、互联网、物联网等高新技术支撑文物的保护开发与利用传播。进一步提高山西省新闻出版广播影视创作生产能力，努力推出更多体现三晋文化底蕴、思想深刻、艺术精湛、群众喜闻乐见的精品力作。

《山西省支持文化产业加快发展的若干措施》从以下多个方面提出措施意见：放宽文化企业工商登记条件、鼓励非公有资本进入政策允许的文化产业领域、鼓励非公有资本兴办公益性或准公益性文化项目、鼓励资源型和投资型企业结合自身实际、投资发展文化产业、有关部门要做好政策解读、项目对接、规划引导等服务工作、加大财政资金扶持力度、鼓励设立文化产业发展投资基金、支持文化企业开展技术创新、推进文化创意和设计服务与相关产业融合发展、加快发展对外文化贸易、深入推进文化金融合作、支持符合条件的文化企业通过多层次资本市场直接融资、落实相关土地政策、完善文化产业人才培养机制。

此外，在交通方面①，"十一五"以来，山西公路交通面貌发生了巨大变化，公路通车里程大幅增长，路网结构不断优化，旅游交通条件明显改善。到 2014 年底，全省公路网总规模达到 14.1 万平方公里，公路密度达 89.95 公里/百平方公里。其中高速公路 5028 公里、一级公路 2535 公里、二级公路 15158 公里，二级以上高等级公路占通车总里程的 16.1%。"三纵十二横十二环"高速公路网基本成型，山西省省会到所有地级市和周边省会城市实现了高速公路通达，基本实现了县县通高速公路，山西省与周边四省区连接的已有 19 个高速通道出口实行互连互通。全省实现了乡镇通油路、具备条件的建制村通水泥（油）路、通客车和街巷硬化"全覆盖"。一个覆盖全省、通达四邻、安全畅通、高效便捷的公路网络基本形成，为旅游业的发展提供了基础支撑和重要保障。省交通运输厅先后实施了《山西省 2008~2012 年旅游公路规划》《山西省"十二五"红色旅游公路规划》，有力促进了旅游公路建设，有效支撑了全省旅游业的发展。"十三五"开局，根据省政府出台的《关于促进旅游业改革发展的意见》和《关于进一步促进旅游投资和消费的实施意见》，保证了农村旅游公路合理布局，也对促进全省旅游业发展具有重要意义。太原城市群重大交通设施布局，实现与周边城市 1.5 小时交通圈的目标，打通经济圈的快速对接（见表 6-1）。

表 6-1　2016~2020 年山西省晋中市祁县农村旅游公路建设规划

景区名称	项目起点	建设规模（公里）	投资（万元）	建设年份
麓台山风景区	G208—麓台山风景区	12	8319	2016~2018
千朝谷设区	牛家堡—东观	12	12000	2016~2018
祁县紫金山佛教生态旅游线路	来远—208151 道	30	14000	2016~2018
汾河祁县段	城赵高速路口—北马堡	14	741	2016~2018

随着交通设施的完善，祁县的交通流动与旅游人口将进一步增加。

---

① 山西省农村旅游公路建设规划。

第二节　"昭馀古城·茶商之都"文化旅游产业品牌的营造方案

一、打造文化品牌，讲好文化故事

如何围绕历史文化名城和"茶商之都"这两张名片来打造祁县的文化品牌，讲好祁县的文化故事，是开发祁县文化产业的首要问题。这不仅能促进城市的经济和文化建设，对城市的品牌辐射与魅力提升也意义重大。祁县厚重的文化底蕴再加上"茶商之都"的称号，一定会形成特定的文化产业品牌。

随着"一带一路"倡议的发起，屡屡出现"讲好中国故事，传播中国价值"的提法。讲故事的提法颇有叙事学意味，讲故事的过程，就是一个传播文化价值的过程。当前的文化传播面临一个关键问题：怎样向广大受众讲好文化故事。近年来，叙事学的研究对象拓展到"讲述故事的文化产品"[1]，分析途径"向传播学转移"[2]，且注重跨学科研究。叙事学的这些发展动态为探索文化资源的传播路径及产业化开发提供了适切的理论依据。

祁县文化资源具有地缘唯一性和独特性，但它又呈现出隐形化特征。很多文化信息存储在地方志、历史典籍中，附着在出土文物上，需要深入地挖掘和整理，并通过叙事逻辑的梳理，将历史的故事讲述清楚。在产业化开发过程中对文化资源内涵的深入挖掘有利于在消费过程中有效传递文化知识和文化精神并被消费者无障碍接受，在短时间内产生文化认同感。

---

① 谭君强. 叙事学导论——从经典叙事学到后经典叙事学［M］. 高等教育出版社，2014.
② （澳大利亚）莫妮卡·弗卢德尼克. 叙事理论的历史（下）：从结构主义到现在［A］.（美）Phelan，James，Peter J. Rabinowitz. 当代叙事理论指南［C］. 申丹等译. 北京：北京大学出版社，2007.

如果不从历史的时间维度、地理的空间维度、社会的生态维度等多层面来进行深入的定位、挖掘和解剖，所谓的文化开发就只能是低层次地、无效地重复故事。譬如，晋中是明清晋商集中的地方，留下很多具有丰富历史内涵的大院，但是目前对很多大院的开发，因为对历史文化内涵的挖掘不深刻，导致陷入了同质化竞争的泥潭。

只有从文化资源走向文化叙事，才能真正树立当地文化的主体性，吸引别人来品鉴。祁县作为中部县，其魅力主要在于深厚的历史根基和文化积淀。祁县打造文化产业品牌，就是要整合本地的地域文化和历史传统，通过叙事的形式加以表现，在充分展现祁县文化符号的同时，探寻人类生活的本源和美好的追求。

基于以上考虑，对于祁县文化资源的产业化开发，必然离不开完整、连贯的叙事。所以，本书在设计的"昭馀古城·茶商之都"的文化产业品牌建设方案中，将祁县历史文化资源整合为五大叙事板块，包括（序）故园篇以及德行篇、才情篇、气节篇、民俗篇、建筑篇五个部分。这五个部分的安排与祁县文化资源的五大板块①相呼应，可以体现出祁县古城的独特性。

二、祁县历史文化资源五大叙事板块

（序）故园篇：禹王治水定山川

（1）文化背景。

1）5000多年前的新石器文明。

20世纪50年代，祁县发现了梁村遗址。1954年，山西省文物管理委员会曾作初步调查，根据地表遗留物的特征初步认为是仰韶文化遗址。1955年8月，山西省文物部门又进行了试掘，出土的器物有陶、石、骨器等。陶器有彩陶、红陶、灰陶等，形制上有罐、钵、鬲等，石器有石斧、

---

① 指丹枫阁游学之旅文化、古城建筑文化、祁县名人文化、祁县民俗文化和晋商文化。

石球、石刀、石环等 13 件，骨器有骨镞 16 个，骨凿 5 个，骨针 2 个，骨锥 4 个，蚌器有穿孔蚌壳、蚌环、蚌刀等。

2）黄帝三子祁氏祖源祁豹肇封于祁。

祁豹，黄帝二十五子之一，封居于祁（今山西祁县），后代遂以祁为姓。康熙《祁县志》序二："祁为烈山肇国，有熊之胤胙、丹陵之迁土，政事人文尚也"。这里的"有熊之胤胙"指的就是祁豹。黄帝，号有熊氏。北宋欧阳修曾写道"黄帝一子，食于祁"。祁豹为祁姓最早始祖，祁姓渊源之一，源于姬姓，出自黄帝分封的原始姓氏，属于帝王赐姓为氏。

3）祁县是尧帝故居、迁都地之一。

尧帝，我国古代帝王，五帝之一，名叫放勋，尧是他的谥号。《山西通志》中记载："帝尧，高辛氏第二子。母帝喾四妃陈丰氏曰庆都，感赤龙之祥，孕，十有四月而生尧于丹陵，名放勋，育于母家伊侯之国（河南伊阳县），后徙耆（通作祁，山西太原祁县），故姓伊耆。年十三佐帝挚，受封于陶。十有五封唐为唐侯，合翼于浮山南为国，而都浍南之尧都，后迁于晋阳。年十有六以侯伯践帝位，都平阳，号陶唐氏。耆，《左传》作祁，在今山西祁县。"这段记录说明祁县是尧少年时期直到封侯都随母生活的地方。

祁县也曾是尧帝迁都地之一。《尧典》记载，尧登位时，正值年富力强，十六岁由唐侯升为天子，在位七十年，禅位后八年而终，尧的年龄在百岁上下。尧是父系氏族社会后期的部落联盟领袖。帝王世纪云："尧始封于唐，今中山唐县是也，在今定州。后徙晋阳。"《汉书，地理志》云："太原晋阳县，故《诗》唐国，晋水所出，东入汾，是汉时为太原晋阳也。"明《清源县志》载："尧庙位于清源县城东南方 15 里尧城村，古称陶唐城，自陶邱迁晋居此，故有尧庙之说。"

4）凿开灵石口，空出晋阳湖：大禹治水工程的地理标志之一。

相传数千年前，祁县一片汪洋，大禹劈开了南端的灵石口，露出晋阳湖底，使沼泽变成了平展的沃野。传说大禹治水，为了让洪水流走，把黄河上的龙门山，用大斧劈开。还传说，大禹把灵石山也劈开了，昭馀祁大量积水，才流入汾河。

（2）品牌价值。

1）无论从遗址面积，还是地表丰富的残留物来看，梁村古文化遗址都是一处极其重要的文化遗迹，真实展示了5000年前新石器时代母系氏族公社时期原始人的生活痕迹，证明了"五千年文明看山西"所言非虚。2013年5月，该遗址被国务院公布为第七批全国重点文物保护单位。

2）尧是千古传颂的圣贤帝王。《史记》中记载：尧帝"其仁如天，其知如神，就之如日，望之如云，""能明驯德，以亲九族"。尧的传说最为人们称道的，是他不传子而传贤，禅位于舜，不以天子之位为私有。尧退居避位28年后去世，"百姓悲哀，如丧父母。三年，四方莫举乐，以思尧"。

3）祁县古称昭馀。远古时代，晋中盆地一带水丰草茂，是中华九大沼泽地之一，《周礼职方》与《尔雅释十薮》也记载，在远古时代太原盆地南面是一片长满杂草的积水地带，叫作"昭馀祁泽薮"。在《吕氏春秋》里记作大昭，《淮南子·墜形》作昭馀，都是九薮之一。《汉书·地理志》改称"九泽"，《水经注》称近邬县（今介休东北）者为邬泽，俗名邬城泊，近祁县者为祁薮。唐宋时只有邬城泊见于记载，已日渐涸塞。元初在祁县东南浚得细水溉田，称为昭馀池，此后时塞时溢，这就是俗称汾河湾的山西晋中盆地。近年来，地理学家已利用现代卫星图像技术证实了湖水退缩晋中盆地形成的过程。盆地的轴心仍保留了祁地之称，祁县因而得名。祁县的地貌变迁可与大禹治水的传说相印证。

第一篇章　德行篇：岁月流转风云改　俊杰英贤踪不绝

（1）文化背景。

祁县历史上名人辈出。据不完全统计，列入《辞海》《辞源》《中华大字典》和《中国历代名人辞典》的祁县名人100余人，列入《山西通志》等书者225人。如战国大夫祁奚"外举不避仇，内举不避亲"的举贤之道，至今被人称颂；东汉司徒王允与貂蝉巧设连环计，诛杀董卓，成为《三国演义》的重要篇章；东晋骠骑大将军温峤，骁勇善战，朝野共重；唐代黎国公温大雅辅佐李渊太原起兵，功绩卓著，官至礼部尚书。给祁县悠久的历史增添了不少的光彩。

1）祁奚尚公。

公元前556年，晋平公将祁地赐给大夫姬奚（前620~前545年）作食邑。姬奚以地为氏，改姓祁，即是历史上有名的祁黄羊。祁奚在历史上留下了"外举不避仇，内举不避亲"以及"救人不图报"的佳话。后人赞云："临难侯解纷，独知祁大夫。举仇且不弃，何必论亲疏。"

2）温序衔髯。

温序是东汉人。由于王莽篡汉，天下大乱。建武五年（29年），温序出任护羌校尉，出巡襄武（今甘肃漳县）时被叛军所俘。叛军首领软硬兼施，劝其归降，温序宁死不屈。后叛军首领授剑命其自尽，温序说，今日虽然命丧贼兵之手，但我的须髯不能沾染污垢。遂以口含长髯，切腹就义。

3）温氏父子兄弟定国安邦。

温大雅（572~629年），字彦弘，并州祁县（今山西祁县）人，北齐文林馆学士温君悠长子，隋末唐初思想家、史学家。其弟温彦博（574~637年），曾任唐朝宰相。兄弟俩均以文学知名，同时也是唐太宗时期的股肱之臣。

据历史记载，武德九年（626年），李世民即位，温大雅升任礼部尚书，封黎国公。贞观三年（629年），温大雅去世，时年五十七岁，谥号孝。永徽五年（654年），追赠尚书右仆射。温彦博于贞观四年，升任中书令，晋封虞国公。贞观十年，升任尚书右仆射。十一年，病逝，追赠特进、尚书右仆射、上柱国，谥号为恭，陪葬昭陵。

（2）品牌价值。

1）祁奚故事最早记载于《左传·祁奚举贤》，其公平无私、任人唯贤的作风历来为人称颂。孔子赞扬祁奚"可谓公矣"，在《韩非子·外储说》《吕氏春秋·去私》《史记》《新序》中均有记载，1994年的电视剧《东方小故事之可谓公矣》也是以祁奚为题材。祁奚，誉满朝野，深受人们爱戴。当今正逢整顿党纪党风的关键时期，弘扬祁奚以国家社稷为重的大公无私精神正当其时，弘扬祁奚文化具有非常重要的意义。目前祁县县城内有祁奚雕像，下一步还要建设祁奚陵园，已经召开过"祁奚大公无私精神暨民族文化研讨会"，并举行过一些祭祀活动。

2）温序事迹见于《后汉书》，《东观汉记》也有记载，（宋）李昉《太平御览》《故事新编》中有《衔须伏剑》篇。温序慷慨就义被后人赞为义薄云天，后因以"温序须"为慷慨就义的典实。如清人唐孙华《叶忠节公挽诗》云："口衔温序须，血喷常山舌。"清人常纪则将温序与颜杲卿并称。温序须的意向在历代诗歌中已经成了蹈死赴国难的代名词，千秋百代之下受人敬重。

3）对于温氏父子兄弟杰出的文学才华和政治才能，时人和后人均给予极高的评价，下面仅列举对温彦博的评价：

薛道衡：卿相才也。

王珪：敷奏详明，出纳惟允，臣不如温彦博。

李绛：昔太宗之理天下也，房玄龄、杜如晦辅相圣德，魏徵、王珪规谏阙失，有温彦博、戴胄以弥缝政事，有李靖、李勣训整戎旅，故夷狄畏服，寰宇大安。

刘昫：彦博自掌知机务，即杜绝宾客，国之利害，知无不言，太宗以是嘉之。得人者昌，如诸温儒雅清显，为一时之称；叔达才学明辩，中二国之选。皆抱廊庙之器，俱为社稷之臣。威守道，轨临戎，抗居丧，静经略，璡音律，仍以懿亲，俱至显位；才能门第，辉映数朝，岂非得人欤？唐之昌也，不亦宜乎！然彦博之褊，窦轨之酷，亦非全器焉。

曾巩：当房、杜之时，所与共事则长孙无忌、岑文本，主谏诤则魏郑公、王珪，振纲维则戴胄、刘洎，持宪法则张元素、孙伏伽，用兵征伐则李勣、李靖，长民守土则李大亮。其余为卿大夫，各任其事，则马周、温彦博、杜正伦、张行成、李纲、虞世南、褚遂良之徒，不可胜数。

第二篇章　才情篇：地灵人杰文风盛　入骨相思知不知

（1）文化背景。

1）王维（701~761年，一说699~761年），太原祁人，为太原王氏祁县一支，母亲也是大族蒲州崔氏。王维幼年丧父后随母迁居蒲州，在外家长大。唐朝著名诗人、画家，字摩诘，号摩诘居士。开元十九年（731年），王维状元及第。历官右拾遗、监察御史、河西节度使判官。唐玄宗天宝年间，王维拜吏部郎中、给事中。安禄山攻陷长安时，王维被迫受伪职。长安收复后，被责授太子中允。唐肃宗乾元年间任尚书右丞，故世称"王右丞"。

王维早期诗歌雄浑慷慨，风骨慨然而无狷介之气，理想高迈却无绝尘之情，正是盛唐气象。当然王维诗歌中最有名的还是田园诗。王维的诗歌，画面感与情节性都很强。比如《桃源行》中的家园寻梦情怀："桃源一向绝风尘，柳市南头访隐沦。"《叹白发》中的伤别离："一生几许伤心事，不向空门何处销。"《相思》的缠绵悱恻："红豆生南国，春来发几枝。愿君多采撷，此物最相思。"

2）温庭筠，"太原人，本名歧，字飞卿。能逐管弦之音，为侧艳之词。"温庭筠是晚唐第一个大力作词的文人，古人誉之为"花间鼻祖"。其开创的以侧艳为主要特色的花间词风代表了当时整个词坛的创作倾向和审美。

3）罗贯中（1330~1400年），名本，字贯中，号湖海散人，山西并州太原祁人，元末明初著名小说家、戏曲家，代表作《三国演义》。其他主要作品有小说《隋唐两朝志传》《残唐五代史演义》《三遂平妖传》。《三国志通俗演义》（简称《三国演义》）是罗贯中的力作，这部长篇小说对后世文学创作影响深远。除小说创作外，尚存杂剧《赵太祖龙虎风云会》。

（2）品牌价值。

与李商隐齐名的唐代诗人温庭筠和"诗中有画，画中有诗"的诗书画全才王维名扬天下。

王维参禅悟理，学庄信道，精通诗、书、画、音乐等，以诗名盛于开元、天宝间，尤长五言，多咏山水田园，与孟浩然合称"王孟"，有"诗佛"之称。书画特臻其妙，后人推其为南宗山水画之祖。苏轼评价其："味摩诘之诗，诗中有画；观摩诘之画，画中有诗。"存诗400余首，代表诗作有《相思》《山居秋暝》等。著作有《王右丞集》《画学秘诀》。

温庭筠年轻时苦心学文，才思敏捷。晚唐考试律赋，八韵一篇。据说他叉手一吟便成一韵，八叉八韵即告完稿，世人亦称为"温八叉""温八吟"。诗词兼工，诗与李商隐齐名，并称"温李"；词与韦庄齐名，并称"温韦"。温庭筠是晚唐第一位大力作词的作家，自此以后，诗词分流日益明显。温词的实绩，确立了"花间词"好写艳事、题材狭窄、色泽艳丽、语言华美的类型风格，并且由民间词的俚俗形态过渡到仪态繁富的文人词，确定了花间鼻祖的地位。除了文学成就外，温庭筠与才女鱼幼薇的爱情故事历来为人称道，可以作为文学题材加以表现。

祁县考古爱好者杨立仁等，历时十年，发现了罗贯中的家谱、神轴、砚台、罗氏祠堂等一批珍贵文物，为解开罗贯中祖籍之谜提供了大量的实物证据。经考古专家罗哲文、郑孝燮等一批专家鉴定证明，罗贯中是祁县河湾村人。罗贯中故居位于村中，门楼牌匾"天高月旦"，为清代竹溪山人所题。村内保存完好的有罗贯中墓、千年古槐树、文峰塔、镇河牛，已成为研究罗贯中和游客关注的又一个旅游景点。

第三篇章　气节篇：阁中志士今何在　丹枫长忆风雨声

（1）文化背景。

祁县至今流传着丹枫阁反清复明的故事。据传说，戴廷栻曾经做梦梦到过一个阁，于是遵照梦中之景在县城南街处建造起一座三间四层的木阁楼，许多仁人志士曾在此阁留下足迹，影响最大者首推傅山和顾炎武。

傅山为太原阳曲人，是有名的学者、医圣、书法家。傅山青年时期和戴廷栻是太原三立书院同窗，明亡之后他身披红衣游历名山大川，游至祁县大发感慨，视丹枫阁为归宿，亲笔书写匾额"丹枫阁"。傅山《丹枫阁记》（真迹本每页七行，藏山西博物馆）中，详尽地解释反清复明宗旨，给建筑物大增光彩。

顾炎武，江苏昆山人。清兵南下时，他曾举兵抵抗，失败后遍游诸省，考察山川形势，图谋东山再起。他慕名入阁之后，亲自创办镖局，以走镖为由招募武林高手。

（2）品牌价值。

傅山、顾炎武作为伟大的思想家，本身就具有非常重要的价值。顾炎武"风声雨声读书声声声入耳，家事国事天下事事事关心"早已深入人心。再加上丹枫阁爱国主义的主题，都值得加以开发。

第四篇章　民俗篇：拳创心意自成派　曲成新声踏歌行

（1）文化背景。

1）祁县心意拳由一代武术宗师戴隆邦传承发扬，已经列入第二批国家级非物质文化遗产名录推荐项目名单。

戴隆邦，字兴国，清代祁县小韩村人，生卒年待考，主要活动于乾隆时期。戴隆邦自幼酷爱武术，经过几十年钻研，集各地武术名家之拳术精华于一炉，终于编创出具有独特功法的戴氏心意拳。祁县境内流传的武术有戴氏心意拳、公议拳、太极拳、形意拳、形意螳螂拳、通臂拳、长拳等，共有拳械套路二百多个，其中戴氏心意拳最有影响。武术界将他尊为心意拳的开山鼻祖。

《戴氏家谱》共分四册，始纂于清雍正六年。由印有红色表格的白棉纸装订而成。高44厘米，宽26.5厘米。每页分3格，计15行。中缝有"戴氏家谱"字样。

2）祁太秧歌。嘉庆、道光年间，祁县、太谷、平遥等县的商业蓬勃兴起，商人四处经商，外地商人也频繁来这里通商。商业的发达促进了文化的广泛交流与传播。当时人们对时兴小曲，流行小戏倍感兴趣。如《走西口》《金全卖妻》《小上坟》《放风筝》等剧目都是这一时期由外地传来的。这些剧目启发了民间艺人编唱反映当地农村生活的口头剧目，如《割田》《回家》《柚筒记》《换时花》等。这说明秧歌已经具备了戏曲中的条件。

道光年间，晋中平原成立了许多"自乐班"组织。当时农村一般是踩街秧歌活动，后即登上台子演出。秧歌艺人登台演出后，起初在本村演出，后出村出县演出。在这种情形下，祁太秧歌逐渐形成，发展成一种地方小戏。

（2）品牌价值。

1）祁县乡民有习武强身的传统，祁县境内流传的武术有戴氏心意拳、公议拳、太极拳、形意拳、形意螳螂拳、通臂拳、长拳等，共有拳械套路二百多个，以戴氏心意拳最有影响。祁县武术之乡无论是物质上还是精神上都有着较大的资源优势，对开发武术产业而言具有很大的优势。

从文化的角度看，武术既是一项体育运动项目，也是一种文化形态，它具备了体育项目的共性，又具有鲜明的文化特征，竞技性和健身性是武术的共同特点，而突出的民族特色和丰富而深刻的文化内涵则是武术独有的个性，武术之乡有着深厚的历史文化沉淀，一旦被点燃就会散发出无穷的热力。

2）祁太秧歌本身也是国家级非物质文化遗产项目，而且流传广泛，流传于山西晋中祁县、太谷，吕梁交城、孝义等地，和当地民众生活联系紧密。祁太秧歌作为地方小剧种，在农村精神文明建设过程中功不可没，在民间的观众基础比较好，有利于聚拢乡村人气。目前，祁县方面正积极推动"祁太秧歌进校园"。通过在学校开设"地方文艺"课程，从小培养学生的乡土感情。

第五篇章　建筑篇："名宅千处昭馀城"

（1）文化背景。

祁县古城始建于北魏孝义帝太和年间（477~499年），距今已有1500多年历史。古城，东西稍长（约850米），南北略短（约700米），呈长方形，周长约三公里。在城池的东南方向缺一角，整座城池形同古代官吏所戴的纱帽，故有"纱帽城"之说。由于战争的破坏和城市发展的需要，县城城墙现已荡然无存，然而，具有典型的明、清建筑风格的城区格局基本保存完好。整个城区布局以十字街口为中心，东、西、南、北四条大街垂直交叉，南正北直，东西对应。以十字交叉为骨架，全城辅以二十八条街巷与之纵横贯通。这些街巷走向大多整齐规范，与主要大街平行，整个布局结构严谨，体现了我国古代传统的建筑设计思想体系。而在个别街巷的走向处理上，又匠心独具，人为地增添一些不规则形。因而使人觉得整个城区布局设计既整齐合理，而又错落有致。在宽度处理上，四条大街居首，宽6~7米，其他街巷依次递减。

古城的"十"字形老街两侧店铺大多为北方的一进或多进四合院建筑格局，临街建筑多为两层，一层用作商业、作坊，二层为库房，是典型的前店后坊。店铺面阔一般为五间，每间开间在 2.5~3 米，进深较长。城内商业经营项目可分为：茶、票、斗、典、布、杂六行，店铺多达 214 家。在老城内的古民居数量达到了 1000 多座，形成了融城市贸易和居民生活与行政功能为一体的综合城市。

（2）品牌价值。

1994 年 1 月，祁县古城被国务院批准公布为国家级历史文化名城。

古城内古民居夹道而立，错落有致，"一城四街二十八巷，六十个圪道，四十个大院，万余间房室"，一色传统木结构的小青瓦、挑角门楼，保持着明清以来晋中作坊和晋中民居的建筑风格，其间有能与东观村乔家大院相媲美的渠家、何家、马家等十二处宅院。整个古城，浑然一体，被誉为"现实版的清明上河图"，是晋中地域文化的一个重要组成部分，也是我国明清时期晋商文化发展的缩影。国家建设部的专家曾赞誉："祁县民宅建筑集宋元明清之法式，汇江南河北之大成。"古城也曾吸引许多影视剧组来祁县拍摄外景；祁县古城明、清建筑风格的街道、民居也曾被上海同济大学、上海城建学院等高等学府当作实物教材，多次考察、研究。祁县古城还被中央电视台列入《中国民居精华》系列片，已被介绍到国外。

三、祁县文化资源产业化创意

（一）祁县文化资源产业化步骤

分析许多历史文化名城产业化开发的案例可以发现这样一个步骤："研究→评估规划→传播→资源深度整理→多元化开发"。祁县的文化产业开发也可以遵循这一步骤，在产业开发的各个阶段形成不同的文化产品，促进历史文化资源的现代性转换。

（1）在研究阶段形成的产品一般是出版物，可以编制一系列乡土教材，让本土文化进校园，增加受众人数。整理汇编历史文化资料，分类展示，编辑出版。开办文化传授班，义务教授，传承万里茶道晋商文化。目前祁县已有《祁县故事》《祁县茶商宝典》等书公开出版发行，为消费者进一步进行文化消费奠定了基础。

（2）文化资源产业化开发的传播阶段一般形成展览和文创产品，这一步尚有欠缺。首先，博物馆的布展对文化内涵的挖掘不够深入，展示品之间应该由历史脉络贯穿。其次，博物馆的参观路线一定要有叙事逻辑，每一个板块通常应具有明确的主题。另外，文创产品的开发不尽人意。文创产品的缺陷也说明了文化创意人才的稀缺性，如何吸引创意人才来到祁县也是一个重要问题。

（3）评估规划阶段进行景区规划建设，对景区的规划应该遵循叙事逻辑来规划。比如民俗文化板块，就可以抓住万里茶道"申遗"的良好发展契机，创新保护方式，开发和建设以展现300多年来茶商发展为主题的万里茶道主题公园和非物质文化遗产主题公园。立足于非物质文化遗产，采用高科技表现手法，结合传统民间传说、民间舞蹈、民俗年节礼仪、民族武术、民间音乐等区域文化特色，深度开发、传承推广和集中展现"非遗"，也可以在主题公园切入演艺行业，打造顶级的主题演艺项目。

（4）多元化开发阶段，可以就前文所述的五大篇章推出影视产品、文化旅游、实景演出等多种形式的产品。比如针对不同年龄群体设计不同的体验式旅游活动。可以利用珠算博物馆进行国际珠算大赛，利用万里茶道进行登山比赛，或者骑行、自驾比赛，这一点，同是国家历史文化名城的山西代县推出的"代县雁门关国际骑游大会"可以作为借鉴。还可以利用王维故里的文化优势开展读诗会或者文学奖评比，扩大"昭馀古城"的知名度。

（二）开发创意

1. 创意方向

瞄准"文化+主题"的发展目标，坚持"文化+科技"的发展道路，打造"产品+产业"的发展链条，准确定位祁县文化产业的方向，推出祁县文化产业品牌——"昭馀古城·茶商之都"。

2. 创意原则

第一，人性化。遵循以人为本的原则。利用居民生活原态，设立民宿，把游客带入家庭客栈、家庭饭馆，感受传统晋商食宿生活方式，根据游客的生活习惯设置人性化服务，既要满足游客的功能诉求，又要满足游客的心理需求，让人性化服务深入古城大地。

第二，文化化。塑造文化吸引力，文化化可以支撑古城旅游业的发展。祁县古城历史文化遗存非常丰富，如晋商文化、名人文化、名城文化、建筑文化和民俗文化等，都是旅游吸引物。可以建设文化古镇，内置博物馆，挖掘特色主题，形成鲜明的形象。另外，古城镇要以"古"为特色的观光主导、以"商"为核心的商铺，作为古城镇开发的重点。

第三，景区化。提升街区品质。如地面已整治，街道、店铺、商号、经营品种、生产方式也要同步立面整治，满足游客的不同需求。一般以商业街或是商业区的形式呈现，汇集了当地的特色美食、民俗客栈、土特产店等。

第四，特色化。打造祁县古城的独特性。丹枫阁游学之旅文化、古城建筑文化、祁县名人文化、祁县民俗文化和晋商文化五大文化项目打造成特色文化品牌，引领新的文化消费，开辟特色文化旅游新天地，展示特色旅游文化，建设国际文化旅游名城。

第五，精致化。注重设计细节。所有文化产品风格都要符合祁县独特晋商明清风格，包括砖雕艺术、木雕艺术、石雕艺术、彩绘艺术、建筑设计等体现出来的特色。

第六，娱乐化。挖掘民俗娱乐。如祁太秧歌、晋剧、书法、绘画、剪纸艺术、心意拳表演和民间民歌艺术展示等。

3. 具体创意

第一，文创产品。开发与祁县历史文化及地域特色相关的文化创意小商品，传播文化发扬历史传统。通过名人牌坊、名人蜡像馆、名人雕塑和名人场景塑造，等等，给这坐古城增添浓浓的名人气息；同时以名人为品牌，延伸出一系列相应的旅游纪念品，为古城的旅游开发增加重要的"筹码"。比如创造历史名人动漫形象，历史文化名人表情包，以讲故事形式讲述祁县故事，并以动漫形式进行周边推广。

第二，深度开发文化旅游区，打造精品文化旅游线路。对历史文化资源最好的保护就是利用，可以建设梁村古文化遗址公园，打造祁县特色小镇，复兴传统集市和庙会，尤其是深度开发昭馀古城。在开发中，应该使景点与产品相联系，产品与特色相联系。譬如，晋商茶商尤以祁县经营时间最长，运营区域最广，开设茶庄最多，仅县城内就有茶庄 36 家，整个财神庙街一条街几乎都为茶庄所占，号称"茶商之都"。在这方面，可以做出相关茶类制品进行售卖。循着明风清韵、古色古香的晋商老街，利用茶庄旧址创办的晋商茶庄博物馆，从茶史、茶类、茶品、茶艺、茶俗、茶仪、茶书、茶诗、茶联、茶典、茶具、茶社等方面系统地向游人展示中国茶文化悠久的历史，博大的内涵。也可以保护利用晋商老街的四十多家老茶庄、茶票庄大院，招纳国内著名制茶企业入驻展销，打造中国名茶一条街，风格方面要统一规划以突出古城特色。目前，祁县已经先后利用这条街上的商号旧址和民居宅院开办了渠家大院晋商文化博物馆、长裕川晋商茶庄博物馆、全国最大的珠算博物馆、明清家具博物馆、晋商镖局、度量衡博物馆等旅游景点，恢复了明清商业老字号的牌匾、幌子，再现了古城明风清韵、商贾云集的生动画卷，为后期的开发打下了坚实的基础。

第三，借助大众新媒体，拍摄文化宣传片，提高祁县文化在华北片区及国内外的知名度与影响力。这就需要政策上加以扶持，吸引艺术人才聚集到祁县进行创作，打造祁县文化产业品牌，提高品位、提升知名度。为了推广和扩大祁县文化的影响，还可以打造影视文化城（类似于横店），吸引电影、电视剧外景取景；邀请书画名家对祁县文化及风景进行文艺创作，增加祁县文化吸引力；通过个人自媒体的方式，将旅游视频投放到各大视频网站，实行"互联网+"文化旅游；举办祁县文化摄影、绘画、书法等大赛，全方位展示祁县文化特色。此外，还应该加强对外宣传，吸引国外游客。

第四，开展祁县文化旅游节。以祁县的两项国家级非物质文化遗产"戴氏心意拳"和"祁太秧歌"打头，开展丰富多彩的文化交流与表演活动，邀请非物质文化遗产传承人进行文艺创作展示，邀请演员对祁县历史进行演绎。组织的演出要让游客充分感受到其中的文化内涵，景区布置要充分体现当地特色，并进行特色主题表演。根据表演内容，可分为：

戏台区。每周末，邀请当地知名晋剧戏班演出，逢旅游旺季可适当增加场次。此种活动，让晋剧不再局限于博物馆中，让游客更加直观地感受晋剧风采。

广场区。每月五号、十五号、二十五号，推出大型实景表演，种类丰富，不局限于歌舞，可增加情景剧，其中将社火表演完美融入，地方特色浓厚的社火表演可以更好地调动游客情绪，提升游览体验。

特殊表演区。每逢小长假或节假日，可推出特色主题表演，增添节日特色。比如在晋商文化主题中，可以进行开市、走镖、结算、收市等商俗表演活动。比如农耕文化主题，展示二十四节气以及重要节日的风俗习惯。为增强游客文化体验，也可以开展陶艺、剪纸、年画等手工艺品制作体验。此外，还可以将祁县的特色文化渗透到日常生活中，比如可以在广场舞和唱红歌中尝试推广祁太秧歌和晋中社火。

第五，修缮祁县文化博物馆，并以"互联网+"模式，全方位、全天候展示，打造数字博物馆。并开发自助讲解软件，让游客在手机上可以根据实时定位听到景点讲解。利用新媒体，开发公众号，提升旅游品牌知名度。相较自然山水，历史人文景观的受众群体相对较窄，想让悠久历史发挥光彩，就必须用一些较易于大众接受的方法表达，而大型的实景演出能带给观众不一样的新鲜体验，身临其境的感受也是游客所追寻的乐趣。

第六，针对不同年龄群体设计不同的体验式旅游活动。比如利用珠算博物馆进行国际珠算大赛，利用万里茶道进行登山比赛，或者骑行、自驾比赛，这一点，同是国家历史文化名城的山西代县推出的"代县雁门关国际骑游大会"可以作为借鉴。比如开放田地，打造私家农场，让客户承包小块土地进行耕种体验传统农耕文化。

第七，对当地特色农产品进行深加工，申请绿色食品及地理标识标志。挖掘祁县特色小吃，打造特色小吃品牌。规范民宿、客栈管理并加入祁县文化元素。

第八，抓住万里茶道"申遗"的良好发展契机，创新保护方式，建设非物质文化遗产主题公园。立足于祁县两项非物质文化遗产——"祁太秧歌"和"戴氏心意拳"，采用高科技表现手法，结合祁县传统民间传说、民间舞蹈、民俗年节礼仪、民族武术、民间音乐等区域文化特色，策划一个大型主题公园项目，深度开发、传承推广"非遗"，集中展现"非遗"，也可以在主题公园切入演艺行业，打造顶级的主题演艺项目。此外，还可以开发以展现"100年来祁县茶商发展"为主题的万里茶道主题公园。

第九，与相邻县市、兄弟省份进行合作。比如，可以与同为晋商故里的榆次、太谷、平遥等地形成产业联盟，实现资源共享；可以与同为万里茶道的节点城市的汉口、武夷山等地共建"万里茶道文化旅游服务总部"；可以依托"万里茶道文化博物馆"，建设中蒙俄万里茶道文化旅游服务总部，充分利用网络平台，串珠式整合万里茶道沿线旅游资源，共同打造万里茶道"旅游黄金带"。也可以共建"万里茶道国际文化节"，使之成为万里茶道文化国际交流的稳定平台。

第三节　祁县文化旅游演出产业品牌的策划与创意
——舞台音乐剧《问"道"（百年茶商的转型发展史）》

该创意是在对国内演出产业品牌现状进行调研的背景下，分析祁县旅游演出产业品牌营造的可能性与可行性后，而精心策划的一台精美的文化大餐。祁县打造旅游演出产业品牌，就是要让历史文化在现代文明中熠熠生辉并与之和谐共生，试图通过艺术表演的形式来探寻人类生活的本源和美好的追求。从人的生存与发展的探寻，到人生事业的取向与追求，以及捍卫国家主权的不屈斗争，到最后投身教育事业。剧目内容环环相扣，艺术境界节节攀高。勾起游客的无边思绪、无穷回味，达到艺术审美追求、文化产业发展、地域城市宣传的多赢效果。

一、历史背景

1. 渠家大院及渠氏家族商业发展脉络①

祁县商人云集，号称祁帮，是清代商界的一支劲旅。而渠家是祁帮中的大户。渠家的茶庄"长裕川"声名卓著，票号"三晋源"汇通天下。

渠家在祁县的历史发端于十四世纪，在家族的传承过程中，有几个阶段：

（1）祁县渠氏先祖定居祁县（1368~1398 年）。

祁县渠家始祖渠济，原籍山西省长子县。明洪武年间，渠济带着两个儿子忠义、忠信，长途贩运于上党与祁县之间，后定居于祁县。经营范围主要用上党的麻、黄梨等换取祁县的粗布、红枣等土特产品。

（2）九世时，始设商号。

（3）十四世时，商业大发展（康乾时期）。

渠同海（1723~1789 年）由"走西口"经商致富，在包头购买十余顷土地，独资开设了"长源厚"商号，经营菜园、粮食、食油、茶叶，兼做钱庄生意。

为纪念"长源厚"商号的创设，渠同海选用"长源本晋川，荣华万世年"十字，为后辈的辈分排序，从第十六代孙开始使用。

（4）十五世经营茶庄。

渠同海三子渠映潢，创设"长源川""长顺川"两个大茶庄，采购两湖茶，经销于西北各地以及内外蒙古、俄国和欧洲其他国家，获利甚丰。

（5）十六世贩盐。

渠映潢的儿子渠长瀛，又开始在古盐都扬州十二圩贩运食盐，成为大盐商。

（6）十七世时，渠家商业进入黄金时期。

此时期渠家最有名的商号有"长顺川茶庄""长裕川茶庄""诚记茶庄""书业诚古字画店""集庆和夏布庄""晋裕成布庄""是盛楼糕点铺"

---

① 根据《渠仁甫传》和《渠仁甫备忘录》整理。（武殿琦、渠荣籛. 渠仁甫传［M］. 太原：三晋出版社，2009；山西省晋商文化基金会编. 渠仁甫备忘录［M］. 太原：三晋出版社，2013）

"万盛源杂货铺""永春原药店""双福火柴公司"等。

金融机构有"百川通票号""三晋源票号""存义公票号""汇源涌票号""长盛川票号"等。

(7)民国年间又投资山西保晋矿务局、晋华纱厂、晋生纺织厂等。

渠家商号与金融企业,除在祁县外,还在太谷、汾阳、榆次、太原、阳泉、呼和浩特、包头、多伦、北京、天津、通州、张家口、赊旗镇、祁州、禹州、西安、成都、济南、扬州、上海、汉口、蒲圻、咸宁、沙市、长沙、安化、南昌、广州、香港等地设有分支机构。

渠家资产在300万~400万两白银(徐柯《清稗类钞》)。

渠家代表人物:渠源潮、渠源祯、渠源淦、渠本翘、渠本澄、渠晋山等。

渠家工商企业,一直发展到1956年公私合营时止。

2.《渠仁甫备忘录》中的家国情怀

根据渠家大院的最后一位主人渠晋山的日记《渠仁甫备忘录》,可以整理出渠家商业最后的走向,也可以回答最后一批晋商去了哪里的问题。

渠仁甫四卷《备忘录》记载的主要内容:

第一卷(1918年2月11日至1923年1月29日)

投资民间教育事业——竞新小学;投资民族工商业;完善股权激励制度《清给故俸规章》。

第二卷(1953年2月14日至1954年2月2日)

参与社会活动;商号经营管理方面的事务,长裕川茶庄改制、四川成都川记分号撤庄、永春原药业的经营;详细记录弟媳乔贞士给县文化馆捐赠书籍字画一事;债务清偿。

第三卷(1955年1月1日至1955年12月31日)

祁县永春原总号与祁县中医诊疗所联营的有关事务;捐献藏书554部给山西省文史馆;实业经营的有关事务。

第四卷(1956年1月1日至1960年1月7日)

诚记茶号与建成五金车具修造厂合并转营的有关情况;长裕川茶庄湖

南安化诚记茶号公私合营于湖南安化资江铁厂后的运营情况；1956 年 2 月，太原书业诚与协民书店联合而成联新书店，被收归新华书店，改为国营；是盛楼公私合营，改为祁县杂货总店食品第一门市部；与乔贞士合营的建新砖瓦厂及裕和砖厂于 1955 年合营；与乔贞士共同投资榆次晋华纺织厂、晋生织染厂。

二、创意构想

（1）核心要旨：

艰苦奋斗、实干兴邦、不畏权势、机敏睿智、气节长存、内禀发展。

（2）主要内容：

第一幕　贩枣发迹挑货郎——不畏艰辛艰苦创业①

历史背景："明代初期，开中制的实施为晋商的兴起提供了契机。晋商利用地理优势，捷足先登，率先进入北方边镇市场，运粮贩盐、屯田，积累资财。山西得天独厚的资源和较为先进的手工业商品生产，为晋商的兴起提供了物质基础。明代山西，特别是晋南'地狭人稠'，为晋商的发展壮大提供了人力保障。中华民族优秀文化的历史沉淀，山西淳朴的人文环境，培养了晋商勤俭耐劳、礼让诚信的敬业精神。基于多种优势，晋商迅速崛起。"

渠氏原籍上党长子县。明代洪武初年，其先祖渠济带领忠义、忠信两个儿子，经常往返于祁县、上党之间，倒贩土特产品。用上党的潞麻和梨换取祁县的粗布、红枣，然后运回上党老家，继续倒换。这样循环往复，充分利用两地价格差异，从中盈利。天长日久，有了点积蓄，便在祁县城内定居下来，仍然以小贩小卖为谋生手段。随着买卖的日渐兴旺，渠家逐渐富裕起来。到第九世渠士重时，家道初步呈现小康景象，结束了摊贩生涯，开始在祁县开设铺面、创立字号。

---

① 山西旅游景区志丛书编委会. 晋商文化旅游区志 ［M］. 太原：山西人民出版社，2005（1）：249.

第二幕　运茶兴邦长裕川——茶道远播实干兴邦①

历史背景："进入清代，社会生产力较前有了很大发展，推动了商品经济向前发展。晋商经营经验不断丰富，体系制度日趋完善，资本积累更加雄厚，进入鼎盛时期，晋商'足迹遍天下'，活动范围遍及全国各地，经营项目更加广泛。不仅成为最大的旅蒙商帮，还垄断了恰克图对俄国际贸易。"

渠家商业在十四世渠同海时代有了大发展，由肩挑背驮的卖货郎发展到有了固定的字号。渠同海（1723~1789年·雍正元年至乾隆五十四年），字百川，由"走西口"经商致富，包头购置了十余顷土地，并独资开设了"长源厚"字号，经营菜园、粮食、油面、茶叶，并兼做钱业生意。为了纪念长源厚的诞生，渠同海选用了"长源本晋川，荣华万世年"十个字，作为其孙辈一代即渠家第十六世以下辈分世系的排名。渠同海生有三个儿子，长子藩及三子映潢也都是商界高手。渠映潢（1758~1832年·乾隆二十三年至道光十二年），字天池，在继承父业的基础上，又增设了长源川、长顺川两个大茶庄，从两湖采办茶叶，经销于西北各地以及蒙古、俄国，直至欧洲，获利极丰。十六世渠长瀛（1794~1863年·乾隆五十九年至同治二年），字仙洲，又开始在长江流域贩运食盐。至此，渠家已经积累了大量的商业资本，仅渠长瀛名下便有商号四五十座。到十七世"源"字辈时代，渠氏商业进入黄金时期，终于到达辉煌的顶点。咸丰、同治直至光绪初年，渠氏源潮、源浈、源涤、源道、源洛、本立众兄弟叔侄除独资或合资经营三晋源、长盛川、百川通、汇源涌、存义公等票号外，还开设有众多的茶庄、盐店、钱铺、典当、绸缎、药材等商业字号。据说商号总数有数百座之多，遍及全国各大中城市、水旱码头，成为全国著名的巨商大贾。

光绪至民国时期，仅渠源潮、渠晋山名下总号在祁县的商业字号就有长裕川茶庄、书业诚古籍字画店、诚记茶庄、集庆和夏布庄、晋裕成布

① 山西旅游景区志丛书编委会. 晋商文化旅游区志［M］. 太原：山西人民出版社，2005
（1）：249-250.

庄、是盛楼糕点铺、万盛源杂货铺、永春原药店等近 10 座。其中最著名的是长裕川茶庄与永春原药店。

长裕川茶庄前身叫长顺川，大约开办于清乾隆、嘉庆年间，创始人为渠源潮之祖父渠映潢。光绪年间更名为长裕川，由源潮主管号事，民国年间由其孙渠晋山接管。总号在祁县城内段家巷，在汉口、长沙、南昌、扬州、十二圩、张家口、绥远、天津等地设有分号 10 余处，共有店员 100 多人，仅总号就有店员 20 余人。长裕川经营茶叶，属于收购、加工、贩运、批发一条龙性质。在湖北羊楼洞、羊楼司、咸宁等地占有茶山，大量收购茶叶，就地加工，然后长途运输，经东、西两口（张家口、杀虎口）行销蒙古和俄国。或者从汉口走长江，转销欧洲。由于质量上乘，信誉卓著，俄国商人和蒙古牧民一见印有长裕川字样的茶叶便争相购买，这些茶叶甚至还可以代替货币在市面上流通。清代中期至民国初年，茶业极盛。一般来说，茶价稳定时每箱茶至少可获利润 2 两白银，最高时每箱获利竟达 7 两之多，利润极高。1931 年（民国 20 年）以后，茶业衰落，长裕川改业专营食盐，并在汉口兼营仓储业务。曾花费 40 万元在码头购置仓库一座，用于储蓄食盐和仓储业务。盐的经销主要靠船业运输，由江苏淮北盐场起运，沿长江运往江西、湖北、湖南等地。规模之大，当时称冠。抗战期间，还在成都经营棉布棉纱业务。新中国成立前夕，各地分号全部撤销，只留汉口一处，公私合营后并入太原瓷厂。

第三幕　金融帝国三晋源——融汇天下通达九州①

历史背景："随着社会经济的发展，晋商创立了山西票号，实现了商业资本与金融资本的结合。票号的出现，标志着晋商的事业达到了辉煌的顶点。"

徐珂在《清稗类钞》中列举"山西多富户"时说，祁县渠家资产在三百万至四百万两白银之间。实际上远远不止于此。有人说"旺财主"渠源浈生前在三晋源票号总号建有银窖一座，他死后，其后人挖出白银 300 万

---

① 山西旅游景区志丛书编委会. 晋商文化旅游区志 [M]. 太原：山西人民出版社，2005：249.

两。另外，辛亥革命以后，阎锡山出任山西都督时，财政困难，曾托人向渠源浈借钱，渠源浈借给军费 30 万两白银，亦可印证其富有程度。

渠氏家族的生意字号主要分为两类。一类是金融业，即票号、钱庄和典当业；另一类是商业，即茶叶、食盐、绸缎、粮食、药材等行业。渠氏商业的一大特点是金融资本与商业资本相互结合、相互转化、相辅相成、相得益彰，是一个有机的统一体。

百川通票号是渠氏家族投资最早的票号业。因其总号在平遥，从地域上讲属于平遥帮，但实际上全部股份都属于祁县渠氏家族。票号由渠源浈、渠源潮、渠源洛、渠本立等合资创办，总号设在平遥城内南大街今 134 号，开办于 1860 年（咸丰十年），历经 59 年，至 1918 年（民国 7 年）歇业。有银股 10 个，人力股 20 个，开业资本数额不详，歇业时资本为 30 万两白银。历届经理有平遥城内的武大德，祁县的渠川至，平遥城内的庞凝山、刘敬义，平遥油房堡的雷中寿等人。在太原、太谷、祁县、北京、天津、上海、武昌、汉口、沙市、长沙、湘潭、常德、成都、重庆、贵阳、昆明、梧州、桂林、广州、潮州、汕头、西安、三原等地均设有分号。百川通是在全国各地商界享有很高声誉的重要票号之一，在上海、长沙、常德、梧州均被列为重要票号，它在北京亦颇有地位，分号掌柜王浩廷曾担任北京商会会长，并在广州属最有信用的票号。其中在昆明、汉口，建号最早，且一向著名，川滇两省亦属其经营区域。

三晋源票号是渠源浈独资经营的票号，开办于 1862 年（同治元年），经历 72 年，1924 年（民国 13 年）改为银号，1934 年歇业，是经营时间较长的"三大票号"（另两家为祁县乔家开设的大德通、大德恒票号）之一。三晋源票号经营以稳健著称，从不涉险，基本上未遇亏累，一直持盈保泰。原始资本 30 万两白银，最盛时营业额达六七百万两。初时经理是文水县人武呼之。每三年一个账期，每股分红不到 1 万两白银。70 多年中分红 300 多万两白银。曾在北京、天津、上海、镇江、扬州、清江浦、南昌、沙市、重庆、成都、芜湖等地设有分号。

三晋源票号财力雄厚，经营有方。至辛亥革命期间，其他票号已靠借款维持，而三晋源仍能靠自身实力维持业务。三晋源在各地所设分号也都有重要地位。在上海，被日本驻上海总领事称为获得利益颇丰的票号之一；在汉口，被称为最重要票号之一；在昆明，被称为巨商；在芜湖，是芜关拨解京饷改解现为汇兑的最早票号。

存义公票号由渠晋贤、渠源浈、张祖绳合资经营，由布庄改组为票号，开办于1862年（同治元年）左右，经历54年，1916年（民国5年）歇业。中期资本6万两白银，歇业时资本数额为24.6万两白银。历届经理有祁县大韩村的郝鲜五、祁县城内的罗秀一、文水县的文敬三等人，每股分红在1万两白银左右。54年中分红100余万两。在太原、太谷、忻县、北京、天津、张家口、归化、包头、开封、周口、沈阳、营口、吉林、上海、汉口、沙市、成都、重庆、苏州等处设有分号。

存义公票号开办时资本较三晋源、百川通要少，但因其一向善于经营，在全国各地分号中居重要地位。在上海、汉口、苏州都被列入重要票号，在北京亦颇有影响，掌柜马聚英，曾在北京商会担负重任。

汇源涌票号属平遥帮，由渠源浈独资开办。创设于1881年（光绪七年），历时4年，1885年（光绪十一年）歇业。歇业时资本为14万两白银（一说6万两）。经理为文水南齐人段启祥。在北京、天津、上海、汉口、西安、三原、长沙、常德、成都等地设有分号。

长盛川票号，渠源潮独资经营，1884年（光绪十年）由长源川茶庄改营票号。经历25年，1909年（宣统元年）歇业。中期资本16万两白银，最多时20万两。25年中分红近百万两白银。在太谷、汾阳、归化、包头、北京、天津、通州、张家口、赊旗镇、上海、汉口、沙市、兴化镇等地设有分号13处。

晋商的经营之道："东伙制度，经理负责；人身顶股，惟贤是举；护本提留，扩大积累；号规严谨，纪律整肃；信誉至上，诚信守义；广设网点，争占市场；灵活机动，适销对路；审时度势、抽疲转盈；薄利多销，加快周转；礼貌待客，近悦远来。"

第四幕 保矿运动巧周旋——民族气节大义凛然①

历史背景:"1897 年,腐朽无能的清政府在英帝国主义的威胁利诱下,拱手将山西省平定州(今平定县)、盂县、潞安府(今长治)、泽州府(今晋城)、平阳府(今临汾)的煤铁矿开采权卖给英商福公司。这是一个极不平等的条约。洋人借钱给清政府从而获得 60 年的开矿权利,既获矿权又获债权,还本付息,是一个彻头彻尾、祸国殃民的行为。1905 年 7 月,福公司借阳泉正太铁路通车之机,派人在铁路两旁勘测矿地,竖立标志,霸占矿产,并要挟清政府查封当地人们开办的小煤窑。这一行径激起了阳泉和山西各界人士、海外留学生以及开明官吏的极大愤慨,同年 9 月,掀起了一场声势浩大的山西保矿运动。

消息传开,山西全省哗然,商民各界奔走呼号,展开长达数年的争回矿权、路权的斗争,渠本翘刚刚卸任山西大学堂监督,就投入保矿运动。在晋商保矿运动中,渠家父子配合默契,渠源桢主持渠家大票号协力相助。不但出巨资入股保晋公司,还帮助公司发行、募集股票。渠本翘在保晋公司担任了一年多总经理,就再次入京为官。"

第五幕 弃商从文彰家风——转型发展教育图存②

历史背景:"大量史料显示,晋商经商致富之后,普遍重视对子弟的文化教育,其重视程度不亚于书香门第、官宦之家,而他们对教育的投资还往往超过那些书香门第。但他们的教育观却有别于当时社会上流行的'学而优则仕'的观念,而是'学而优则商'与'学而优则仕'两途兼顾,是一种儒贾并重、儒贾结合的教育观。"

家族是构成封建宗法社会的基本单元,也是族人赖以安身立命并竭力维护的血缘群体。晋商大贾积累的财富使整个家族在经济上具有相当强的

---

① 山西旅游景区志丛书编委会. 晋商文化旅游区志 [M]. 太原:山西人民出版社,2005:250.

② 山西旅游景区志丛书编委会. 晋商文化旅游区志 [M]. 太原:山西人民出版社,2005:618-621+632.

实力，处于优势地位。但要进一步提高整个家族的社会地位和政治地位，还需要教育去博取功名（秀才、举人、进士等），甚至仕宦做官。在"士为四民之首"和官本位思想占统治地位的社会里，读书做官，便可身价百倍，名利双收，整个家族的地位便立即得到提升。中了秀才，见官便可不跪；中了举人，门前便可立旗杆；中了进士，宅门上便可挂"进士第"的匾额。或科举做官，或花钱捐官，有了一定品级，才能建五间七架的居室，门前才能立石狮，连婚丧嫁娶的服装仪仗和坟茔的规格、墓碑也高人一等，风光体面得多。所谓立身扬名、光宗耀祖、荫及子孙，并不只是留下一个空名，或者只是在人们思想上造成的一种影响，而是十分现实地体现在许多方面和许多具体问题上，体现为物质形态和社会生活形态。大商人拥有的财富是经济实力，族人获得功名和官职就有了权势，则是社会实力和政治实力。一个晋商大族中，既有商界巨子，更有官场显宦的学界通儒，再加上通过联姻关系攀高结贵，形成强大的社会关系网，经济实力、政治实力、社会实力相结合，比之单纯经商或单纯做官势力显然要大得多。即便族中读书之人中有的仕途不畅，未能做官，或有的志趣高洁，既不喜经商，也不喜做官，但只要有真才实学，从事著述或教育，成为"道德文章蜚声儒林"的通儒名流，同样受到社会各界和普通百姓的尊重，也是一种"无形资产"和"无形实力"，同样对弥补商业家族的缺憾，提升家族的地位、实力和声望具有重要作用。

晋商大贾不仅重视对嫡亲子孙的儒学教育，而且对族中子弟聪慧者，也想方设法予以培植，使其能步入科举之途。榆次常家、灵石王家、太谷曹家、祁县渠家和乔家等大家族中，都设有富户捐助筹集的助学基金，资助族中家庭经济困难的子弟入学、赴试。以大户为主出资兴办的家族私塾也为困难家庭的子弟提供免费附学的机会，这些都是为了大家族的兴盛。晋商之所以能够不惜资财培养子弟读书，凭借的还是他们有雄厚的财力为后盾，"富而教"的前提是"富"。对此清人曾有论及："近世货殖之事益急，商贾之势益重。非父兄先营事业于前，子弟即无由读书以致身通显。是故古者四民分，后四民不分。古者士之子恒为士，后世商之子方能为士，此宋、元、明以来变迁之大较也。"（《落帆楼文集》卷二十四《费席山先生七十寿序》）这一分析大体是符合事实的。在清末民初执教于新式学堂者，都不乏其人。渠本翘1910年（宣统二年）担任过山西大学的总监督（校长）。直到新中国成立后，这些家族的后人还有不少在各级各类学校执教。

三、操作实施

以下几个方面的问题需予以充分论证并逐一解决：

一是招商一家资金雄厚的文化公司，积极推进演艺事业；

二是聘请一位世界级的晚会导演，宏观把控演出定位；

三是选定一个有特色的演出地点，量身定做舞台座席；

四是组建一支专家级的创编队伍，在音乐、舞蹈、舞美等各环节协调创作各个篇章节目；

五是培养一批热爱舞台的青年演员，促使其全力投身角色塑造；

六是充分认识艺术表演范式与了解艺术表演理论；

七是让参演人员充分了解历史，以厚重的历史感与使命感完成作品的创作与演出。

一个旅游品牌的成功打造，除了地域历史文化底蕴、旅游资源与产业发展、政府政策导向与重视程度等基础性因素外，还需要有一套优秀的策划与创意方案。本项"祁县·茶商之都"演出品牌的策划创意个案，即意欲为山西省再次打造一台旅游精品节目而建言献策、摇旗呐喊。

然而，成功尚需不断努力，后续环节将涉及这一工作中更加具体的操作层面。而操作层面则需多方进行磨合与交流。

此外，节目上演之后的营销策略也至关重要。一台精品演艺节目的打造是文化、艺术、智慧、资金、决策、运作、胆识等多方面的有机结合。可以预见，"昭馀古城·茶商之都"旅游规划与舞台音乐剧——问"道"演艺策划，如能成功实施，在不久的将来一定会在潮水般的海内外游客中赢得高度的艺术评价，成为三晋大地上新的产业精英、文化品牌。

参
考
文
献

［1］张亚兰. 站在历史的高度认识万里茶道［N］. 太原日报，2013-
10-25（10）.

［2］杨永生，李永宠，刘伟. 中蒙俄文化廊道——"丝绸之路经济
带"视域下的万里茶道［J］. 经济问题，2015（4）：15-18.

［3］苏全有. 论清代中俄茶叶贸易［J］. 北京商学院学报，1997
（1）：52-56.

［4］高春平. 晋商与中俄恰克图茶叶贸易——纪念伟大的茶叶之路
［J］. 全球史评论，2010（12）.

［5］肖坤冰. 帝国晋商与茶叶——十九纪中叶前武夷茶叶在俄罗斯的
传播过程［J］. 福建师范大学学报，2009（2）：113-121.

［6］陶德臣. 马克思论中俄茶叶贸易［J］. 中国茶叶，2008（3）：
32-34.

［7］巩志. 武夷山至恰克图茶叶之路［J］. 农业考古，1993（7）.

［8］庄国土. 从闽北到莫斯科的陆上茶叶之路——19 世纪中叶前中俄
茶叶贸易研究［J］. 厦门大学学报（哲学社会科学版），2001（2）：
119-126.

［9］徐毅. 近200年我国茶叶出口竞争力演变之探析［J］. 安徽大学学报，2003（4）：104-107+144.

［10］郭伟齐，董玉梅. 汉口茶叶贸易的兴衰［J］. 武汉文史资料，2000（11）：26-30.

［11］陈钧. 十九世纪沙俄对两湖茶叶的掠夺［J］. 江汉论坛，1981（13）：110-11.

［12］孙海龙，孙云，苏峰，潘一斌. 明清晋商万里茶道扩展动力分析——基于经济地理学的视角［J］. 湖南农业大学学报（社会科学版），2013（2）：68-72.

［13］王海津. 点击晋商万里茶道起点——走进武夷山（上）［J］. 旅游纵览，2007（1）：12-31.

［14］禾青. 晋商万里茶道起点——下梅村［J］. 丝绸之路，2010（23）：59-62.

［15］林仁川. 近代福建茶叶外销消长的原因［J］. 福建论坛（文史哲版），1985（5）：75.

［16］颜丽金. 清代福建茶叶外销与地区经济发展的互动关系研究［D］. 广州：暨南大学，2004.

［17］姬淑婷，张亚兰. 晋商与安化黑茶［J］. 经济师，2013（5）：19-20.

［18］张笃勤. 汉口茶输俄的几个问题［J］. 江汉论坛，1994（2）：61-64.

［19］郭蕴深. 汉口地区的中俄茶叶贸易［J］. 江汉论坛，1987（1）：61-65.

［20］陈钧. 十九世纪沙俄对两湖茶叶的掠夺［J］. 江汉论坛，1981（3）：110-116.

［21］艾杰. 城市文化价值提升——武汉与茶叶之路探析［J］. 新闻前哨，2014（7）：97-98.

［22］杜七红. 清代两湖茶业研究的回顾与展望［J］. 江汉论坛，2006（4）：107-110.

[23] 胡太昌. 近代九江开埠与近代九江茶市 [J]. 九江师专学报, 1987 (4): 47-50.

[24] 周付华. 近代九江茶市研究 [D]. 南昌: 南昌大学, 2007.

[25] 刘晓航. 汉口与中俄茶叶之路 [J]. 寻根, 2003 (4): 54-56.

[26] 王海津. 重走晋商万里茶道——洞庭湖畔问茶香 (上) [J]. 旅游纵览, 2007 (7): 12-32.

[27] 廖奇伟. 安化茶行史略 [J]. 茶叶通讯, 2006 (12): 27-35.

[28] 张春岭. 赊店: 一座商业重镇兴衰传奇 [J]. 商业文化, 2007 (21): 64-67.

[29] 河南赊店: "茶叶之路" 上的一颗明珠 [A]. 民族建筑 [C]. 2013: 3.

[30] 周忠生. 赊店山陕会馆 [J]. 协商论坛, 2000 (5): 30-31.

[31] 谭经龙. 通江连海: 明清时期中原商镇与水运网络的兴衰研究 [D]. 青岛: 中国海洋大学, 2008.

[32] 韩小雄. 茗香万里——晋商万里茶道探寻 [M]. 太原: 山西人民出版社, 2012.

[33] 陈赛赛. 线性文化遗产背景下的万里茶道空间结点分析 [D]. 南昌: 江西师范大学, 2016.

[34] 张江. 山西祁县古茶路及茶叶物流考证 [J]. 晋中学院学报, 2010 (5): 34-39.

[35] 万建辉. 茶过晋商家门——山西 [J]. 武汉文史资料, 2016 (9): 51-58.

[36] 周鑫鑫. 晋商茶帮的困厄与出路 [D]. 太原: 太原理工大学, 2014.

[37] 卢云亭. 张库草原古道驿道、商道大事记 [C]. 中国地质学会旅游地学与地质公园研究分会第23届年会暨二连恐龙地质公园建设与旅游发展战略研讨会论文集, 2008: 406-416.

[38] 刘秉贤. 论清代蒙古市场的对俄开放过程 [J]. 黑龙江史志, 2007 (12): 20-21+28.

［39］黄鉴晖. 山西茶商与中俄恰克图贸易［J］. 中国经济史研究，1993（7）：125-140.

［40］郭蕴深. 论中俄恰克图茶叶贸易［J］. 历史档案，1989：89-95.

［41］（俄）瓦西里·帕尔森·外贝加尔边区纪行［M］. 北京：商务印书馆，1976.

［42］陈惕. 走西口恰克图茶叶之路［J］. 茶叶世界，2009（7）：32-33.

［43］张喜琴. 清代恰克图贸易的制度框架、交易方式及启示［J］. 上海财经大学学报，2015（6）：102-112.

［44］丁援. 国际古迹遗址理事会（ICOMOS）文化线路宪章［J］. 中国名城，2009（5）：51-56.

［45］陶犁. "文化廊道"及旅游开发：一种新的线性遗产区域旅游开发思路［J］. 思想战线，2012（2）：99-103.

［46］李伟，俞孔坚. 世界文化遗产保护的新动向——文化线路［J］. 城市问题，2005（4）：7-12.

［47］王建波，阮仪三. 作为遗产类型的文化线路——文化线路宪章［J］. 城市规划学刊，2009（4）：86-92.

［48］王志芳，孙鹏. 遗产廊道——一种较新的遗产保护方法［J］. 中国园林，2001（5）：85-88.

［49］戴湘毅，姚辉. 国际文化线路理念演进及中国的实践［J］. 首都师范大学学报（社会科学版），2017（1）：78-87.

［50］王晶. 文化线路申报世界遗产的探讨［J］. 中国文物科学研究，2011（1）：9-13.

［51］杨珂珂，陈同滨. 文化线路遗产价值特性分析——以世界遗产名录的6处文化线路遗产为例［D］. 北京：中国建筑设计研究院，2009.

［52］王先胜. 文化线路与古代历史文化研究［J］. 文化研究，2010（2）：35-41.

［53］张春彦，张一，林志宏. 欧洲文化线路发展概述［J］. 中国文化遗产，2016（5）：88-94.

［54］杨浩祥. 欧洲文化线路展示与利用初探［J］. 建筑与文化，2015（4）：186-187.

［55］赵涵. 德国文化遗产的可持续生机——38 处世界遗产化身八大主题线路［J］. 文化月刊：下旬刊，2014（6）：42-51.

［56］童明康. 文化线路的研究与保护（中国古迹遗址保护协会）［J］. 四川文物，2016（3）：3032.

［57］王景慧. 文化线路的保护规划方法［J］. 中国名城，2009（4）：10-13.

［58］李林. "文化线路"对我国文化遗产保护的启示［J］. 江西社会科学，2008（4）：201-205.

［59］吕舟. 文化线路构建文化遗产保护网络［J］. 中国文物研究，2006（1）：59-63.

［60］刘小方. 中国文化线路遗产的保护与旅游开发——以茶马古道为滇藏线［D］. 成都：四川师范大学，2007.

［61］刘小方，李海军. 世界文化线路遗产的保护与旅游开发——以四川省为例［J］. 桂林旅游高等专科学校学报，2007（2）：300-303.

［62］冯晓娜，章牧. 论旅游线路的文化品味提升：基于非物质文化遗产的视角——以珠三角为例［J］. 旅游经济，2011（4）：160-162.

［63］章剑华. 江苏文化线路遗产及其保护［J］. 东南论坛，2009（4）：7-11.

［64］单霁翔. 关注新型文化遗产——文化线路遗产的保护［J］. 中国名城，2009（5）：4-12.

［65］海鹏. 谈文化旅游产业发展的路径规划［J］. 辽宁省社会主义学院学报，2016（2）：55-58.

［66］顾海燕，朱君梅. 浅析文化产业的区域整合发展路径［J］. 改革与战略，2011（9）：132-134.

［67］鲍展斌. 合理开发文化遗产创建中国特色文化产业［J］. 社科与经济信息，2002（6）：123-124.

［68］王均寅. 如何推动区域文化产业发展［J］. 今日浙江，2012

（7）：56-57.

　　[69] 齐仁庆. 文化产业发展进程中的政府职能 [J]. 中共中央党校学报，2011（5）：106-108.

　　[70] 白雪艳. 我国区域文化产业发展模式探究 [J]. 对外经贸，2012（7）：76-77.

　　[71] 耿达. 比较优势、协同创新与区域文化产业取向 [J]. 重庆社会科学，2016（1）：20-26.

　　[72] 颜霓，张晓华，李莹. 挖掘优势资源创新城乡文化旅游创意产业发展的有效对策研究 [J]. 知识经济，2017（10）：16-17.

　　[73] 李雅梅. 文化资源优势转化产业优势问题浅议 [J]. 枣庄学院学报，2012（1）：108-110.

　　[74] 邓微. 发展文化产业，促进湖南经济发展方式转型 [J]. 湖湘论坛，2011（1）：59-64.

　　[75] 周凤英. 发挥文化资源优势加快文化产业发展——商丘文化产业发展的调查与思考 [J]. 商业文化（学术版），2010（11）：160.

　　[76] 李冰燕，刘新霞，王萌. 历史文化资源优势向产业优势转化的路径研究——以河北为例 [J]. 科技管理研究，2013（11）：228-230+258.

　　[77] 木基元. 历史文化名城的保护与发展研究——以云南为例 [J]. 云南社会科学，2003（5）：99-102.

　　[78] 姜长宝. 河南省文化产业特色乡村融入"一带一路"的战略思考 [J]. 南阳师范学院学报，2016（5）：10-14.

　　[79] 张鹏，黄朦朦. 基于 SWOT 分析的辽宁文化产业发展及对策 [J]. 辽宁经济，2015（11）：70-71.

　　[80] 陈雪. 文化类旅游节事活动开发探析——以河南省固始县根亲文化节为例 [J]. 旅游纵览（下半月），2016（5）：131-132.

　　[81] 张晓玲. 内蒙古茶叶之路文化产业品牌构建研究 [J]. 农业考古，2014（2）：223-228.

　　[82] 包国忠. 呼和浩特市玉泉区构建文化生态旅游新格局 [N]. 中国旅游报，2009-11-13（10）.

［83］孙丽萍. 发展山西文化产业势在必行［N］. 山西政协报，2007-02-28（00C）.

［84］卫振中. 关于加快山西文化产业发展的思路与对策［J］. 机械管理开发，2011（3）：135-137.

［85］靳佳佳. 基于系统动力学的山西省文化产业发展对策研究［D］. 太原：中北大学，2013.

［86］张蒙，侯瑞雪，韩兰兰. 山西省文化产业发展初探［J］. 科技情报开发与经济，2007（34）：121-123.

［87］张茜. 山西省文化产业发展影响因素的实证研究［D］. 兰州：兰州财经大学，2015.

［88］赵瑞政. 山西文化产业发展存在的问题及对策研究［J］. 赤峰学院学报（汉文哲学社会科学版），2013（1）：103-105.

［89］郭艳红. 山西文化产业发展的问题及对策研究［D］. 太原：山西大学，2017.

［90］张霞. 山西文化产业发展的优势与挑战［J］. 商场现代化，2016（30）：148-149.

［91］孙林叶，边水燕. 山西文化产业发展对策研究［J］. 山西高等学校社会科学学报，2007（8）：57-59.

［92］张效堂，成晓明. 山西文化产业发展面临的挑战与对策［J］. 前进，2007（8）：44-45.

［93］梁玉新. 山西文化产业发展问题探讨［J］. 中共山西省直机关党校学报，2012（4）：28-30.

［94］王丽华. 山西文化产业发展问题研究［D］. 太原：山西财经大学，2009.

［95］郭玉兰. 山西文化产业发展研究［J］. 经济师，2009（12）：262-263.

［96］薛泽民. 山西文化产业发展中存在的问题及对策研究［D］. 太原：山西财经大学，2014.

［97］武耀星. 山西文化产业集群化发展研究［J］. 中国商贸，2014

（5）：159-160+162.

[98] 王婧. 山西文化产业跨越发展的问题及对策研究 [J]. 党史博采
（理论），2017（8）：28+43.

[99] 屈学书. 文化产业能成为山西的主导产业吗 [D]. 太原：山西
财经大学，2006.

[100] 杨征，芦琳，任宝石. 风险投资推动山西文化旅游业发展探讨
研究 [J]. 山西煤炭管理干部学院学报，2012（1）：40-42.

[101] 王佳，贺清云. 循环经济视角下大同市旅游业发展研究 [J].
旅游纵览（下半月），2016（5）：201+203.

[102] 耿娜娜，贾瑞玲. 山西省旅游业区域差异及影响因素分析 [J].
中北大学学报（社会科学版），2016（3）：111-116.

[103] 李春梅. 山西文化创意产业的现状分析及对策研究 [D]. 太
原：山西大学，2010.

[104] 高飞龙. 山西省文化创意产业发展研究 [D]. 天津：天津师范
大学，2012.

[105] 甄聪. 江孜古城保护与旅游发展研究 [J]. 中华建设，2016
（6）：77-79.

[106] 刘建霞. 推进山西文化创意产业升级发展的建议 [J]. 中共山
西省委党校学报，2018（1）：109-114.

[107] 宋春来. 引入营销理念延长博物馆文化产业链 [J]. 现代营销
（下旬刊），2015（6）：116-117.

[108] 修嫄嫄，黄位华. 赣傩旅游产品开发研究 [J]. 旅游纵览（下
半月），2016（2）：122-124.

[109] 胡斯曼. 文化产业 PPP 项目风险管理研究 [D]. 合肥：安徽财
经大学，2017.

[110] 张宝英. 科技创新思想在我国文化产业发展中的应用研究
[D]. 福州：福建师范大学，2016.

[111] 廖继胜. 文化产权交易市场发展研究 [D]. 南昌：江西财经大
学，2015.

［112］李英杰. 文化产业社会效益评估体系研究［D］. 济南：山东建筑大学，2017.

［113］王莎莉. 山西文化产业发展问题及对策研究［D］. 秦皇岛：燕山大学，2013.

［114］刘笑男，杨丹丹. 促进山西文化贸易发展的措施［J］. 东方企业文化，2013（5）：115.

［115］焦斌龙. 大园区承载战略山西文化产业的选择［J］. 品牌（下半月），2013（6）：8.

［116］任玉平. 山西文化资源开发的园区化模式研究［J］. 太原大学学报，2008（1）：37-41.

［117］苏思涵. 论山西文化资源整合与品牌创建战略［J］. 美与时代（城市版），2016（5）：101-102.

［118］张建英，杜耀文. 山西文化资源的特点与整合［J］. 山西高等学校社会科学学报，2006（10）：45-47.

［119］刘艳. 山西文化资源产业开发对策研究［D］. 太原：太原理工大学，2013.

［120］尤佳. 山西文化强省建设要充分发挥丰厚的历史文化资源优势［N］. 发展导报，2017-08-29（4）.

［121］王红丽. 新时期以来中国电影山西元素银幕展现的文化阐释［D］. 重庆：西南大学，2013.

［122］朱晓妍. 依托红色文化资源提升山西文化软实力研究［D］. 太原：山西大学，2014.

［123］刘斐娟. 文化资源价值视角下山西省旅游产业发展研究［D］. 太原：山西财经大学，2016.

［124］候可. 山西构建文化自信推动文化发展的路径探析［J］. 现代职业教育（综合实践），2017（3）：175-177.

［125］常月亲. 山西省文化旅游产业资源整合发展研究［D］. 太原：山西财经大学，2011.

［126］张慧霞，董红梅. 加快发展山西文化旅游产业的战略思考［J］.

生产力研究，2001（6）：77-80.

［127］王伟．山西省文化旅游产业集团化发展研究［D］．太原：山西财经大学，2012.

［128］孙玉梅，秦俊丽．山西省文化旅游资源的特征与文化产业发展模式［J］．地理研究，2011（5）：845-853.

［129］许继红．后现代语境下山西文化旅游产业发展的困境与反思［J］．经济问题，2015（11）：115-120.

［130］刘华琳．山西文化旅游营销策略探析［J］．中共山西省委党校学报，2013（5）：65-67.

［131］山西文化资源优势转化路径课题组．关于山西文化产业集群发展的思考［N］．山西日报，2013-11-5（C02）.

［132］张连武．实现转型发展重在价值创新［J］．太原科技，2009（10）：16-17.

［133］李波．晋商文化产业路在何方？［N］．晋中日报，2010-09-14（2）.

［134］赵加积．晋商文化是座挖不尽的"富矿"［N］．山西党校报，2013-05-05（3）.

［135］田建海，郭贵虎，王丽峰．山西晋中：推进"晋商文化复兴地"建设［N］．中国信息报，2010-09-06（5）.

［136］张宇哲．依托"晋商文化"晋中显示产业优势［N］．中国文化报，2006-06-16（2）.

［137］王增兵，赵家强．平遥县致力担当文化旅游产业发展标杆［N］．晋中日报，2013-11-02（1）.

［138］吕根生．太原新晋商联盟文化传播集团挂牌成立［N］．太原日报，2009-04-08（1）.

［139］郝光明，董永德．文化强市的"晋中实践"［N］．山西经济日报，2012-10-27（1）.

［140］中共晋中市委宣传部课题组郭润生，张建岗，高庆林．掀开建设"晋商文化复兴地"的崭新篇章［N］．晋中日报，2011-03-03（5）.

［141］张文霞. 山西文化产业结构优化研究 ［D］. 大连：辽宁师范大学，2012.

［142］王丽华. 山西文化产业发展问题研究 ［D］. 太原：山西财经大学，2009.

［143］刘彩琴. 优化山西文化产业对策研究 ［D］. 太原：山西财经大学，2008.

［144］王先明，罗朝晖. 院落沧桑山西古民居的历史文化解读 ［M］. 太原：山西人民出版社，2005.

［145］祝笋. 文化线路视野下的茶叶之路（湖北段）建筑遗产调查研究 ［D］. 武汉：武汉理工大学，2011.

［146］石涛，李志芳. 清代晋商茶叶贸易定量分析——以嘉庆朝为例 ［J］. 清史研究，2008（4）：81-95.

［147］孙翔. 从曹家看明清晋商商贸习俗——以"三多堂"为例分析 ［J］. 晋商研究，2006（6）：25-26+34.

［148］陶德臣. 清至民国时期茶叶消费主体的新变化及其影响 ［J］. 安徽史学，2010（5）：16-25.

［149］李博，韩诗洁，黄梓茜. 万里茶道湖南段文化线路遗产结构初探 ［J］. 湖南社会科学，2016（4）：136-140.

［150］赵鑫珊. "世界遗产"的价值和意义 ［J］. 同济大学学报（社会科学版），2003（2）.

［151］庞义才，渠绍淼. 论清代山西驼帮的对俄贸易 ［J］. 晋阳学刊，1983（4）：12-21.

［152］祁晓庆. 基于文化价值挖掘的丝绸之路文化旅游线路规划策略研究 ［J］. 丝绸之路，2016（8）：37-39.

［153］梁雪松. 遗产廊道区域旅游合作开发战略研究——以丝绸之路中国段为例 ［D］. 西安：陕西师范大学，2007.

［154］皇甫晓涛. 文化再造中国文化产业实操 ［M］. 北京：光明日报出版社，2016.

［155］于少东，李季. 中国文化产业经典案例 ［M］. 北京：中国建筑

工业出版社，2015.

[156] 吕庆华. 文化资源的产业开发 ［M］. 北京：经济日报出版社，2006.

[157] 蔡尚伟，车南林. 文化产业精要读本 ［M］. 南京：江苏人民出版社，2015.

[158] 李炎，胡洪斌，范建华. 中国区域文化产业研究 ［M］. 昆明：云南人民出版社，2014.

[159] 魏怡. 文化产业发展方式转型研究 ［M］. 北京：社会科学出版社，2015.

后记

为了更好地诠释万里茶道山西段文化线路研究的全面性，本书内容在历经数月编撰过程中引证的文献资料来源有期刊、书籍、网络以及地方相关机构的实地采集等众多渠道，本书除了在参考文献及正文脚注部分对所引用的文献资料列示外，尚有一些文献或资料来源至今无法得以精准确认，望有关原著作者看到后可以联系本书编者，以便完善相关信息。

不当之处，尽请海涵。

薛秀艳